国家社会科学基金项目“西部地区对农信息传播有效性研究”（项目号：12BXW034）

陕西省社会科学基金项目“扶贫攻坚战略下陕西对农信息传播的精确性研究”（项目号：2018N11）

Western Region
Poverty alleviation

西部地区脱贫攻坚的信息精准传播研究

岳琳　闵阳　著

中国社会科学出版社

图书在版编目（CIP）数据

西部地区脱贫攻坚的信息精准传播研究／岳琳，闵阳著．—北京：中国社会科学出版社，2021.2

ISBN 978－7－5203－7725－6

Ⅰ.①西…　Ⅱ.①岳…②闵…　Ⅲ.①人工智能—应用—扶贫—研究—中国　Ⅳ.①F124.7

中国版本图书馆CIP数据核字（2020）第270851号

出 版 人　赵剑英
责任编辑　周晓慧
责任校对　刘　念
责任印制　戴　宽

出　　版　中国社会科学出版社
社　　址　北京鼓楼西大街甲158号
邮　　编　100720
网　　址　http://www.csspw.cn
发 行 部　010－84083685
门 市 部　010－84029450
经　　销　新华书店及其他书店

印　　刷　北京明恒达印务有限公司
装　　订　廊坊市广阳区广增装订厂
版　　次　2021年2月第1版
印　　次　2021年2月第1次印刷

开　　本　710×1000　1/16
印　　张　15.5
插　　页　2
字　　数　239千字
定　　价　88.00元

目　　录

前　言

中国的扶贫事业是一项伟大而艰巨的工程，以举国之力帮助和扶持一部分人摆脱贫困迈入小康社会，这在人类反贫困历史上绝无仅有。改革开放40年来，我国已实现7亿多贫困人口脱贫，占同期全球减贫人口总数的70%以上，成功走出一条中国特色扶贫开发道路，创造了人类反贫困史的奇迹。①

何谓贫困？一般而言，贫困指称一种生活状态和生活环境。由于生存环境的严重恶化，受诸如营养不良、疾病、死亡率、文盲以及人口平均寿命短暂等各种因素的制约，贫困地区的贫困人口过着一种处于生存边缘的生活，极大地限制了贫困者生命潜力的张扬和发挥。20世纪80年代，世界环境委员会在对极度贫困的非洲撒哈拉地区进行全面的考察之后发布报告指出："没有比任何一个地区承受着这种贫困—环境退化—进一步贫困的恶性循环的痛苦更为悲惨的。"② 对于贫困和环境之间存在着怎样的一种关系，世界银行在《贫困与对策——1992年减缓贫困手册》一书的"环境政策"一章中进行了较为全面的阐述："贫困与环境有密切关系。这种关系是双向的：贫困影响环境，环境也影响贫困。这里有两个问题值得特别注意：低收入与眼光短浅间的明显关系以及贫困与生存风险间的联系。眼光短浅使人们更快地挖掘环境资源，而不像社会可能愿意的那样利用资源，并且会失去对土地资源进行投资的激励，这种投资需要若干年才会产生报酬，但短视并非穷人的本性与专利；相反，这是市场、政策和体制失败的结果，其中有些是与贫困相连的。环

① 吴华：《适势求是：攻克深度贫困堡垒》，《人民日报》2018年8月26日。

② 转引自赵曦《中国西部贫困地区可持续发展研究》，《中国人口资源与环境》2001年第1期。

境与贫困恶性循环的最直接结果是穷人的健康受到极大的影响，这主要是由于饮用和洗浴用了受污染的水而得寄生虫病和传染病以及由于做饭和取暖燃料造成室内空气污染而导致呼吸道疾病。在城市地区，穷人较少获得清洁水，负担不起清洁燃料的费用和享有高质量的住房条件，室内空气污染大。这些环境公害对健康和生产力的影响是严重的。它将永久地伴随着贫困。”① 这段论述比较全面地解释了贫困和环境相互作用、相互影响的关系，并指出在环境与贫困的恶性循环中，穷人是最大的受害者，最直接的后果是穷人的身体健康受到极大的影响。

普遍存在的贫困是全世界密切关注的问题，消除贫困是全人类的共同课题。1994 年 9 月，联合国国际人口与发展会议指出：“随贫困而来的往往是失业、营养不良、文盲、妇女地位低下、易遭受环境风险、获得社会和保健服务的机会有限，包括生殖保健服务，其中又包括计划生育。所有这些因素都造成了高生育率、高发病率、高死亡率，以及低经济生产力。同时，贫困也同人口分布不均、不能持续利用和公平分配土地、水等自然资源以及环境严重退化有密切的关系。”② 联合国《国际人口与发展大会行动纲领》清楚地描述了全球贫困的普遍化，加之与战乱、自然灾害和人口数量不断增加等因素叠加，必然形成世界性的资源匮乏、环境恶化、生活质量下降等恶性循环，使人类经济社会的可持续发展面临着巨大的障碍和困难。贫困地区最广泛、最普遍的经济社会特征就是贫困。贫困地区之所以不能像其他地区那样在世界和平与发展的时代潮流中乘势而上实现发展，其最根本的原因，就是贫困的大面积存在以及它所产生的消极影响，贫困地区已经丧失了可持续发展的能力。因此，对于贫困地区来说，实现可持续发展，要解决的问题就是如何快速有效地缓解或消除贫困。对此，中国领导人有着深刻的认识。早在改革开放之初，针对当时中国比较普遍的贫困现象，邓小平同志就指出：“贫穷不是社会主义。”这就是说，社会主义并非物质、经济的贫困和精神、文化的贫困以及因贫困而对生态环境的破坏，这绝不是社会主义的本质。中国是一个发展中的社会主义国家，为了消除贫困而坚持可持续

---

① 世界银行编：《贫困与对策——1992 年减缓贫困手册》，陈胜华等译，经济管理出版社 1996 年版。

② 联合国国际人口与发展会议：《国际人口与发展大会行动纲领》，1994 年 9 月 13 日。

发展的战略，最终实现共同富裕，这本身就体现了社会主义的本质。因此，中国的社会主义可持续发展战略本身就是要摆脱贫困、消除贫困，这既是我国经济工作必须长期坚持的指导思想，也是可持续社会发展必须遵循的基本原则。从世界各发展中国家的经济发展来看，贫困与生态环境恶化相伴相生、如影随形——贫困的存在导致了生态环境的不断恶化，反过来，恶化的生态环境又使得贫困更为普遍、更为深重。破解这一难题的办法和途径只有一个，即通过广泛的可持续的经济发展最终消除贫困。但是，消除贫困又不能仅仅依靠经济的发展和社会财富的增加，它们只是消除贫困的必要条件而非充分条件。我们应该充分认识到，消除贫困是一个复杂而且浩繁的系统工程，需要在资源、经济、环境、人口等诸多方面同时发力，达成社会的全面和协调发展，并以此作为消除贫困的基础和保障。上述各方面又必须以控制人口盲目增长、严格保护生态环境和维持资源的良性利用为首要条件。

十八大以来，党中央全面打响脱贫攻坚战，力度之大、规模之广、影响之深前所未有，目前已取得了决定性进展，谱写了人类反贫困历史的新篇章。国家统计局全国农村贫困监测调查数据显示，2013—2018年，我国农村贫困人口累计减少8000多万人，全国贫困发生率从10.2%下降到1.7%，832个贫困县已脱贫摘帽436个。[①] 仅2019年，全国就减少农村贫困人口1109万人，连续6年减贫1000万人以上，全国有283个县成功脱贫摘帽。在20世纪70年代末改革开放初期，我国农村尚有贫困人口7.7亿人，到2018年底已经减少到1660万人。截至2019年底，全国有95%左右的现行标准贫困人口实现脱贫，有90%以上的贫困县实现摘帽，我国贫困人口只剩551万人，贫困发生率也降至0.6%，区域性整体贫困问题基本上得到解决，2020年将实现全部脱贫。[②] 困扰中华民族千百年也未能破解的绝对贫困难题将在我们这一代人手中终结，成就彪炳史册的伟业。

中国作为全世界最大的发展中国家，最早实现了联合国的千年发展目标，中国政府有组织、有计划、大规模的扶贫开发，尤其是精准扶贫

---

① 杨维思：《2018年全国农村贫困人口减少1386万人》，中国新闻网（news. sina. com. cn/o/2019-02-15/doc-ihrfqzka6054464. shtml）。

② 林火灿：《2019年全国农村贫困人口减少1109万人》，《经济日报》2020年1月23日。

方略的实施，开辟了一条极富中国特色的扶贫开发之路，为全人类共同的反贫困难题贡献了中国的智慧和中国的解决方案。

改革开放40年来，我国扶贫开发事业的成就举世瞩目，由普遍性存在的贫困到区域性的贫困消除，再到基本解决全国范围内的贫困，是一个历史性的转变。较之1978年，我国贫困人口减少了6.7亿人，成为全球第一个实现了联合国千年发展目标——贫困人口减半的国家。但是，我们要完成的扶贫任务依然十分艰巨，扶贫工作依旧十分紧迫。特别是2020年初新冠病毒肺炎的流行和疫情全球性扩散，更是给脱贫攻坚最后阶段带来了严重的困难和严峻的挑战。党中央、国务院将2020年定为脱贫攻坚的收官之年，在这段已经开始倒计时的时间里，如何决战决胜，攻克最后的贫困堡垒，统筹推进疫情防控和经济社会发展，确保剩余贫困人口如期脱贫，坚决取得脱贫攻坚战的最后胜利，是对全党和全国人民的重大考验。

经过自21世纪初至今近20年的扶贫开发，我国农村脱贫人口大幅增加，绝大部分农村居民已无衣食温饱之忧，基本解决了生产和生活问题。但是必须看到，越到脱贫攻坚的最后阶段，扶贫任务就越为繁重，脱贫减贫形势就更为复杂。在此之前，国家出台的扶贫政策，使条件较好的省区已经基本实现了扶贫目标，完成了脱贫任务。而现存的贫困人群则主要生活在生存条件恶劣、交通不便、基础设施薄弱、可用资源短缺、自然灾害频发、社会公共服务不足的大石山区、边境地区、少数民族聚居区和水库移民区，这些区域由于自然和历史原因，贫困程度深，自我发展能力弱，是实现我国全面小康社会目标中最难啃的“硬骨头”①。而目前我国又处在“三期叠加”的新常态特殊阶段，经济增长速度从2012年开始结束了近20年10%以上的高速增长，转而进入增速换挡期，由高速变为中高速，在这样的背景下，只能通过转方式、调结构，压缩、淘汰部分过剩和落后的产能，才有可能实现可持续发展。而这个过程必然会涉及和影响与扶贫工作密切相关的财政、就业、流通、移民、农技等多个领域，扶贫开发的继续深入发展面临着诸多挑战，进入了“啃硬骨头、攻坚拔寨”的冲刺期。

---

① 贺雪峰：《中国农村反贫困问题研究》，《社会科学文摘》2017年第8期。

深度贫困地区是脱贫攻坚的坚中之坚，其难度之大，攻坚之艰，难以想象，因此在发起脱贫攻坚总体战之前的几轮扶贫都没有能够解决深度贫困地区的脱贫问题。攻克深度贫困是中国政府和全国人民必须直面而且必须完成的任务，习近平同志强调："脱贫攻坚本来就是一场硬仗，而深度贫困地区脱贫攻坚是这场硬仗中的硬仗。"① 截至 2019 年底，我国农村贫困人口仍有 551 万人，其中相当一部分是因为疾病、伤残而致贫的。② 这部分人所占比例很大，帮扶他们脱贫的任务还十分艰巨。特别是地处我国西部的"三区三州"（西藏、新疆南疆四地州和四川省藏区以及四川凉山州、云南怒江州、甘肃临夏州）等深度贫困地区，贫困发生率最高、贫困程度最深，同时由于其致贫原因复杂、基础建设严重滞后、经济发展无力、公共服务匮乏，脱贫任务就更为艰巨。从近几年媒体报道和官方披露的情况来看，一些地方的脱贫攻坚工作还存在着重形式、走过场、消极应付甚至欺上瞒下、数字脱贫、弄虚作假现象，或者急于交差、畏难厌战情绪，贪污挪用冒领扶贫资金等腐败现象也时有发生，使得脱贫攻坚工作在一定程度上受到影响。从总体上看，深度贫困地区的脱贫攻坚必须应对这样一些困难和问题。

首先是基础设施和基本公共服务建设严重滞后。深度贫困地区在道路交通、通信设施、教育培训、基本医疗、住房安全等方面都存在很多短板，无法满足脱贫减贫的需要。又由于这些地区山大沟深，自然条件极为严酷，基础设施建设的投资成本高、见效慢，无法进行大规模的基础建设，进一步提升公共服务水平的难度也很大，要使基础设施和基本公共服务主要领域指标赶上或接近全国的平均水平绝非朝夕之功。

其次，西部深度贫困地区薄弱的工业基础和欠缺的产业体系制约了产业的规模发展，缺乏产业规模效应，缺少经营主体带动，加工、储存、运输、销售等产业发展滞后。在资金和市场及人才方面的问题则尤为突出，如金融机构对三农企业和小微企业的支持乏力、市场缺少发展活力、能够带动贫困人口增收脱贫的农业科技人员、农产品经销、市场经理人

① 光明日报评论员：《脱贫攻坚是一场必须打赢打好的硬仗》，光明网（news. gmw. cn / 2019 - 03/08 /content_ 32614521. htm）。

② 李金磊：《国家统计局：2019 年末全国农村贫困人口降至 551 万》，中国新闻网（www. chinanews. com/gn/2020/01 - 23/9068316. shtml）。

才和自主创业自主发展的种养大户和致富能手更是稀缺。

最后，一些贫困群众“等靠要”思想严重，“干部干，群众看”“干部着急，群众不急”的现象依然存在。另外，一些残疾人、孤寡老人、长期患病者等特殊困难群体面临无业可扶、无力脱贫的困境。

由于深度贫困地区脱贫攻坚的艰难性与复杂性都远超其他贫困地区，要拿下深度贫困堡垒，就必须有不同于其他贫困地区脱贫的特殊措施和手段，这样方能“啃下硬骨头，拔出硬钉子”，关键是要做到“四个坚持”：坚持目标导向，坚持精准扶贫精准脱贫基本方略，坚持中央统筹、省负总责、市县抓落实的工作机制，坚持党政一把手负总责的工作责任制，构建专项扶贫、行业扶贫、社会扶贫互为补充的大扶贫格局。[①] 具体到扶贫工作实践中，就要瞄准深度贫困地区和特殊贫困群体，坚持问题导向，优化政策供给，下足绣花功夫，激发贫困人口内生动力，夯实稳定脱贫基础，加强扶贫领域作风建设，切实提高贫困人口的获得感。此外，还需量力而行，既不能降低标准，也不能擅自拔高标准，提不切实际的目标，避免陷入“福利陷阱”；要防止产生贫困村和非贫困村、贫困户和非贫困户待遇的“悬崖效应”，以免留下后遗症。同时，注重发挥社会主义制度优势，不断加强东西部扶贫协作和对口支援，推动脱贫攻坚的资金、项目和人才进一步向深度贫困地区倾斜。增强深度贫困村党组织力量，调动贫困人口的积极性、主动性、创造性，培育其发展生产和务工经商的基本技能，让他们的心热起来、身子动起来、脱贫攻坚干起来，切实提高其自我发展能力。[②]

到2020年，实现现行标准下农村贫困人口全部脱贫，是党中央向全国人民作出的郑重承诺，必须如期做到。当前，脱贫攻坚已到了决战决胜、全面收官的关键阶段。但是，我国剩余贫困人口较集中地分布于西部连片贫困带及“三区三州”等深度贫困地区，这些地区自然地理环境相对恶劣、经济基础薄弱、劳动力文化技能不足、思想观念相对保守滞后，贫困程度依然较深。更严重的是，2020年初开始蔓延的新冠病毒肺炎疫情带来了新的挑战，使得剩余脱贫攻坚任务更为艰巨，巩固脱贫成

---

① 吴华：《适势求是：攻克深度贫困堡垒》，《人民日报》2018年8月26日。

② 《中共中央国务院关于打赢脱贫攻坚战三年行动的指导意见》，《人民日报》2018年6月15日。

果难度加大，部分贫困群众发展的内生动力不足，脱贫攻坚工作需要进一步加强。

当前虽然绝对贫困人口大为减少，但扶贫难度加大，扶贫开发的成本越来越高，扶贫效率呈现出下降趋势，剩下的是贫中之贫、困中之困，都是难啃的“硬骨头”。但是党中央和政府的扶贫决心从未动摇过，消除现行标准下农村贫困人口，实现“两不愁、三保障”，打赢脱贫攻坚战指日可待。

扶贫开发已经进入最后的冲刺阶段，“精准扶贫”更是近年来我国经济社会发展的主要任务之一。要确保 2020 年全面建成小康社会，仅靠常规措施和手段很难实现，扶贫工作需要依靠专业的力量开展精准扶贫、精准脱贫。那么，作为发展传播学范畴的传播媒体如何精准助力这一发展战略？如何充分发挥其作为“扶贫利器”的传播优势，为贫困地区聚焦资源、增强扶贫成效拓展空间？这些是亟待传媒研究者和从业者深入思考的理论与现实重大课题，也是本书作者从传播学的视角，在精准传播的理论和传播实践两个维度进行的尝试，希望能够对精准脱贫攻坚有所贡献，对精准传播的理论创新研究有所裨益。

第一章

西部地区农村扶贫开发历程

西部地区包括云、贵、川、渝、桂、陕、甘、宁、青、新疆、内蒙古、西藏12省区市，是我国农村贫困人口集中分布区域，在全国592个国家重点扶贫县中，西部11省区（西藏除外）就有375个，占全国的63.34%。著名的“三区三州”位于西藏、新疆、甘肃、四川和云南，是国家层面的深度贫困地区。“三区三州”深度贫困地区80%以上位于青藏高原，自然条件差、经济基础弱、贫困程度深，既是脱贫攻坚最难啃的“硬骨头”，也是脱贫攻坚决战决胜的关键。

第一节　改革开放初期西部农村的贫困状况

我国西部贫困地区的地质地貌主要由高原、山区、沙漠、荒漠和喀斯特地貌密集区以及严重水土流失区等构成，其分布广泛而又相对集中，形成了连片的贫困地区。西部各贫困地区在生态、气候、自然、植被分布、资源构成等方面千差万别，西部各贫困地区的形成过程及历史、经济社会成因、运行机制及贫困人口的特征状况也大不相同，尽管各自的情况、状态迥异，然而，其共同特征又十分显著：集中表现为地质地貌复杂、自然灾害频发、生存环境条件极为恶劣。西部地区贫困人口除青藏高原外，大多分布在我国第二地形的中低山地，一部分贫困人口处在中部丘陵山区。这些地区不仅地貌种类多样，而且恶劣地形占比大，如西北黄土高原的沙漠、沙化地貌和黄土黏土荒漠地貌，西南的武陵山区和桂西北山区强烈发育的喀斯特地貌，青藏高原和横断山区的寒冻风化地貌等。同时，西部地区还集中了我国主要的大山、高原、沙漠、戈壁、裸岩、冰川以及永久性积雪地域等，构成了西部地区地质地貌的复杂性和特殊性，西部地区80%以上的贫困县就分布在这样一个特殊的自然环境中。

西部地区不仅地质地貌复杂，还分布着全国80%以上的水土流失面积以及大约95%的荒漠化土地，同时又是我国自然灾害发生率最高的地区，洪涝、干旱、霜冻、冰雹、地震等多种自然灾害频发。在新中国成立后的70年间，西部地区平均每年受灾面积达600多万公顷，约占西部耕地总面积的1/5。在进入21世纪后的近20年中，西部地区平均每年受灾面积达0.077亿公顷，其中旱灾占80%。青海、新疆的草原面积有一半干旱缺水，受灾退化，风沙、冰雹、低温、霜冻等灾害也经常威胁着西部的农业生产和牧业生产。①

喀斯特地貌与黄土、沙漠、高寒并列为我国的四大生态环境脆弱区，基本都集中在西部，所以生态环境脆弱是西部贫困地区自然环境的基本特征。生态严重失衡、自然灾害频仍、生存环境恶劣，既不适宜人类居住，又使得贫困人口赖以解决温饱问题的农牧业生产举步维艰，这既是西部地区贫困落后的重要原因，又是部分贫困人口在初步脱贫以后不久又大面积返贫的根源。我国是世界上荒漠化最严重、面积最大的国家，荒漠化土地面积已达267万平方公里，草地退化、沙化和碱化的面积占草地面积的1/3，并且每年还以200万公顷的速度增加。② 荒漠化造成大面积草场的牧草质量严重退化，载畜量下降。这些生态环境严重失调的地区也主要位于西部，风沙和水土流失引起的荒漠化危害和威胁着近两亿人口，几乎所有的西部贫困县都面临着生态恶化的严重局面。另外，生态环境破坏、自然灾害频发、水土流失严重直接导致土地荒漠化趋势加剧。据统计，由于不适当的开垦和超载滥牧，西部地区草原沙化、碱化、退化的趋势日益明显。强度采伐、过度耕种以及超载放牧所形成的沙漠化、荒漠化已经严重影响到西部贫困地区群众生存与发展的基础。

同时，影响和制约西部贫困地区资源开发、经济社会可持续发展的

---

① 赵曦：《中国西部贫困地区可持续发展研究》，《中国人口·资源与环境》2001年第1期。

② 孙妍、韦苇：《西部大开发以来的生态成就》，《开发研究》2008年第2期。

另一个主要原因是人口增长过快和人口素质的普遍低下。随着改革开放后西部医疗卫生事业的不断进步，群众生活状况得到普遍改善，死亡率下降，西部省区的人口增长率大大提升，有的省区每年以3%的速度递增。在20世纪60、80年代的两次生育高峰期，西部大部分省区的生育峰值都很高，且持续时间较长，有的省区的生育高峰甚至持续长达20年之久。①

由于严重的人口超载，区域经济发展水平和文教卫生事业的落后，又导致人口素质低下，西部贫困地区人口的文盲率均大大高于全国的平均水平，西部贫困地区人口数量的迅速增长以及二者的逆向发展构成西部贫困地区经济社会可持续发展的突出障碍。

自1949年新中国成立以来，减缓并消除贫困便成为中国政府的重要工作之一，但从严格意义上讲，提出并大规模实施扶贫开发政策则是在改革开放时期。大规模扶贫计划肇始于西部地区，尔后的扶贫政策也越来越向西部地区倾斜。经过多年坚持不懈的努力，西部地区农村减缓贫困工作取得了显著的成绩。从1978年到2006年的28年间，西部地区的贫困人口从10897.5万人减少到了1370万人，下降了90.3%；贫困发生率从41.92%下降到4.8%，减少了37.12个百分点；尚未脱贫的农村人口的贫困程度得到极大缓解。② 在20世纪80年代的改革开放初期，当时广泛运用的国际贫困标准，是以一个国家或地区社会中位收入或平均收入的50%作为这个国家或地区的贫困线。但即使按照低于这个世界通行的贫困标准来衡量测算，中国西部地区农村处于贫困状态的人口比例仍然高于世界平均水平。

这个时期中国西部贫困地区呈现出以下特点。

一 贫困区域面积大

20世纪80年代，中国的农村贫困人口主要分布在18个集中连片地区的514个县，其中，有9个集中连片贫困地区位于西部，涉及249个县（见表1－1），占18个集中连片贫困地区的一半和所涉及县的

---

① 经朝军、苏红：《发达地区与欠发达地区人力资源开发的比较分析》，《经济问题探索》2004年第4期。

② 李周、乔召旗：《西部农村减缓贫困的进展》，《中国农村观察》2009年第1期。

48.4%。18个集中连片贫困地区中的两个极端贫困地区，即“三西”黄土高原干旱区和滇桂黔喀斯特地貌区，都位于西部地区。

表1－1 **中国18个连片贫困地区**

地区	片数	贫困地区名称	涉及省区	贫困县个数	小计（个）
东部	2	沂蒙山区	鲁	9	32
		闽西南、闽东北地区	闽、浙、粤	23	
中部	7	努鲁尔虎山区	辽、蒙、冀	18	233
		太行山区	晋、冀	25	
		吕梁山区	晋	21	
		秦岭大巴山区	川、山、鄂、豫	68	
		武陵山区	川、湘、鄂、豫	40	
		大别山区	鄂、豫、皖	27	
		井冈山和赣南地区	皖、湘	34	
西部	9	定西干旱地区	甘	27	249
		西海固地区	宁	8	
		陕北地区	陕、甘	27	
		西藏地区	藏	77	
		滇东南地区	滇	19	
		横断山区	滇	13	
		九万大山区	贵、黔	17	
		乌蒙山区	川、滇、黔	32	
		桂西北山区	贵	29	
合计	18				514

资料来源：中国农业年鉴编辑委员会《中国农业年鉴（1989）》，中国农业出版社1990年版。

二 贫困发生率高

按照中国的贫困标准估计，1978年，中国农村的贫困人口有2.5亿人，贫困发生率（即贫困人口占总人口的比例）为30.70%。其中，西部地区的贫困人口有1.09亿人，占全国贫困人口总数的43.59%，贫困发生率为41.92%，比东中部地区的贫困发生率（17.32%）高24.60个百分点。1985 年，中国的农村贫困人口减少到 1.25 亿人，其中西部地区的贫困人口减少到 4686.4 万人，占全国贫困人口总数的比例减少到 37.5%，下降了 6.09 个百分点，但贫困发生率为 17.87%，仍比东中部贫困发生率的 9.25% 高出 8.62 个百分点。①

三　贫困程度深

按照世界银行的数据，1978 年当年中国人均 GDP 只有 156 美元，这是一个什么概念？国际上公认撒哈拉沙漠以南的非洲国家是世界上最贫穷的地区，而该年度撒哈拉沙漠以南国家的人均 GDP 是 490 美元，当时中国人均 GDP 连世界上最贫穷非洲国家的 1/3 都没有达到。1984 年，中国政府将年人均纯收入低于 200 元划定为贫困线。由于一个区域内不是所有农户的年人均纯收入都在贫困线以下，一个地区的农民年人均纯收入通常高于该地区贫困农民的年人均纯收入。依此推算，如果一个县的农民人均纯收入低于贫困线，该县一定是贫困程度非常深的县。这就是用农民年人均纯收入低于 150 元的贫困县来反映贫困程度的依据。1985 年，中国共有 109 个农民年人均纯收入低于 150 元的贫困县，其中，西部地区占了 86 个，占全国该类贫困县总数的 78.1%，占西部地区总县数的 10.8%，远大于东中部地区的 3.4%（见表 1－2）。

改革开放初期，导致西部地区贫困发生面大、发生率高和贫困程度深的原因有很多，主要表现在三个方面：一是农业生产体系薄弱，缺乏稳产高产的基础性农田，缺乏基本的灌溉条件和排灌设施，抵御气候变化的能力低下；二是产业结构低下，几乎所有的贫困地区的经济都停留在以农业生产为主的阶段；三是基础设施落后，主要表现为“三低”：获得安全饮用水的人口比例低、村庄通电率低和通公路率低。1986 年，中国西部各省区能获得安全饮用水的人口比例几乎都在 60% 以下，其中最低的新疆维吾尔自治区仅为 30.1%。改革开放初期，中国西部省区的村庄通电率几乎都在 50% 以下，其中最低的西藏地区，村庄通电率仅为 38%。1978 年，中国西部省区通公路的行政村比例均不足 50%，最高的

---

① 国务院扶贫开发领导小组办公室：《中国扶贫开发的伟大历史进程》，https://www.doc88.com/p－302517598958.html。

广西仅为48.0%。①

表1－2　　1985年西部人均纯收入低于150元/年的贫困县

地区	县数（个）	占全国低于150元的县的比重（%）	占全省（地区）总县数的比重（%）	贫困人口（万人）	贫困发生率（%）
云南	18	16.5	14.2	500.0	16.8
四川	17	15.6	8.2	1042.2	11.9
陕西	16	14.7	15.2	282.6	11.4
广西	14	12.8	15.9	404.0	12.0
甘肃	8	7.3	9.6	205.4	12.0
贵州	6	5.5	7	208.5	8.0
宁夏	6	5.5	31.6	122.6	38.4
新疆	1	0.9	1.2	1.6	0.2
西部小计	86	78.9	10.8	2558.4	12.5
中东部小计	23	21.1	3.4	1305.6	2.1
全国合计	109	100.0	4.4	3864	4.7

资料来源：汪三贵：《贫困问题与经济发展政策》，农村读物出版社1994年版。

说明：因四舍五入的原因，总计数据略有出入。

第二节　改革开放以来西部地区的重大扶贫政策与措施

改革开放40年来，为推动贫困地区扶贫减贫事业的发展，中国政府采取了一系列措施：增加基础设施供给，改善贫困地区的发展环境；增加教育投资，促进贫困地区人力资本积累；增加科技投入，发展农业生产力；通过产业化扶贫，带动贫困农户增收；促进劳务输出，增强农民外出就业的技能；实施整村推进政策，不断减少贫困人口。作为中国扶贫工作重点区域的西部地区，得到了各级政府和社会各界越来越多的关

① 李周、乔召旗：《西部农村减缓贫困的进展》，《中国农村观察》2009年第1期。

注和支持，纳入扶贫范围的地区不断扩大，参与扶贫的主体逐渐增多，扶贫的模式持续创新，扶贫的力度不断加大。

一 中国的扶贫工程从西部发端

众所周知，中国大规模的扶贫开发始于1986年，但在此4年前扶贫工作就已在西部发端。1982年，中央政府决定下拨中央财政专项资金20亿元，计划用10年时间，对极贫困的甘肃省定西地区、河西地区和宁夏回族自治区西海固地区（简称“三西地区”）实施“三西地区”农业建设计划，并为此成立了“三西地区”农业建设领导小组，由当时的农牧渔业部牵头主抓。根据中央的部署，对“三西地区”扶贫开发的总体安排，一是要做到两个“优先”，即能够解决农民衣食温饱的项目优先、已开工的水利项目并做好配套的新建项目优先；二是要调整农业产业结构，逐步增加林牧业和加工业在“三西地区”产业中的比重并抓紧培训相关的人才。中央财政投入的前期资金重点放在改善生产条件上，后续资金则主要用于发展生产。相应采取了一系列具体措施：加强梯田、沙田、沟坝地的“三田”建设、水利建设和小流域治理工程；发展旱作农业和节水农业；建立培训中心，培训技术人才；实行就地和异地搬迁、修建人畜饮水工程、建立种养业和矿产加工点，等等。在1982—1992年的10年里，“三西地区”粮食产量有了较大幅度的增长，农民人均年纯收入增加了200多元，当地的生态环境、农业生产条件和农民生活得到初步改善，农村总户数中的贫困户比例从75%减少到10%，基本解决100多万户、550万农民的温饱。1992年，在“三西地区”的一期农业建设计划完成后，国务院又决定延长10年，每年投入2亿元，并将建设计划的实施范围扩展到甘肃省南部的高寒阴湿山区和少数民族地区的10个县，共计57个县。其中，国定贫困县37个，占两省区49个国定贫困县的75.5%。①

二 西部纳入扶贫范围的地区不断扩大

鉴于西部地区农村存在的普遍贫困，中央政府在政策上不断向西部

① 李周、刘长全：《西部农村减缓贫困的进展、现状与推进思路》，《区域经济评论》2013年第2期。

倾斜。自20世纪80年代以来，中央进行了数次国家级贫困县的调整和认定，每次调整都增加了西部地区贫困县的数量，就是要将西部农村更多的贫困人口纳入政府扶贫的范围以内。表1－3的统计显示，1986年开始在全国范围内实施扶贫开发时，西部地区被认定为国家级贫困县的有210个，占西部地区全部县级行政区的22.4%。1994年进行第一次贫困县调整后，西部地区的国定贫困县数量增加到366个，占西部地区所有县的比例提高到39.1%，占全国592个贫困县总量的61.8%，比东中部地区高出23.6个百分点。2001年第二次国定贫困县调整时，这个数量增加到了375个（不包括西藏）。同时中央决定实施“全国各省区直辖市、各行业对口支援西藏扶贫事业”，把西藏地区的74个县（市、区）作为一个扶贫整体来对待，两者相加，西部地区贫困县就达449个。这样一来，西部地区的国家级贫困县在全地区所有县总量中的占比提高到了48.0%，占全国的国家扶贫开发工作重点县（666个）的比例也增加到了67.4%，比东中部地区高出34.8个百分点。①

表1－3 **西部地区国定贫困县的数量和比例的变化**

	全部县数	1986		1994		2001	
		数量（个）	比例（%）	数量（个）	比例（%）	数量（个）	比例（%）
内蒙古	84	16	19.0	31	36.9	31	36.9
广西	83	23	27.7	28	33.7	28	33.7
四川	181	21	11.6	43	23.8	50	27.6
贵州	81	19	23.5	48	59.3	50	61.7
云南	123	26	21.1	73	59.3	73	59.3
西藏	74	5	6.8	5	6.8	74	100.0
陕西	93	34	36.6	50	53.8	50	53.8
甘肃	75	31	41.3	41	54.7	43	57.3
青海	39	10	25.6	14	35.9	15	38.5
宁夏	18	8	44.4	8	44.4	8	44.4
新疆	85	17	20.0	25	29.4	27	31.8

① 李周：《中国反贫困与可持续发展》，科学出版社2012年版。

续表

	全部县数	1986		1994		2001	
		数量（个）	比例（%）	数量（个）	比例（%）	数量（个）	比例（%）
西部小计	936	210	22.4	366	39.1	449	48.0
中东部小计	1220	126	10.3	226	18.5	217	17.8
合计	2156	336	15.6	592	27.5	666	30.9

资料来源：李周《中国反贫困与可持续发展》，科学出版社 2012 年版。

随着西部地区国家扶贫开发工作重点县数量的不断增加，西部地区纳入扶贫范围的区域不断扩大，国家的扶贫政策所惠及的西部地区贫困人口也不断增多，对于改善西部贫困县的经济状况和促进西部贫困地区农村的发展，起到了极其重要的作用。

三 参与西部扶贫的主体不断增多

消除农村的绝对贫困，是中国政府一以贯之的重大战略目标。为完成这一任务，需要动员全社会力量，引导更多的扶贫主体投入西部地区的扶贫事业。为此中央政府采取了超常规措施：一是动员中央和国家机关各单位、各民主党派和人民团体、中央大型企事业单位、人民解放军和武警部队在西部地区定点联系贫困县扶贫，开展帮扶工作，即定点扶贫；二是发动富裕的东部地区各级政府积极参与西部地区扶贫工作，即东西协作对口扶贫。从表 1－4 可以看出，2000 年以来，到西部地区参与定点扶贫的中央机构的数量与 20 世纪 90 年代相比，最低增长了 50%，最高增长了 500%，平均增长了 107.1%。

表 1－4 **参与西部地区定点扶贫的中央机构的数量** （个）

	内蒙古	广西	四川*	贵州	云南	陕西	甘肃	青海	宁夏	新疆	合计
20 世纪 90 年代	4	6	14	13	12	12	15	5	1	3	85
2000 年以来	19	9	28	24	27	19	26	11	6	7	176
增长率（%）	375.0	50.0	100.0	84.6	125.0	58.3	73.3	120.0	500.0	133.3	107.1

*包括重庆在内。

资料来源：以上各省区“十五”扶贫总结材料。

东部的9个省市和4个市的235个区县投入东西协作的对口扶贫工作中，对口帮扶西部10个省区（见表1－5）的239个国定贫困县，占西部地区全部国定贫困县数量的63.7%。

东西协作对口扶贫的范围和内涵十分广泛，包括：培训人才，资金支援，物资交流；开展技术合作，带动贫困地区企业发展；组织西部贫困地区的剩余劳动力到东部发达地区就业；开展为贫困地区捐赠活动等。东西协作对口扶贫活动开展以来，2000—2010年的十年间，东部地区共向西部贫困地区无偿捐资44.4亿元，援建学校2462所，安排劳务输出150万人，人才培训34万人次；西部贫困地区共获得劳务收入82.7亿元，引进先进技术1351项。[①] 东西协作对口扶贫，增加了西部贫困地区的扶贫投入，促进了西部地区人力资本的积累和提升，加快了西部地区农村扶贫开发的进程。

表1－5　**东西协作对口扶贫的参与主体与扶持的国定贫困县数**　（个）

对口关系	参与区县数	扶持县数
上海—云南	12	22
北京—内蒙古	18	18
天津—甘肃	14	15
辽宁—青海	13	14
江苏—陕西	45	48
浙江—四川	37	12
福建—宁夏	8	8
山东—新疆	26	26
广东—广西	9	28
大连、青岛、深圳、宁波—贵州	53	48
总计	235	239

资料来源：李周：《中国反贫困与可持续发展》，科学出版社2012年版。

① 国务院扶贫办：《全国东西扶贫协作十周年纪念座谈会在杭州召开》，http：//test.sndrc.gov.cn。

四　西部扶贫的模式不断创新

自20世纪80年代初开始，我国政府就与国际机构和各国政府在扶贫减贫事业领域进行了广泛而且有效的合作，一方面学习和借鉴世界各国扶贫开发的先进经验，另一方面在学习借鉴中不断探索符合中国国情、适宜中国贫困地区特点的扶贫策略与模式。截至目前，已有50多家国际机构与中国西部贫困地区的各级政府开展合作，探索各种扶贫模式。中外扶贫开发合作的领域十分广阔，不仅有硬件投资，诸如基础设施的投资与建设，改善或者提供公共服务产品。大到区域内的环境治理、农业综合开发，小到村落的产业发展等；同时在软件投资方面也展开了扶贫机构的能力建设和研究。在诸多合作项目中，被认为比较成功且广受好评的，是由世界银行作为主要投资方与中国政府合作实施开展的西南项目、秦巴山区项目和西部三期扶贫项目。这三个项目覆盖了贵州、云南、广西、四川、陕西、宁夏、甘肃、青海和内蒙古西部9省区的94个国定贫困县，并在项目开展过程中形成了卓有成效的综合扶贫模式。扶贫项目内容涵盖了农业生产、农村基础设施建设；贫困农民的劳务输出、教育、卫生、小额信贷、移民、机构建设和贫困监测等。项目实施结果显示，这些项目缓解贫困的速度快于同期全国的平均水平，项目实施村的人均纯收入得到大幅度提高，贫困农户的自我发展能力也明显增强。

通过国际交流合作，中外双方共同推出的各种行之有效的扶贫模式，促进了西部贫困地区农村减缓贫困的进程，推动了中国扶贫开发机制的创新，提升了中国扶贫开发的整体水平，并在实践中总结出了一系列新的扶贫模式，例如“综合治理、联片开发”“村为基础、整村推进”“参与式扶贫”“一次规划、分年实施”等，已成为《中国农村扶贫开发纲要》的重要政策措施。这些扶贫模式不仅为中国西部贫困地区的农村扶贫工作作出了重大贡献，也为国际扶贫提供了可供借鉴的模式。

五　西部扶贫的投入不断增大

我国农村的扶贫开发基本上是以中央和各级地方政府为主导，政府财政资金是扶贫投入的主要来源。随着国家经济持续向好、财力不断增强，财政专项扶贫资金投入也不断增加，中央不断通过各种政策的倾斜和资金、资源的配置来大力强化对西部贫困地区农村扶贫的支持力度。《国家八七扶贫攻坚计划（1994—2000年）》明确提出，调整国家扶贫资金投放的地区结构，把财政支援不发达地区发展的资金调出一半，集中用于中西部贫困状况严重的省区。《关于西部大开发若干政策措施的实施意见》提出，随着中央财力的增加，国家要逐步加大对西部贫困地区和少数民族地区的扶贫资金投入力度，主要用于贫困乡村的基础设施建设、种植业和养殖业发展、农村基础教育和职业技术教育事业发展、文化卫生事业和先进适用技术的推广与培训等。

进入21世纪以来，中央投向西部农村地区的财政扶贫资金总量不断增加，2001年为62.6亿元，2006年为85亿元，增加幅度达到近35.0%，年均增长6.3%。2001年以来，西部地区得到的财政扶贫资金占全国财政扶贫资金总量的比例一直维持在60.0%左右。此外，西部地区农村平均每年可通过定点扶贫获得近40亿元的扶贫资金，通过东西对口扶贫获得的扶贫资金达到15亿元。2011—2015年，累计安排财政专项扶贫资金约1898亿元，年均增长14.5%。同期，拓宽扶贫开发投入渠道，安排专项彩票公益金50.25亿元，用于支持贫困革命老区推进农村扶贫开发。① 产业兴，收入增，产业稳，脱贫稳。在国家财政支持下，西部各地因地制宜，宜农则农、宜林则林、宜牧则牧、宜游则游，目前已形成一大批扶贫特色产业。2016—2019年，贫困县实际统筹整合财政涉农资金超过1.2万亿元，其中用于产业发展的资金达4100多亿元，占比超过1/3。财政专项扶贫资金投入的稳定增长，对落实精准扶贫要求，采取有针对性的扶持措施，解决贫困地区、贫困群众面临的突出问题，发挥了重要作用。扶贫资金向西部倾斜的政策，有力地促进了西部农村贫困地区的发展，加快了西部农村贫困人口的脱贫步伐。

自始于2000年的西部大开发战略实施以来，西部地区经济社会发展取得重大的历史性成就，脱贫攻坚战果丰硕，为决胜全面建成小康社会奠定了比较坚实的基础，也扩展了国家发展的战略回旋空间。但同时，西部地区发展不平衡不充分问题依然突出，巩固脱贫攻坚成果的任务依

① 国务院新闻办公室：《中国的农村扶贫开发》，www.scio.gov.cn。

然艰巨，与东部地区发展的差距依然较大，维护民族团结、社会稳定、国家安全的任务依然繁重，仍然是全面建成小康社会、实现社会主义现代化的短板和薄弱环节。因此，中共中央、国务院在 2020 年 5 月 17 日印发的《关于新时代推进西部大开发形成新格局的指导意见》明确要求：西部地区要强化举措抓重点、补短板、强弱项，形成大保护、大开放、高质量发展的新格局，“确保到 2020 年西部地区生态环境、营商环境、开放环境、创新环境明显改善，与全国一道全面建成小康社会；到 2035 年，西部地区基本实现社会主义现代化，基本公共服务、基础设施通达程度、人民生活水平与东部地区大体相当，努力实现不同类型地区互补发展、东西双向开放协同并进、民族边疆地区繁荣安全稳固、人与自然和谐共生”①。党中央国务院的指导意见，对于西部各省区打赢脱贫攻坚战，重点解决精准扶贫所面临的突出问题，加大深度贫困地区和特殊贫困群体脱贫攻坚力度，减少和防止贫困人口返贫，确保到 2020 年现行标准下的西部地区农村贫困人口全部实现脱贫，贫困县全部摘帽，巩固脱贫攻坚成果，决胜全面建成小康社会，具有重要的现实意义和深远的历史意义。

① 中共中央、国务院：《关于新时代推进西部大开发形成新格局的指导意见》，中国政府网（www. gov. cn/zhengce/2020 -05/17/content_ 5512456. htm）。

第二章

西部地区精准扶贫的实践与成就*

自1986年起，中国的反贫困战役就一直在“攻坚”的路上：从20世纪80年代“救济式扶贫”到“开发式扶贫”，从“区域性扶贫”到瞄准贫困县、“整村推进”，再到“扶贫入户”，直至2013年11月习近平同志在湖南湘西花垣县十八洞村考察时提出“精准扶贫”，拓展了扶贫的路径和方式，丰富了中国特色扶贫开发理论和实践，也为世界反贫困事业贡献了中国模式和中国方案，标志着中国的扶贫开发进入了崭新的历史时期。

进入改革开放时期以来，我国的扶贫开发大体上经过了如下几个阶段。

第一阶段：承认贫困，定义贫困（1986—1993）。

1986年，国务院贫困地区经济开发领导小组（以下简称“领导小组”）成立，“有组织、有计划、大规模的农村扶贫开发活动”拉开序幕。当时全国农村年人均纯收入在200元以下的约有1.02亿人，占农村总人口的12.2%。中央认为，此前多年“平均分散使用力量，一般化的领导方式”，是贫困地区发展缓慢的重要原因。两个月后，国务院决定：在原来用于扶持贫困地区资金数量不变的基础上，新增加10亿元专项贴息贷款。

国家发改委宏观经济研究院副研究员万海远指出：“以前我们不承认社会主义国家有贫困现象，政府也没有专门的扶贫机构和制度。存在扶

* 本章所使用的资料和数据除注明出处外，均来自西部各省区市扶贫办官网和有关部门公开的文字材料，因涉及单位较多，恕不一一标注并致感谢。

危济困的行为，但没有上升到国家意志的高度。后来承认了，就要设置贫困线来定义贫困。”[①] 1986 年，第一次划出了国定贫困县标准：1985 年年人均纯收入低于 150 元的县和年人均纯收入低于 200 元的少数民族自治县，对民主革命作出过重大贡献的老区县放宽到 300 元。这一阶段，甄别贫困户没有统一的收入标准，只凭直观印象：“食不果腹，衣不遮体，房不蔽风雨”，简称“三不户”。

1993 年，农村个人和家庭依靠其收入不能维持基本生存需要的绝对贫困人口减少到 8000 万人。

第二阶段：明确目标，加大投入（1994—2000）。

1994 年，《国家八七扶贫攻坚计划》出台，该计划开篇第一句出自 1992 年邓小平南方谈话时的论断：“社会主义要消灭贫穷。”而“八七”的含义是：在 20 世纪的最后 7 年，集中力量基本解决全国农村 8000 万贫困人口的温饱问题。

根据“四进七出”标准（凡是 1992 年年人均纯收入低于 400 元的县全部纳入国家贫困县扶持范围，凡是高于 700 元的原国定贫困县一律退出），列入“八七扶贫攻坚计划”的国家重点扶持的贫困县共有 592 个，占全国县级单位的 27%。

1996 年，第一次高规格的中央扶贫开发工作会议在北京召开。很多扶贫政策也在这一年后出台，如鼓励企业、社会组织参与扶贫等。

在“八七扶贫攻坚计划”实施的 7 年间，中央政府累计投入扶贫资金 1240 亿元。1993—2000 年，中国农村贫困人口年均下降速度比改革开放以来的平均减贫速度高出 3.6 个百分点。

第三阶段：整村推进，回顾反思（2001—2010）。

2001 年，我国颁布实施了《中国农村扶贫开发纲要（2001—2010 年）》，扶贫工作重点与瞄准对象有了重大调整：扶贫工作重点县放到西部地区；贫困村成为基本瞄准对象，扶贫资金覆盖到非重点县的贫困村；同时，注重发展贫困地区的科学技术、教育和医疗卫生事业，强调参与式扶贫，以村为单位进行综合开发和整村推进；承认城乡间人口流动是扶贫的一个重要途径。2007 年，农村最低生活保障制度建立。

---

① 谭畅、柯言：《中国扶贫三十年演进史》，《报刊荟萃》2015 年第 5 期。

这一时期，国务院扶贫办还委托相关专家对阶段性扶贫工作进行总体评价，评价报告在肯定扶贫成果的同时指出了不少问题，例如，扶贫标准过低，城乡收入差距不断扩大制约扶贫效果，贫困户在扶贫资金分配中没有受到优待等。

第四阶段：条件成熟，精准扶贫（2011—2020）。

党的十八大以后，“精准扶贫”成为一切扶贫工作的中心，这是历史演进的必然结果。在贫困问题比较普遍时，扶贫瞄准个人要花费大量人力物力，因此只能采取开发式区域性扶贫。经过几十年的努力，大部分贫困问题得以解决，只剩下几千万最难脱贫的人口，精准扶贫的条件已然成熟。

以举国之力发起的中国式扶贫在经历了“定义贫困”“加大投入”“整村推进”三个阶段后，开始进入“精准扶贫”的冲刺阶段。据国家统计局统计，截至2014年底，我国仍有现行标准下的贫困人口7017万人。针对这些贫困人口，中央在2015年就曾明确提出：到2020年通过产业扶持、转移就业、易地搬迁、教育支持、医疗救助等措施实现5000万左右贫困人口脱贫，将完全或部分丧失劳动能力的2000多万人口全部纳入农村低保制度覆盖范围，实行社保政策兜底脱贫。在中央扶贫开发工作会议期间，中西部22个省党政主要负责人向中央签署脱贫攻坚责任书，立下军令状。由此，脱贫攻坚成为“十三五”期间的头等大事和第一民生工程。

党的十八大以来，我国实施精准扶贫精准脱贫战略，全面打响了脱贫攻坚战，扶贫工作取得了决定性进展。按现行农村贫困标准，2013—2018年我国农村每年减贫人数均保持在1000万人以上，减贫人口占全球减贫总规模超七成，为全球减贫事业作出了重大贡献。在这六年里，农村已累计减贫8239万人，年均减贫1373万人，六年累计减贫幅度达到83.2%，农村贫困发生率也从2012年末的10.2%下降到2018年末的1.7%，其中，10个省份的农村贫困发生率已降至1.0%以下。[①] 截至2019年末，全国农村贫困人口从2012年末的9899万人减少至551万

① 国务院扶贫开发领导小组办公室：《大数据“数说”脱贫攻坚重大成就》，www.cpad.gov.cn/art/2019/8/13/art_624_101661.html。

人，累计减少9348万人；贫困发生率从2012年的10.2%下降至0.6%，累计下降9.6个百分点，创造了中国扶贫史上的最好成绩，中华民族千百年来的绝对贫困问题得到历史性解决。①

西部地区在我国的经济社会发展格局中，贫困面最广、贫困人口最多、贫困程度最深，分布着全国11个集中连片特殊困难地区中的10个，因此西部地区扶贫开发任务非常艰巨。自实施精准扶贫以来，西部地区贫困农村人口由2012年末的5086万人减少到2018年末的916万人，累计减少4170万人，下降幅度为82.0%；农村贫困发生率由2012年末的17.6%下降到2018年末的3.2%，累计下降14.4%个百分点；2019年末西部地区有农村贫困人口323万人，比上年减少593万人。与东中部地区一样，也取得了巨大的成就。② 本章对西部地区各省区、直辖市的精准扶贫工作及成就做一简要介绍。

第一节　贵州：脱贫攻坚的"省级样板"

自党的十八大以来，贵州迈入脱贫攻坚快车道，把脱贫攻坚作为统揽经济社会发展全局的抓手，吹响消除绝对贫困的号角，开始了向最后贫困堡垒的总攻。在1978年至2019年的40多年间，贵州省的贫困人口从1840万人减少到30.8万人，将近1700万人脱贫，33个县实现脱贫摘帽，贫困发生率从26.8%降至0.85%，在国家脱贫攻坚成效考核中连续4年综合评价为"好"，由全国贫困人口最多的省份转变为减贫人数最多的省份。③

一　脱贫攻坚战取得决定性进展

受区域整体贫困与民族地区发展滞后并存、经济建设落后与生态环

① 张翼：《2019年全国农村贫困人口减少1109万人》，《光明日报》2020年1月24日第3版。

② 杨俊峰：《中国脱贫攻坚取得决定性进展》，中国政府网（www.gov.cn/xinwen/2019-09/11/content_5428943.htm）。

③ 许邵庭等：《贵州大地发生了历史性巨变，书写了减贫奇迹的精彩篇章》，《贵州日报》2020年7月1日。

境脆弱并存、人口素质偏低与公共服务滞后并存“三重矛盾”的制约，贵州一直是全国扶贫开发任务最重、脱贫难度最大的省份。全国贫困人口最多、贫困面最大、贫困程度最深的贵州，资源条件差、发展底子薄、经济实力弱、人均收入低。在新划分的14个集中连片特困地区中，贵州有65个县分布在乌蒙山区、武陵山区和滇桂黔石漠化区三个集中连片特困地区。

自实施精准扶贫以来，至2018年底，贵州省累计减少农村贫困人口768万人，易地扶贫搬迁173.6万人，33个贫困县、744个贫困乡镇摘帽，仅2018年就减贫120.8万人，贫困发生率从26.8%下降到4.3%。农村居民人均可支配收入达到9738元，增长9.8%，增速高于地区生产总值增速0.8个百分点。① 2019年再传捷报，全年减少农村贫困人口120万人以上，24个贫困县达到脱贫摘帽标准，贫困发生率降至1%以下。全面完成188万人易地扶贫搬迁工作，减贫和搬迁人数全国最多，创造了全国脱贫攻坚“省级样板”②。

在省级层面，贵州精准扶贫体系建设的一个重要方面就是实施精准扶贫的“六个到村到户”，这是贵州促进扶贫资源精准化的重要机制创新。

“六个到村到户”，即结对帮扶到村到户、产业扶持到村到户、教育培训到村到户、危房改造到村到户、生态移民到村到户、基础设施到村到户。以往的扶贫多是“撒胡椒面”和“大水漫灌”，扶贫资金使用效率低下。扶贫机构甚至对扶贫对象“基本不了解”或“完全不了解”。

贵州威宁彝族回族苗族自治县迤那镇扶贫部门创新模式，形成了“四看法”精准识别方式，即“一看房、二看粮、三看劳动力强不强、四看家中有没有读书郎”。扶贫工作人员进村后，从房屋、粮食、劳动力、教育等维度对农户贫困进行测量和评价，将四个维度分成四大类测量指标并赋予相应的分值。精准识别出扶贫对象后，根据贫困特征和发展需求进行帮扶。“四看法”精准识别方式因具有直观、易操作等特点，

---

① 刘鹏：《聚焦贵州脱贫：贫困人口从1840万人减到155万人》，《人民日报》2019年8月10日。

② 李宇：《贵州2019年脱贫攻坚捷报：贫困发生率降至1%以下 减贫超120万人》，人民网—贵州频道（gz. people. com. cn/n2/2020/0106/c222152－33691791. html）。

且较好地克服了农户收入测算难等问题，在贵州全省进行了推广。

贵州还开发了“精准扶贫云”工程。扶贫云技术是以 GIS（地理信息系统）作为主要展示手段，利用大数据技术，依据贫困发生率和“四看法”衡量指标，直观反映贫困人口的分布情况、致贫原因、帮扶情况、脱贫路径以及脱贫情况。

易地扶贫搬迁是针对“一方水土养不起一方人”地区的贫困人口进行系统与整体搬迁的一种扶贫方式，是一种兼有消除贫困、发展经济、开发资源、保护生态环境和促进社会和谐多重效益的有效的制度性扶贫手段。

从 2016 年开始，贵州进行了一场规模空前的易地搬迁，一批接一批居住在贫瘠大山里的一万多个村寨的农民揣着土地使用权证，携家带口搬入城镇，成为“有土地的城里人”。仅用三年时间，贵州全省易地扶贫搬迁 188 万人，其中建档立卡贫困户 150 多万人，95% 的搬迁群众实现城镇化安置。据不完全统计，贵州为易地扶贫搬迁筹集资金 1000 亿元以上，建设了 946 个安置点 45 万多套住房。让 188 万人顺利搬迁告别贫困，这在贵州历史上、在中国扶贫史上都是前所未有的，更是中国脱贫攻坚战中的绚丽乐章。

二　金融精准扶贫：“33112”比例投向

财政、金融扶贫是扶贫开发战略的重要组成部分。贵州省从 2014 年起，中央补助和省级安排的财政专项扶贫资金，按照“乡镇申报、县级审批、乡村实施、乡镇初检、县级验收、乡级报账”的原则，除重大扶贫专项和以奖代补项目资金外，其余资金由省级主要按因素法分配。

因素法中的“因素”主要包括客观因素和政策因素两大类。客观因素主要是指客观存在、非人为原因能直接改变的因素。结合实际来看，主要包括扶贫对象规模、贫困发生率、农民人均纯收入、是否片区县或重点县、年度整村推进计划任务、人均财力六个方面，其权重占比分别为 25：25：25：10：10：5。政策因素主要指各地执行国家和省的扶贫开发政策情况；落实省委、省政府有关扶贫开发重大决策和重大措施情况；省对各地扶贫开发工作考核以及财政专项扶贫资金使用管理绩效评价情况；各地开展扶贫开发日常工作等情况。按照政策因素分配资金主要包括以下六种情况：竞争性分配；直接分配；重大专项；贷款贴息；减贫包干试点；以奖代补。

中央和省级资金，除国家戴帽下达以及省委省政府有明确规定用途的专项资金外，其余资金按照“贫困县、贫困村、贫困人口、绩效考核”2：2：5：1的比例分配，前三个因素的资金以全省2014年末66个贫困县、9000个贫困村、623万贫困人口为基数直接分配到县，绩效考核因素的资金根据省对各地扶贫开发工作考核结果分配，以上分配方式延续到2018年。

原则上按照“33112”的比例投向五个方面：30%用于扶贫产业，主要发展区域性规模化特色优势产业，其中，30%以上用于探索资源变股权、资金变股金、农民变股民的“三变”改革，70%采取县级竞争入围方式分配到乡（镇）、村，与其他资金融合使用，发展地方特色优势产业；30%用于扶持农民专业合作社、村集体经济组织，带动贫困户发展到村到户生产经营性项目和公益性民生项目，要落实到贫困村、贫困户；10%用于小额扶贫“特惠贷”贴息，主要用于支持“5万元以下、3年期以内、免除担保抵押、扶贫贴息支持、县级风险补偿”的专项小额扶贫到户贷款贴息，要落实到贫困村、贫困户；10%用于扶贫培训，主要支持“雨露计划”和扶贫干部培训，其中扶贫干部培训资金不能超过10%；20%用于改善生产生活条件，支持贫困村（不含村级）以下小型公益基础设施建设，重点支持产业基础设施建设。

在以上比例中，前两项不得调整，后三项如需调整，则由县级扶贫开发领导小组报市（州）扶贫开发领导小组同意后报省扶贫办备案。

贵州省的“特惠贷”在精准扶贫中发挥了特殊功效。“特惠贷”是指运用中国人民银行支农再贷款在贫困地区实行优惠利率，引导金融机构降低贫困农户融资成本的政策优势，采取扶贫贴息补助、建立贷款风险补偿机制等措施，专门为建档立卡贫困户提供“5万元以下、3年期以内、免除担保抵押、扶贫贴息支持、县级风险补偿”的低利率、低成本贷款，帮助贫困农户“换穷业”。

统计数据显示，贵州省以2014年623万建档立卡贫困人口为基数，扣除民政救济兜底的158万“两无”人口，余下的465万贫困人口计120万户都能享受到“特惠贷”。贵州省还与开发银行联合实施新型扶贫金融合作项目。2014 年，共向 22 个扶贫金融合作试点县提供融资授信 43.8 亿元，累计发放贷款 17.1 亿元，支持十大扶贫产业发展，直接惠及 10822 农户、140 家合作社、122 家中小企业，带动贫困地区 30 万农户走上增收脱贫道路。①

2020 年，贵州省精准扶贫“特惠贷”贷款余额突破 600 亿元，其中每年新增 100 亿元以上。农村信用社利用支农再贷款发放的 150 亿元“普惠贷”逐步转化成“特惠贷”。通过实施精准扶贫“特惠贷”，帮助贫困农户“换穷业”，为到 2020 年贫困人口稳定实现“两不愁、三保障”，贫困县农民人均可支配收入突破 10000 元提供信贷支持。

三　产业精准扶贫：落脚点是贫困人口

中国扶贫开发事业取得了举世瞩目的成就，其基本经验之一在于始终坚持政府主导的开发式扶贫。其中，产业扶贫占据着毋庸置疑的核心地位。

调查显示，贵州在产业扶贫政策“二次顶层设计”的过程中，着重突显产业扶贫模式的有效性、安全性和益贫性，一套新型产业扶贫政策体系正在逐渐形成。

贵州省位于中国西南岩溶地区的核心地带，全省喀斯特出露面积占 71%，石漠化区域达 3.59 万平方公里，占全省总面积的 20.39%，山地、丘陵喀斯特面积比重大，生态环境高度脆弱。贵州是全国唯一一个没有平原的省份，难以套用其他地区的农业现代化模式。

受制于自然地理条件、基础设施等多方面因素，加之自然灾害、气候灾害多发，当地农业经济长期处于欠发达的状态。

如黔西南州的晴隆县，人均耕地仅 0.77 亩，25°以上坡耕地占 65%，中低产田土占 80% 以上。晴隆启动了科技扶贫项目，自 2001 年以来，各级财政累计投入发展资金 10526 万元（其中中央及省财政扶贫资金 6400 万元）、贷款 3000 万元，全县种草 32 万亩，改良草地 20 万亩，每年水土流失面积减少 10 平方公里。同时，从引进种羊 2600 只起步，历

① 张伟：《中国脱贫攻坚的“省级样本”：看贵州精准扶贫》，中新网，2019 年 10 月 7 日。

时10年，到2010年实现存栏羊35万只，覆盖1.23万农户，75%的农户已脱贫致富，人均养羊收入5296元，养羊农户年收入最低1万元，最高达10多万元；畜牧业占农业总产值的比重由2001年的31%提高到2010年的50%。①

今日的晴隆，已基本从“环境脆弱—生活贫困—掠夺资源—环境恶化—贫困加剧”的陷阱中挣脱出来，探索出了一条岩溶山区种草养畜与扶贫开发、石漠化治理相结合的路子，较好地破解了生态脆弱地区农村贫困与生态退化恶性循环的怪圈。

又如黔南州长顺县，有13个扶贫开发重点乡镇，这些贫困乡镇集中在县境内中南部深山区和石山区，当地山高坡陡、土地贫瘠、资源匮乏，水土流失和石漠化问题十分严重。当地有“烧一坡种一坡，收成不到一背箩”的民谚。

2008年以来，长顺县把各种涉农项目资金及资源、人力进行有机整合，形成积聚效应，初步建成“果、猪、沼”生态农业、喀斯特石漠化综合治理与生态修复、现代烟草农业和农产品加工产业四条农业产业带。

依托生态特色资源，瞄准红色苹果、黑色山羊、绿色鸡蛋、黄色生姜、白色蘑菇、金色烤烟、褐色核桃、紫色葡萄等，打造了“七彩农业”特色产业体系。

再如贵州省印江县朗溪镇昔蒲村，每年都有近百吨的水果滞销。为破解销售瓶颈，该村抓住“淘宝进村”的契机，将特色产品在网上销售，搭上互联网快车，实现了“网货到村、农货进城”，拓宽了销售渠道。通过与贫困户签订网上代销协议，帮助贫困人口销售滞销水果，人均增收约900元。

产业扶贫是增强贫困地区、贫困人口自我发展能力的基本政策模式。从有效性方面讲，产业扶贫项目的安排和扶持要强调精准发力。过去，在实践中常有“扶了产业、富了大户，却扶不了贫”的问题，但从贵州的实践可以看出，产业扶贫的出发点和落脚点都是贫困人口可持续增收以及自我发展能力的提升。

---

① 伊亚莉等：《晴隆县草地畜牧业发展成效及牧草、良种、服务体系建设情况》，选自《第十一届中国羊业发展大会论文集》。

第二节 云南：扶贫开发的主战场

云南地处我国的西南边陲，国土面积39.4万平方公里，94%是山区，6%是坝区，平均海拔2000米左右，地势起伏较大，各地海拔高度差距悬殊，与缅甸、老挝、越南毗邻，国境线长达4060公里。云南是我国少数民族最多的省份，现有5000人以上的少数民族25个，其中有15个特有民族、16个跨境民族、8个人口较少民族、9个直过民族。[①] 云南省辖16个州市129个县（市区），其中有8个民族自治州、29个民族自治县、25个边境县、88个国家级贫困县。[②] 云南省一直以来都是我国扶贫开发的主战场，是全国贫困人口规模最大、贫困县数量最多的省份，民族贫困、边境贫困凸显，扶贫开发的复杂性、艰巨性较突出。三十多年的扶贫开发，促进了贫困地区经济社会发展，农村贫困人口逐年减少、农民收入不断增加、县域经济发展明显加快、基础设施逐步加强、产业能力显著提高、生态和人居环境明显改善，农民自我发展能力得到提高，减贫成效显著。云南省贫困人口从2012年末的804万人下降到2019年底的44.2万人，减少了近760万人，贫困发生率由2012年的21.6%下降到1.32%。2011—2016年，云南省的贫困人口占全国贫困人口的比重是8.35%，但是云南省的减贫人口占全国减贫人口的8.51%，比平均贫困人口比重高出0.15个百分点。2019年云南省有136.8万贫困人口实现净脱贫，脱贫率达75.53%，比全国平均脱贫率高出8.72个百分点，对全国脱贫攻坚作出了重要贡献。

一 贫困人口大幅度减少，减贫率明显提高

立足边疆民族大省，发展民族工艺品等特色产业，着力解决“两不

① “直过民族”系指从原始社会或奴隶社会跨越几种社会形态，直接进入社会主义社会的民族，几乎在“一夜之间”就跨越了其他民族上千年的历程。云南目前还有独龙、德昂、基诺、怒、布朗、景颇、傈僳、拉祜、佤9个直过民族，这些民族大多居住在边境地区、高山峡谷地区，生存条件艰苦，处于发展边缘，加上特殊的历史原因，自我发展能力较弱，呈现出民族性、整体性的深度贫困特点。

② 宋媛：《云南省扶贫开发报告》，《新西部》2018年第3期。

愁三保障”突出问题是云南脱贫攻坚的主要做法。与此同时，2015—2019 年，中央财政投入云南的专项扶贫资金从 48 亿元增加到 128 亿元，累计达 403 亿元，总量居全国第一。党的十八大以来，云南省根据不同时期的贫困特点和难点，针对不同地区、不同群体不断创新帮扶模式，努力提升扶贫开发项目和资金的效益，确保扶贫效益到户。尤其是“十二五”以来，云南省聚焦 4 个集中连片特困地区 88 个贫困县以及深度贫困人口聚居区、特殊困难群体，不断加大投入力度，以整村、整乡、整族、整县、整州为单元，以整村推进和精准扶贫到户为抓手，实行区域扶贫与精准扶贫相结合，不断创新帮扶模式，提高帮扶的精准性，落实各项保障力度、有针对性地采取扶贫措施，精准发力，增强贫困群众内生动力，构建大扶贫格局。经过 6 年的探索实践和攻坚克难，2013—2019 年，全省有 843. 8 万农村贫困人口实现脱贫、5068 个贫困村出列、48 个贫困县实现脱贫摘帽，脱贫率达 75. 53%，比全国平均脱贫率高出 8. 72 个百分点，对全国脱贫攻坚的贡献进一步增大。其中，深度贫困地区贫困人口从 2018 年的 137. 78 万人减少到 2019 年底的 36. 54 万人，贫困发生率由 13. 29% 下降到 3. 52%，贫困发生率下降幅度比云南省平均水平高出 5. 71 个百分点。独龙族、基诺族、德昂族、傈僳族、布朗族、怒族、景颇族、佤族、拉祜族 9 个直接从原始社会过渡到社会主义社会的“直过民族”实现整族脱贫，年均减贫超过 110 万人，脱贫攻坚取得决定性进展：2020 年 5 月 17 日，云南省鲁甸县等 31 个贫困县退出贫困县行列，全省 9 个“直过民族”和其他两个人口较少民族全部实现整族脱贫。[①] 7 月 28 日，云南省扶贫开发办公室宣布，目前云南省剩余 44. 2 万贫困人口、429 个贫困村、9 个贫困县全部达到脱贫退出标准，“户户达标、村村提升、县县清零”目标任务总体实现。[②]

二　贫困地区农民收入水平显著提升

2018 年云南全省贫困地区农村居民人均可支配收入为 9595 元，是

---

① 央视网：《我国 2019 年申请脱贫摘帽的 344 个贫困县全部脱贫摘帽》，https：//tv. cctv. com/2020/05/17/VIDEBoFcpo9qa2Oiuz6VOsnz200517. shtml? spm = C96370. PsikHJQ1ICOX. EAptvYqgXunL. 2。

② 胡晓蓉：《云南省剩余脱贫攻坚任务总体完成》，《云南日报》2020 年 7 月 28 日。

2012 年的 2 倍，年均增长 12.4%。贫困地区农村居民收入增速持续高于全省农村平均增速。全省贫困地区农村居民收入增加的同时，生活消费质量也得到明显提升。2018 年云南贫困地区农村居民人均消费支出 7677 元，比 2012 年（3762 元）增加 3915 元，年均增长 12.6%，高于全省农村居民消费年均增长水平 2.2 个百分点。①

云南全省 73 个国家扶贫重点县、25 个边境县、省级扶贫重点县以及 2011 年以来的 88 个贫困县的农村常住居民人均可支配收入都呈快速增长趋势，尤其是 73 个国家扶贫重点县、25 个边境县和 88 个贫困县增长非常显著。在 2000—2016 年 17 年间，73 个国家扶贫重点县农村常住居民人均可支配收入从 1100 元增加到 8108 元，增加 7008 元，年均增长 13.30%。73 个国家扶贫重点县农村常住居民人均可支配收入增长速度基本高于全省平均水平。②

三　贫困地区面貌发生巨大变化

实施精准扶贫以来，云南省贫困地区出现了五大变化：

一是扶贫开发促进了贫困地区的综合经济实力持续提升，农民收入大幅增加，基础设施明显改善，社会事业明显加强，服务体系逐步建立，人居环境大为改观，实现了跨越式发展。

二是扶贫开发稳妥地推进土地流转，集中连片、成规模地发展优势产业，优化调整农业农村经济结构，形成跨区域、上规模的“一村一品”“一乡一业”的特色优势产业，提高了特色产业发展质量和效益，夯实农民长远脱贫增收的基础。

三是村庄呈现新面貌。扶贫开发既改善生产生活条件、发展增收致富产业，也加大了以改房、改水、改厕、改灶和治理“脏、乱、差”为重点的村庄整治力度，使贫困群众居住环境明显改善，村容村貌焕然一新。

四是通过扶贫开发工作探索，逐步建立和完善了有效的扶贫开发投入机制、资金整合机制、社会参与机制、组织保障机制、群众主体作用

---

① 胡晓蓉：《云南扶贫减贫取得显著效果》，《云南日报》2019 年 8 月 5 日。

② 宋媛：《2019 云南脱贫攻坚报告》，《新西部》2020 年第 Z1 期。

发挥机制。

五是扶贫开发激发了贫困群众脱贫致富的积极性，各地在实践过程中，一方面，通过项目的实施加强对贫困群众的科技培训，通过教育扶贫资助贫困农民家庭子女接受中、高等职业教育，加大对贫困地区人才培养的力度，通过农村劳动力转移就业培训加快了贫困地区农村劳动力向城镇和非农行业的转移；另一方面，通过建立健全专业协会等农民自助组织，提高了农民的组织化程度。贫困农户自我发展能力得到明显提升。

截至2016年，云南省成立了5000家农林专业合作社，其中省级示范社520家，贫困群众的组织化程度和对接市场的能力大幅提高。云南省贫困地区充分利用省级以上财政产业扶贫资金和信贷扶贫资金，围绕村有特色产业、户有增收项目的目标，集中扶持发展了一大批特色经济项目，形成了“公司+合作社+贫困户”“公司+支部+合作社+贫困户”“政府+金融+企业+合作组织+贫困户”“家庭农场+合作社+贫困户”等多种产业扶持模式和贫困户利益联结机制，用扶贫贴息贷款扶持全省扶贫企业约800个，项目覆盖全省90多个县市区，带动上百万贫困农户，推动了贫困地区产业发展；扶贫小额到户贷款覆盖全省124个县市区的1200多个乡镇近1.6万个村（次），扶持近120万贫困农户（次），受益农户年户均增收约2000元。电商扶贫、光伏扶贫和旅游扶贫让近30万贫困户直接受益。资产收益扶贫也正在尝试实施中。贫困地区经济发展实现了由方式不多、后劲不足向产业多样、规模发展的巨大转变。①

第三节　四川：绣好精准扶贫新蜀锦

党的十八大以来，四川省委、省政府始终深入落实党中央国务院决策部署，以“绣花”功夫攻克贫困堡垒，绣出了一幅壮美的精准扶贫新

① 岳晓琼、崔仁璘、张文峰：《云南：聚焦精准　全力改善民生》，《云南日报》2017年9月27日。

蜀锦。

四川举全省之力聚焦“两不愁、三保障”，让贫困群众“住上好房子、过上好日子、养成好习惯、形成好风气”。2019 年底，四川省包括藏区的 32 个贫困县全部摘帽、2063 个贫困村退出，贫困人口减少到 0.24 万人，贫困发生率降至 0.1%。[①] 四川全省自改革开放以来累计减贫 2400 多万人，成功跨越温饱不足、基本温饱、稳定温饱三个阶段，告别了“缺衣少吃”的历史。

四川是我国西部的一个多民族省份，有 4 个集中连片特困地区，是全国第二大藏区，也是国家集中连片特困地区和“三区三州”深度贫困地区，贫困人口多且分布较散。深度贫困与自然条件、民族宗教、社会治理等因素交织，是全国脱贫攻坚任务最繁重的省份，脱贫难度“非同寻常”。

近年来，四川省采取超常举措，脱贫攻坚取得重大突破性进展。全省藏区已实现贫困县全部摘帽、31 万贫困人口脱贫，贫困发生率下降到 2.6%。[②] 在彝区实施的“十项扶贫工程”、藏区“六项民生工程”等有力举措，正给当地带来变化。就业扶贫使 84.2 万人实现转移就业，财政金融扶贫“四项基金”达 70 亿元，民族自治地方 51 个县实施 15 年免费教育……通过精准施策，近年来，四川平均每年减贫 100 万人以上，22 个扶贫专项投资超过 1000 亿元。[③]

一　为全国脱贫攻坚提供四川实践

2016—2018 年，在国家对省级党委和政府扶贫开发工作成效考核中，四川连续三年被列为综合评价好的省份之一。

2013 年底，四川省有贫困县 88 个，建档立卡贫困人口 625 万人、贫困村 11501 个，贫困发生率为 9.6%。到 2018 年底，贫困县减少到 38 个，贫困村减少到 1782 个，贫困人口减少到 71 万人，贫困发生率下降

① 林治波、王明峰：《政策支持　产业扶持　四川藏区全部脱贫》，《人民日报》2020 年 2 月 20 日。

② 尹力：《全面实现四川藏区贫困县脱贫摘帽》，《学习时报》2019 年 9 月 6 日。

③ 贾宜超、王曼：《四川近年来年均减贫 110 万人以上 贫困发生率从 9.6% 下降至 1.1%》，中国经济新闻网，2019 年 9 月 5 日（www.cet.com.cn/dfpd/ssxw/2347496.shtml）。

至1.1%，年均减贫110万人以上。2019年底，四川省除凉山州外其余20个市（州）的贫困县已全部摘帽。① 近年来，四川扶贫的深度、广度和精度前所未有，已经形成了“党政一把手负总责、五级书记一起抓”的脱贫攻坚格局。精准选派党员干部到贫困地区挂职帮扶、驻村扶贫，为88个贫困县选派1名挂职扶贫副书记，全省11501个贫困村每村实现“五个一”帮扶，为有20个以上贫困户的非贫困村实现“三个一”帮扶全覆盖，全省5.9万多名驻村帮扶干部常年扎根基层。

在扶贫开发的制度体制方面，四川建立了一整套系统化、严密化的制度体系，有效解决了贫困对象“扶持谁、谁来扶、怎么扶、如何退”的问题。比如，全国首创“四川扶贫”公益标识，率先对脱贫对象定期开展“回头看、回头帮”等。

广东、浙江两省17个市61个县与四川68个贫困县建立了结对关系，23个中央单位和370个省级单位开展定点扶贫，7.5万家民企和商协会参与“万企帮万村”行动，结对帮扶数量全国第一。这些机制为全国脱贫攻坚造就了“四川模式”，提供了四川实践、四川方案。

二 用作风建设促扶贫

虽然有着“天府之国”的闪亮名片，但四川也是全国扶贫任务极重的六个省份之一。四川有贫困户625万户，接近全国贫困人口的1/13。秦巴山区、乌蒙山区、大小凉山彝区、高原藏区四大集中连片特殊困难地区的面积占全省总面积逾七成，88个贫困县接近全省县市区总数的一半。以“绣花”功夫精准扶贫精准脱贫，是一场与贫困分秒必争的赛跑，更是一场必须打赢的攻坚决战。

紧盯重点领域、关键环节，持续开展扶贫领域作风问题专项治理，使得四川脱贫攻坚成效卓著。

2015年12月，四川省脱贫攻坚领导小组成立，省委书记、省长任组长，四川全省开始以“党政一把手负总责，五级书记一起抓”的精神指导落实脱贫攻坚工作。40名省领导和48个省直部门牵头联系一线，5

① 郭入源：《四川全面打赢“两不愁三保障”脱贫攻坚战》，《中国产经新闻报》2019年9月20日。

万余名帮扶干部下沉 11501 个贫困村。四川省委十届六次全会决定，与《四川省农村扶贫开发纲要（2011—2020 年）》《四川省农村扶贫开发条例》、10 个扶贫专项方案和每年若干实施方案组成“3 + 10 + N”组合拳，构建起完善配套的政策体系。

瞄准贫困人口，实现精准识别退出。四川先后四次开展建档立卡贫困户“回头看”工作，贫困人口从“基本精准”到“更加精准”；建成“六有”大数据平台，将贫困人口识别、帮扶、退出全过程一“网”打尽。

瞄准致贫原因，制定差异化脱贫方案。从 2015 年 10 个扶贫专项方案变成 2016 年 17 个专项计划，再变成 2017 年 22 个实施方案，四川脱贫“锦囊”涵盖从产业、就业、住房到教育、医疗、生态等方方面面，锁定贫困户脱贫摘帽的最急迫需求。

党的十八大以来，四川在不断推进脱贫攻坚进程的同时，坚决把作风建设摆在突出位置，向弄虚作假、数字脱贫、工作措施不精准、资金使用不规范等形式主义、官僚主义“开刀”，用作风建设成果促进各项扶贫举措落实落细。

加强督导检查整改，落实领导责任。2015 年 4 月以来，四川省市县三级联动开展 12 轮大规模的脱贫攻坚督查督导，实现 160 个有扶贫任务的县、11501 个贫困村全覆盖，发现问题及时通报，建立问题清单、责任清单，明确时限抓整改。用好考核指挥棒，确保脱贫攻坚成果真实可信。四川集中力量开展扶贫领域作风问题专项治理，形成长效机制，确保作风建设贯穿脱贫攻坚全过程。

三　建立完善带贫益贫机制

四川是全国脱贫攻坚任务极重的省份之一，为了啃下这块硬骨头，四川频出创新之举，不断创新扶贫模式。2018 年 7 月，四川脱贫攻坚再出创新政策。根据《关于创新扶贫产品销售体系促进精准脱贫的意见》，四川首创为贫困地区定制了独特的集体商标标识——“四川扶贫”。也就是说，以后只要看到这个“四川扶贫”的标识，就可以知道这些产品来自四川的贫困地区。“四川扶贫”主要目的是创新扶贫产品的销售体系，凡是来自贫困地区的产品，都可以使用“四川扶贫”标识；凡是有公益标识的产品，都会动员公司、企业、平台等广大的销售环节组织营销；凡是销售或助推扶贫产品销售的企业和组织都会得到政府的支持；凡是有“四川扶贫”标识的产品，都倡导全社会购买。这就改变了过去送钱送物的扶贫做法，通过扶贫产品的销售，建立完善带贫益贫机制，激发贫困群众的内生动力，给予贫困群众尊严。

“四川扶贫”商标推出一年来，全省1535家企业的3323个扶贫产品通过了“四川扶贫”公益商标申报使用，其中有贫困县的949个企业，3323个贴有该商标的扶贫产品卖出51.35亿元。[①]

四川的脱贫攻坚是全国的一个缩影，“减贫进度历史上最快、脱贫成效历史上最好、帮扶力量历史上最强、制度体系历史上最优”，四川交上了一份响当当、硬邦邦的答卷。

第四节 重庆：限时打赢脱贫攻坚战

重庆是一个集大城市、大农村、大山区、大库区、集中连片贫困地区于一体的特殊直辖市。重庆市始终把脱贫攻坚作为头等大事，特别是2015年6月习近平总书记在贵州召开部分省市脱贫攻坚与“十三五”时期经济社会发展座谈会，发出了扶贫开发最强有力的“动员令”后，重庆市以时不我待、只争朝夕的责任感和紧迫感，立下“军令状”，倒排“时间表”，绘制“路线图”，坚决限时打赢脱贫攻坚战。截至2019年底，全市14个国家扶贫开发工作重点区县、4个市级扶贫开发工作重点区县已经全部脱贫摘帽，1918个贫困村已经全部脱贫出列，通过动态识别的185.1万建档立卡贫困人口已脱贫182.6万人，贫困发生率下降到0.12%。[②] 2019年全市贫困地区农村居民人均可支配收入为15133元，同比增长9.8%。[③] 2020年将聚焦剩余约3.18万贫困人口、18个深度贫

① 高健钧：《“四川扶贫”产品一年卖出50余亿元》，四川省扶贫开发协会（www.scfp.org.cn/zyzz/706.html）。

② 廖雪梅：《全国2019年度脱贫攻坚考核 重庆获评“两好一优”》，《重庆日报》2020年4月26日。

③ 重庆市统计局、国家统计局重庆调查总队：《2018年重庆市国民经济和社会发展统计公报》，district.ce.cn/newarea/roll/202003/20/t20200320_34532473_1.shtml。

困乡镇，集中火力解决深度贫困问题——重庆市脱贫攻坚即将打通“最后一公里”。

重庆人以决绝的恒心和坚定的毅力“限时打赢”脱贫攻坚战，精准扶贫、精准脱贫，贫困地区面貌发生了显著变化，贫困群众的生产生活状况得到明显改善。

一　以限时脱贫为核心，确立脱贫“摘帽”时间表

2015 年 7 月，重庆市脱贫攻坚工作会议确定了以“2017 年底基本完成、2018 年‘打扫战场’”为总体目标，进行倒计时安排。全市各贫困区县紧紧围绕总体目标，分解细化年度任务，量身定做脱贫方案，科学安排脱贫时序：

2015 年底实现了 15 个非重点区县全面完成脱贫任务和涪陵区、潼南区两个重点区县脱贫“摘帽”，691 个贫困村整村脱贫，87 万贫困人口越线达标。

2016 年底实现了万州区、黔江区、武隆县等 7 个重点区县脱贫“摘帽”，885 个贫困村整村脱贫，60 万贫困人口越线达标。

2017 年底实现了 18 个扶贫开发工作重点区县脱贫“摘帽”、1919 个贫困村全部整村脱贫、165.9 万农村贫困人口全部越过扶贫标准线。

2018 年继续巩固脱贫攻坚工作成果，解决好局部、个别最困难贫困人口的脱贫问题，打扫攻坚战场，确保在既定时间节点完成脱贫攻坚任务。

2019 年全面整改脱贫攻坚“回头看”排查发现的问题，对排查出的问题分类建立台账，项目化、清单化落实整改，以问题整改提高脱贫攻坚质量，2020 年开展脱贫攻坚普查，积极探索开展脱贫成效监测，建立防贫监测预警机制和解决相对贫困的长效机制，巩固脱贫成果防止返贫。

二　以解决贫困突出问题为重点，精准实施脱贫攻坚举措

重庆市在打赢脱贫攻坚战中，主要围绕改善基本生产生活条件、加速生态扶贫搬迁、拓展贫困群众增收渠道、帮扶贫困家庭子女教育、防止因病致贫返贫等方面精准发力。

一是加大贫困地区基础设施建设力度，着力改善基本生产生活条件，

重点抓好交通、水利、电力、通信等基础设施建设。全市行政村公路通畅率、300户以上的撤并村公路通达率均已达到100%；贫困区县及贫困村大中小型水源工程建设和中小型“病险”水库除险加固、贫困乡镇（村）集中供水巩固提升等工程建设全面展开；市财政优先安排贫困村电网升级改造、贫困村环境综合整治、农村聚居点集中污水处理设施等项目资金；加强贫困村通信设施建设，实现移动信号、广播电视信号全覆盖，接通符合国家标准的互联网，建成了一批电子商务服务中心。

二是加大高山生态扶贫搬迁力度，着力改善高寒山区贫困落后面貌。加大差异化补助和梯度搬迁力度，投入财政资金4.26亿元，3年内实施搬迁30万人，其中贫困户搬迁21.3万人。

三是着力巩固贫困群众增收渠道，加大贫困地区、贫困农户产业扶持力度。因地制宜发展特色扶贫产业，支持贫困区县发展以农副产品加工、中药材加工等为主的特色产业加工项目和草食牲畜、茶叶、中药材等重点产业链向贫困区县延伸。已在贫困区县发展市级以上农业龙头企业350多家、农民合作社1.7万家、家庭农（林）场1.2万个。引导贫困户以农房、土地、林地经营权等入股参与股份合作社，通过“保底分红”等政策，增加租金、股金和薪金收入。

四是着力防止贫困代际传递，加大贫困家庭子女教育帮扶力度。完善从学前教育至大学到就业全覆盖资助体系。贫困户子女就读中职学校和公办普通高中免学费，学前教育、小学阶段贫困寄宿生、初中阶段贫困寄宿生实现资助全覆盖。整合扶贫、工会、共青团等部门资源，对贫困家庭大学生给予资助，确保考上大学的贫困家庭子女不因贫困辍学。全面落实高校贫困毕业生就业创业扶持政策，实现就业扶持、创业指导全覆盖。

五是着力防止因病致贫返贫，加大贫困群众医疗救助力度。建立针对贫困人口的城乡居民合作医疗保险、大病保险、补充商业保险、医疗救助相衔接的医疗保障制度。将符合医疗救助条件的20万因病致贫扶贫对象纳入医疗救助范围，资助其参加城乡居民合作医疗保险，并逐步提高参保缴费资助标准。优先推进贫困村卫生室标准化建设，标准化率达100%。

六是加大人口转移就业力度。引导渝东南、渝东北地区农村人口特别是贫困人口向大都市区特别是城市发展新区、县城、小城镇梯度转移，3 年内转移人口 20 万人。统筹各类培训资源，重点实施职业技能提升培训和创业培训，实现了有条件的贫困户"1 户 1 人 1 技能"全覆盖。

三　创新机制凝聚合力，构建大扶贫开发格局

重庆市健全完善"市负总责、区县抓落实"的工作机制，市委书记任脱贫攻坚工作领导小组组长，3 名市领导任副组长，成员单位增加至 39 家，切实发挥扶贫开发领导小组统筹谋划、决策部署、沟通协调、检查指导的作用。

重庆市《关于集中力量开展扶贫攻坚的意见》《关于精准扶贫精准脱贫的实施意见》以及 13 个方面的配套政策和实施方案相继出台，形成了周密详细的脱贫攻坚政策体系，为限时打赢脱贫攻坚战提供政策支撑。全市上下牢固树立"一盘棋"思想，把脱贫攻坚作为第一民生工程和"一把手工程"来抓，全力推动政策落地见效。

市级领导干部定点联系帮扶贫困县、贫困村，贫困区县选派得力干部担任贫困村"第一书记"，全覆盖选派驻村工作队；各区县采取"一帮一"或"一帮几"的方式，统筹各级干部对贫困户开展结对帮扶。全市选派第一书记 2249 名，派驻驻村工作队（组）2451 个、驻村工作队员 17700 名，落实结对帮扶干部 198929 名，实现帮困不漏户、户户见干部。

健全完善社会力量参与扶贫动员、激励、引导机制，组建 18 个市级扶贫集团，集中力量对口帮扶 18 个扶贫开发工作重点区县。建立"圈翼"帮扶机制，"一圈"20 个区县每年拿出财税收入的 1% 对口支持"两翼"17 个区县。鼓励市属国有企业履行扶贫责任，帮扶 4 个重度贫困县，形成了集全市之力的扶贫开发大系统和大格局。

第五节　广西：啃下脱贫攻坚硬骨头

广西壮族自治区是全国贫困人口超过 500 万的 6 个省区之一，涉及全国集中连片特困地区的滇桂黔石漠化片区，一直以来都是全国脱贫攻

坚的主战场。广西素有“八山一水一分田”之称，环境承载力十分有限。这里既是维系珠江下游特别是粤港澳地区生态安全的重要屏障，又是全国岩溶分布面积最广和石漠化最严重的地区。

经过多年的扶贫开发，有条件的地区和群众都已经实现了稳定脱贫，剩下的贫困人口大都处于条件限制最多、脱贫攻坚最难攻克的堡垒里。至2015年底，全区还有538万农村贫困人口，贫困发生率为10.6%，贫困人口绝对数排全国第四位，贫困人口规模较大；全区有贫困县54个，占全部县市区的48.6%；105个县（区）有扶贫任务，占全部县市的94.6%，有5000个贫困村，占全部行政村的34.9%。[①] 自精准扶贫工作要求提出以来，广西紧紧围绕精准扶贫、精准脱贫主线，以超常力度、超常措施推进脱贫攻坚战，金融扶贫、教育扶贫、产业扶贫、扶贫移民搬迁、社会扶贫、整村推进等工作扎实开展，

一　贫困人口大幅减少

2016年，广西脱贫攻坚首战告捷，减贫人数居全国首位，在中央对省级党委和政府扶贫开发工作成效考核中，广西综合得分位居一等，精准扶贫成效综合评估位居全国第二。在国务院扶贫开发领导小组对中西部22个省（区）的精准扶贫年度成效第三方评估中，广西综合得97.37分，居全国第一位，贫困人口识别准确率达99.76%，居全国第一位。据国家统计局核定，广西减贫人数居全国首位，减贫幅度达25%，居全国第二位。[②]

2017年，广西脱贫攻坚实现再战再捷，贫困人口减少95万人，贫困发生率从7.9%下降到5.7%。实现1056个村出列，7个贫困县脱贫摘帽。

2018年. 广西脱贫攻坚战三战三捷，减少农村贫困人口95万人，实现1450个贫困村和14个贫困县脱贫摘帽。[③]

---

① 覃娟、梁艳鸿：《广西脱贫攻坚发展报告》，《新西部》2018年2—3月上旬刊。

② 阮旭日：《广西发布2016年脱贫工作成效 减贫人数全国第一》，人民网—广西频道，2017年4月19日。

③ 韦继川：《脱贫攻坚战三年行动 广西14个贫困县区脱贫摘帽》，《广西日报》2019年5月7日。

2019 年，广西实现 125 万贫困人口脱贫、1268 个贫困村出列，21 个贫困县摘帽，贫困发生率降至 1% 以下，为全面打赢脱贫攻坚战进而与全国同步实现全面建成小康社会目标筑牢扎实根基。①

自 2011 年我国第二个农村扶贫开发十年纲要和精准扶贫工作推进以来，广西减贫速度加快，2012—2016 年五年间减少贫困人口 609 万人，年均减贫约 120 万人，贫困发生率累计下降 10.1 个百分点。

二　贫困群众收入水平不断提高

广西把增加收入作为脱贫致富的核心，紧紧围绕劳动力和土地两个基本生产要素，有序推动农村劳动力转移就业和土地承包经营权、林权流转等，帮助贫困群众拓宽增收渠道，有效破解稳定收入瓶颈。2016 年，广西贫困地区（国家扶贫开发工作重点县和石漠化片区县共 33 个县）农民人均可支配收入为 8800 元，比 2012 年增加 3297 元，年均增长 12.5%，比同期全区农民人均可支配收入增速高出 2.5 个百分点。② 2019 年广西农村居民人均可支配收入为 13676 元，比上年名义增长 10.0%，实际增长 5.7%。③

三　扶贫产业发展态势持续向好

广西深入实施优势特色产业提升行动，推动种植业、养殖业、林业、旅游业、农林产品加工等方面的特色产业提质增效，其中 54 个贫困县发展桑园 152.11 万亩，收入达 54.06 亿元，同比增长 24.94%；通过发展休闲观光农业实现脱贫达 29.5 万人。加快培育新型经营主体，引进 188 家市级以上龙头企业，组建完善了 1381 个农民专业合作社，培育了新型职业农民 8000 多人。电商扶贫迅速发展，23 个县获批为国家电子商务进农村综合示范县，建设农产品网点 2300 多家，全年生鲜农产品网络交

---

① 杨陈、林浩：《2019 年广西减贫 125 万人 贫困发生率降至 1% 以下》，中国新闻网（www.chinanews.com/gn/2019/12-24/9041503.shtml）。

② 胡永启：《新时代广西扶贫：深入贯彻精准扶贫方略，打赢脱贫攻坚战役》，《中国日报》2017 年 10 月 25 日。

③ 广西壮族自治区统计局：《广西壮族自治区 2019 年国民经济和社会发展统计公报》，中国统计信息网（www.tjcn.org/tjgb/20gx/36217_6.html）。

易额达65亿元，增长30%。①

四 扶贫工作领导体制机制和政策体系日益完善

为进一步配合打赢脱贫攻坚战，广西2016年出台了“1+20”个精准扶贫系列文件，构建起涵盖机制创新、基础设施、社会帮扶、改善民生、产业扶持、脱贫摘帽等方面具有广西特色、更为完整的精准扶贫政策体系，为脱贫攻坚战提供强有力的政策保障。全区有5000名第一书记和3万多名扶贫工作队员驻村帮扶，有52.3万人结对帮扶125.6万贫困户和脱贫户，联系120多万贫困户学生，有9102家单位定点帮扶5000个贫困村，有3600多家民营企业结对帮扶3385个贫困村，有24家中央单位定点帮扶28个国家扶贫开发重点县。

广西举全区之力，聚多方智慧，下“绣花”功夫，做精准文章，精锐出战，全力推进脱贫攻坚事宜。从严从实精准施策，在八桂大地奏响了脱贫攻坚的壮美凯歌。

第六节 西藏：雪域高原脱贫“天路”通小康

西藏自治区是全国唯一的省级集中连片特殊贫困地区，贫困面广、贫困发生率高、贫困程度深、脱贫难度大，是西藏经济社会发展面临的主要困难和问题，也是全国同步建成小康社会的最大挑战和“短板”。2015年底，西藏还有58.9万贫困人口，占乡村总人口的25.15%，高居全国之首。其中，日喀则、昌都、那曲、阿里4个市（地）的贫困发生率在20%以上；2016年，虽然全区贫困人口减少至44.1万人，但贫困发生率仍高达18.95%。至2019年底，西藏累计实现了62.8万贫困人口脱贫，74个贫困县（区）全部摘帽，贫困发生率降为零，脱贫攻坚取得决定性进展，成为“三区三州”中率先脱贫的地区，在世界屋脊历史

---

① 韦继川：《广西脱贫攻坚取得阶段性成效》，《广西日报》2019年10月14日。

性地消除了绝对贫困。①

一　加强顶层设计，科学规划扶贫开发

西藏按照国家关于扶贫开发工作的新政策、新定位、新任务、新要求，全面梳理“十三五”扶贫开发工作思路，合理科学确定目标任务、投资额度、具体措施和项目支撑。科学地制定《西藏自治区“十三五”时期脱贫攻坚规划》和《西藏自治区“十三五”易地扶贫搬迁规划》等，以规划引领精准扶贫工作。出台了40个政策文件或实施方案，形成了涵盖产业、搬迁、生态、教育、社保、金融等多行业、宽领域的政策体系，结合贫困地区脱贫攻坚的特点和需要，为全区脱贫攻坚提供了强有力的政策支撑保障。

西藏实行党政“一把手”负总责、“五级书记”抓落实，设立脱贫攻坚指挥部。针对全区14.9万户、59万名建档立卡贫困人口实施差异化政策，在政策体系、具体措施、基层民生等方面循序渐进。自开展脱贫攻坚行动以来，西藏制定了涉及扶贫的47个规范性文件，大力实施“五个一批”工程，开展“水电路讯网、科教文卫保”十项提升工程等。全区构建起专项扶贫、行业扶贫、金融扶贫、援藏扶贫、社会扶贫“五位一体”的大扶贫格局。

二　产业扶贫，多措并举

产业脱贫是西藏持续增收、稳定扶贫的主要举措。西藏自治区党委和政府高度重视扶贫产业的培育工作，采取了一系列行之有效的举措，凝心聚力、统筹推进，扎实有序地推进产业脱贫。各级各部门累计投入产业扶贫资金达到了294.2亿元，实施项目2344个，带动产业扶贫16.7万人，受益群众达到了24万多人。

区财政涉农资金重点支持每个建制村做大做强1—2个产业项目，共实施项目210个、带动3.5万人脱贫。

发挥青稞、牦牛等优势产业在脱贫攻坚中的带动作用，延长产业链，增加附加值，提高商品率，在19个牦牛主产区建设牦牛育肥基地，带动

---

① 张婧琳：《论西藏打赢脱贫攻坚战的重大意义》，《西藏日报》2020年6月15日。

群众增收7.9亿元。引进80多家种养殖企业和200多户种养大户、致富能手，促使1000多名有一技之长的区外群众与区内群众联手结成对子，带动贫困群众致富，又促进了民族之间的交流交融交往。

大力发展农村电商，有1万多名贫困群众参与其中并受益。

建立旅游扶贫项目库，引导贫困群众积极参与旅游业，大力开发“西藏民宿”等乡村旅游项目，打造了拉萨市城关区夺底乡、阿里地区噶尔县索麦村等乡村旅游扶贫示范工程，带动5.5万名贫困群众脱贫。

积极开展农牧民就业培训，对有就业意愿、有就业基本能力的贫困人口进行餐饮服务、民族手工艺品制作、机动车驾驶、家政服务等技能培训，全区通过培训实现转移就业5.49万人。①

三　脱贫攻坚的全面胜利

自2016年脱贫攻坚战打响以来，西藏的脱贫攻坚行动已经取得了全面胜利。

截至2017年底，全区建档立卡贫困人口，累计减贫29.7万人，建档立卡贫困人口的存量下降到了33.1万人，减贫人口占2015年底59万贫困人口的50.3%，贫困发生率由2015年底的25.3%下降到了12.4%；2713个贫困村居脱贫退出，占全区贫困村居总数的49.0%；30个贫困县（区）实现脱贫摘帽，脱贫摘帽的县（区）占全区74个县（区）总量的40.5%。脱贫攻坚行动取得了显著成效，连续两年在省级党委和政府扶贫开发成效考核当中被中央确定为“综合评价好”的省市之一。②

2018年，西藏当雄、吉隆、林周县等25个县（区）经脱贫审核，符合贫困县（区）退出条件，正式脱贫摘帽，2100个贫困村退出，18.1万人脱贫，贫困发生率降至6.0%以下。③

2019年12月23日，《西藏自治区脱贫攻坚指挥部关于2019年19个县（区）退出贫困县（区）的公告》发布，该公告宣布：经自治区人

---

① 普正学：《西藏自治区脱贫攻坚的进展情况和相关的政策措施》，西藏自治区人民政府网（http：//www. xizang. gov. cn/zwfw/zxft/201901/t20190117_ 174486. html）。

② 徐伍达：《西藏打赢脱贫攻坚战 决胜全面建成小康社会》，《新西部》2018年第Z1期。

③ 唐园结等：《西藏自治区脱贫攻坚纪实》，《农民日报》2018年9月25日。

民政府研究，批准谢通门县等共 19 个县（区）退出贫困县（区）。这意味着西藏自治区全部 74 个县（区）均已经实现了脱贫摘帽。西藏已基本消除绝对贫困，全域实现整体脱贫。①

这样的历史性成就，得益于党中央对西藏脱贫攻坚的坚强领导，得益于西藏自治区上下精锐出战、战天斗地的实践，也得益于自治区矢志脱贫，坚决贯彻党中央决策部署的顶层设计。更重要的是，在不断深入的脱贫攻坚实践中，西藏自治区扶贫的组织体系日臻完善、政策体系覆盖完整、规划体系科学合理、投入体系多元充分、帮扶体系精准有力，通往消除绝对贫困、全面建成小康社会的脱贫“天路”愈发清晰、通畅。

第七节　甘肃：转变方式创新扶贫开发机制

甘肃作为西部地区国家重点关注的贫困大省，扶贫开发任务非常艰巨，在 2020 年之前改善区域性整体贫困面貌面临着巨大挑战。甘肃紧紧围绕增加农民收入、减少贫困人口这一目标，从组织领导、社会动员、政策扶持、资金保障等各个方面，不断加大扶贫开发力度、转变扶贫开发方式、创新扶贫开发机制，以超常规举措，摸索出一套符合甘肃实际的精准扶贫新模式，形成一系列行之有效的措施和做法，脱贫攻坚工作取得显著成效。甘肃贫困人口由 2011 年的 722 万人减少到 2017 年底的 262 万人，贫困发生率由 2011 年的 34.6% 下降到 2017 年的 12.6%。与 2011 年相比，全省农村贫困人口共减少 460 万人，年均减贫 92 万人，农村贫困率下降 22 个百分点，年均下降 4.4 个百分点。② 自 2018 年以来，甘肃的脱贫攻坚速度明显加快，至 2019 年末，甘肃减少贫困人口 93.5 万人，31 个贫困县摘帽退出，全省农村贫困人口仅余 46 万人，比 2018 年又减少了 75 万人，贫困发生率下降到 0.9%，甘肃藏区实现整体

---

① 田博群：《西藏实现全域脱贫摘帽》，中国新闻网（www.chinanews.com/gn/2019/12-23/9040599.shtml）。

② 侯万锋：《2017 甘肃扶贫攻坚报告》，《新西部》2018 年 2—3 月上旬刊。

脱贫，为2020年全面脱贫、建成小康社会打下了坚实基础。①

一　以集中连片特困区域为脱贫攻坚的重点突破口

以少数民族贫困地区为重点突破口是甘肃脱贫攻坚的一大亮点。

甘肃是一个多民族省份，少数民族地区的贫困问题始终是反贫困的重点。藏区、临夏等少数民族地区的“一江三河”四大流域区（白龙江流域、黄河流域、洮河流域、大夏河流域）是甘肃脱贫攻坚的重点区域。甘肃积极发挥临夏州依托藏区大市场和面向兰州都市圈的区位优势，以北部干旱山区、南部高寒阴湿山区、中部河谷川塬区三大贫困片带为攻坚重点，积极推进区域性特色种植业、特色养殖业规模化发展，支持发展商贸流通业，与甘南藏区扶贫开发相统筹，支持发展畜产品加工流通业、清真食品工业、草原旅游和回藏风情旅游。在甘南州、临夏州实施游牧民定居、易地扶贫搬迁、生态移民和农村危旧房改造、灾区灾后恢复发展和乡村基础设施、生态环境改善及公共服务设施建设项目，提高民族地区农牧民健康生活水平和自我发展能力，促进民族地区经济跨越式发展和社会长治久安。

甘肃坚持以能源开发为依托，以工促农、工农共建，统筹能源基地乡、村的基础设施配套、增收产业水平提升和服务基地的各类劳务技能培训，发展肉、蛋、奶、菜、果和第三产业，积极支持农田水利、人畜饮水安全项目和贫困乡村的“告别土窑洞”工程。

围绕“引洮供水工程”，以乡村渠系配套为重点，实施农田灌溉、安全饮水、农户沼气、危房改造和农村道路等基础设施建设项目，继续实施退耕还林还草、小流域综合治理，努力改善贫困乡村和贫困群众的生产条件和人居环境。以打造国家级示范基地为目标，进一步推进马铃薯、中药材、高原夏菜、林果业规模化发展和精深加工，延伸产业链条，实现效益最大化。

根据陇南高寒阴湿山区不同的气候特点，按照“小规模、大群体、一乡一业、一村一品”的思路，大力扶持中药材、油橄榄、核桃、花

---

① 甘肃省统计局、国家统计局甘肃调查总队：《2019年甘肃省国民经济和社会发展统计公报》。

椒、茶叶、蔬菜和小杂粮等区域特色产业发展，建设特色林果业、特色农产品产销交易中心和加工基地。同时，着力实施农村交通、人畜饮水、农田有效灌溉等基础设施项目。统筹推进小陇山、关山等林缘区贫困乡村发展，促进山区生态保护、经济发展、治穷致富。

对于河西特困移民区，则重点实施过渡房改造、土地改良、清洁能源利用、种养业发展、高效节水、技术培训等项目，使移民安置地基础条件得到较大改善，耕地沙化、盐渍化问题得到较快治理，农田村社防护林网配套设施，人居环境得到明显改善，社会服务功能基本具备，乡村组有活动阵地，新型农村合作医疗参合率、适龄儿童入学率、九年义务教育普及率等基本达到当地平均水平。

正是以集中连片特困区域为重点突破口，统筹破解特殊性、迫切性、关键性难题，整体规划，整合资源，综合施治，有重点、有目标地实施一批集特色资源开发和教育、卫生、文化、就业、社会保障等于一体的综合扶贫工程，优先实施基本条件改善、主导产业培育、公共服务配套等关键项目，发展壮大特色优势产业，取得显著成效。

二 加快基础设施建设进程

基础设施建设滞后是影响和制约甘肃脱贫攻坚的主要瓶颈之一。甘肃自然条件差，基础设施建设相对滞后，贫困地区往往地处偏远，境内山大沟深，群众行路难、吃水难、用电难、住房差的现象还较为普遍。为此，甘肃省委出台的《关于深入实施“1236”扶贫攻坚行动的意见》明确“加快基础设施建设的主要着力点，把破解路、水、电、房等瓶颈问题作为扶贫攻坚的关键”。

一是加强农村道路建设。加大资金投入力度，提高财政补助标准，用好国开行贷款等国家相关政策性金融信贷资金，优先安排没有通村道路和产业发展急需贫困村的道路硬化工程。

二是保障农村饮水安全。利用国开行贷款开展农村饮水安全项目工程，立足不同旱情特点和水源条件，加快骨干调水工程和小型水利项目建设，实施小流域综合治理。

三是加强农村电力建设。加快农网升级改造，提高其覆盖面。首先解决了无电户和易地扶贫搬迁安置区的用电问题；其次通过国家支持建设光伏分布式电源，解决了游牧民和居住偏远分散农户的用电问题。

四是加快农村住房建设。按照特困户、易地搬迁、地震灾区和灾害多发区“四优先”的原则，加快危房改造建设工作，逐步提高省级补助标准。同时，把易地扶贫搬迁作为贫困群众“挪穷窝”的重要举措加以强力推进。要想富，先修路，路、水、电、房与千家万户密切相关，是脱贫致富的先决条件。甘肃始终把加快基础设施建设作为贫困地区“换穷貌”的重中之重，以基础设施的改善带动富民产业发展，促进贫困群众持续增加收入，着力改变贫困地区面貌。

三 积极培育和发展特色优势产业

大力发展特色优势产业，突出区域主导产业，建设能大面积带动群众致富的产业带，这是反贫困的重要突破口。甘肃各地根据不同自然条件和传统优势，坚持扶贫项目资金到村、效益到户的原则，全面推进贫困乡村特色产业的发展。

甘肃着力构建特色支柱产业发展及支撑体系。坚持市场取向，突出资源禀赋特色，制定专门规划，设立专项资金，充分发挥贫困乡村资源优势，按照优质、高产、高效、生态、安全的要求，大力发展现代农业，进一步支持区域性主导产业，支持龙头企业和种养业大户向贫困地区延伸发展，着力构建特色支柱产业发展及支撑体系，支持发展草食畜、设施蔬菜、优质林果、马铃薯、中药材、乡村文化旅游等特色优势产业，提高产品品质和产业层次，扩大规模效益，促进群众增收。

积极培育和发展特色优势产业。围绕产业基地和农副产品加工、仓储、流通，采取政府支持企业、企业带动农民、农民集资入股等形式，实施“一县一业”产业对接和“一村一品”产业培育工程。扶持发展以民间民俗工艺品资源和人才为依托的劳动密集型产业。

以甘南、临夏、平凉、庆阳、定西、白银、天水、张掖、武威等有条件的乡村为重点，大力发展奶牛、肉牛、肉（绒）羊、肉鸡、蛋鸡及生猪等养殖业，扶持贫困地区种植优质牧草。

以定西市等适宜区为重点，大力引进推广新品种、新技术，扩大种植面积，带动陇南、武威、张掖、天水、平凉、庆阳、白银、兰州等市规模化发展、集约化经营，着重加强新品种选育、脱毒种薯扩繁、精深加工及终端产品开发和鲜薯外销等方面的能力建设，扶持龙头企业加工马铃薯变性淀粉、薯条薯片及高档休闲食品，带动贫困群众脱贫致富。

以天水、平凉、庆阳、陇南、白银、武威等适宜区为重点，大力扶持发展特色林果产业，新植经济林，扩大优质果品种植面积。突出发展苹果、梨、桃、杏、葡萄、人参果等优质水果和花椒、核桃、油橄榄、枸杞、红枣等特色干鲜果，有效增加果农收入。

以定西、陇南、甘南、天水等适宜区为重点，大力发展地道优质中药材和藏药材。建设规范化中药材种植、中药饮片加工和特色中成药、藏药生产基地，建立健全规范化种植、标准化生产、集约化经营、系列化研发的现代中药产业链，逐步实现全省中药材产品结构优化和产业升级。

以沿黄灌区、泾渭河流域、白龙江流域的县区周边公路和交通沿线为重点，发展优质瓜果蔬菜产业。以标准化、无公害为品牌，积极推广日光温室和塑料大棚，重点发展高原夏菜、反季节特色蔬菜、脱水蔬菜及甜瓜、瓜子、黄花菜、食用百合等特色产品。

甘肃全力推进农业产业化经营，建立健全贫困地区绿色食品认证、原产地认证和农产品质量安全体系，打造特色品牌，做大做强扶贫产业基地，扶持发展一批产业关联度大、集约化水平高、带动能力强的扶贫龙头企业。重视支持贫困地区农产品贮藏、保鲜、加工等设施建设和农产品市场建设，提高商品率。积极发展种养业大户和营销大户，大力发展农民专业合作组织，积极引导贫困农民走向市场，多渠道实现农产品增产增效。积极支持贫困乡村兴办“农家乐”“牧家乐”“林家乐”，开展“红色旅游”“生态旅游”“文化旅游”，培育贫困地区新的收入增长点。

四　加快实施易地扶贫搬迁工程

易地扶贫搬迁是甘肃各地深入实施“1236”脱贫攻坚行动的重要抓手，是从根本上解决缺乏基本生存条件地区贫困人口脱贫致富的有效途径和恢复保护生态环境的重要举措。从2001年开始实施易地扶贫搬迁试点工程以来，甘肃已搬迁贫困群众12.77万户64万人，计划搬迁112万人，总计投入116亿元。搬迁农牧民在生活上发生了翻天覆地的变化，基本实现了“搬得出、稳得住、能发展，可致富”的目标。①

实践证明，易地扶贫搬迁是甘肃目前实施的最有效的扶贫措施，是一项从根本上改变农村贫困面貌的致富工程和灾害易发区群众的安全保障工程。甘肃省政府的《甘肃省易地扶贫搬迁实施规划（2013—2018年）》确定了13个市（州）72个县（区、市）的834个乡（镇、办）的3445个行政村的7403个自然村为迁出区。这些迁出区既是甘肃贫困人口集中区，也是生态环境敏感脆弱区和自然地质灾害易发区。其中，整体搬迁的行政村有113个，整体搬迁的自然村（社、组）有6896个。采取统一规划、统一布局、统筹产业发展，实施大规模集中安置易地扶贫搬迁群众；既充分发挥小城镇辐射性强，要素集聚的特征，将当地贫困群众搬迁至小城镇附近，在保证人均基本口粮田的基础上，通过培训，提高搬迁户生产技能，依托小城镇的有利资源，引导贫困群众以劳务输转、发展服务业等多种形式实现就业，增加收入，达到脱贫致富的目的。在土地资源匮乏地区，由当地政府统一将部分农（林）场收回，通过无偿划拨的形式，作为易地扶贫搬迁项目的安置区，将居住在高深山区、生产生活条件差、基础设施落后村（组）的贫困群众进行易地扶贫搬迁。这种模式由于土地权属清晰，基础条件好，可有效解决搬迁群众生产、生活用地问题。

五 加大教育、文化和科技扶贫力度

甘肃充分发挥教育在脱贫攻坚中的基础性、先导性作用，紧紧围绕“1236”脱贫攻坚行动，积极推进教育扶贫，努力阻断贫困代际转移。

甘肃把加快发展农村学前教育作为教育扶贫的突破口，抓住农村教育发展“短板”，着力扩大学前教育资源，促进农村学前教育的跨越发展，不仅使农村孩子接受到良好的启蒙教育，也在一定程度上解放了农村劳动力；发展面向农村的职业教育，推进职业教育招生改革，探索中高职贯通人才培养模式，在贫困地区实行免费职业教育，形成以农业职业院校为龙头、县级职教中心涉农专业教学点为补充的新型职业农民技

① 梁峡林：《2018年前甘肃省易地搬迁贫困群众112万名》，《兰州晨报》2014年1月27日。

能培训网络，开展城乡富余劳动力转移就业创业培训和劳务品牌培训；大力推进县域义务教育均衡发展，除进一步完善义务教育经费保障机制外，加快改善农村义务教育薄弱学校基本办学条件，扩大信息化优质资源共享，通过宽带网络等方式使得贫困地区义务教育阶段的学生享受优质数字资源；积极发挥高校人力资源优势，组织实施“万名本科生下基层”“农业知识和技能普及计划”等项目，帮助贫困地区发展特色优势产业；加大面向农村医学人才的培养力度，积极建设医学本科院校；围绕“电子商务”的蓬勃发展，组织高校培训实用人才，助力电子商务快速发展；建立覆盖学前教育到高等教育的学生资助体系，基本实现落实农村义务教育家庭经济困难寄宿生生活补助。实施普通高等教育贫困生专项计划，增加贫困地区高考招生专项名额，扩大农村学生上大学的机会；加大对临夏、甘南等民族地区教育的定向扶持力度，通过培训民族地区双语教师、藏区免费职业教育项目等，提高民族地区劳动者素质。

扶贫不仅要扶物质，也要扶精神、扶智力、扶文化。甘肃文化和新闻出版广电系统以“乡村舞台”、农家书屋、户户通建设等为抓手和平台，全面推进文化扶贫。一方面，通过本土出品的“乡村舞台”调动农民参与自身文化建设的积极性；另一方面，为进一步发挥文化在脱贫致富奔小康方面的精神引领和提升作用，甘肃通过政府购买公益演出的形式，引导高雅艺术走进基层，走向农村。与此同时，甘肃各地博物馆、公共图书馆、文化馆、美术馆和乡镇综合文化站等免费开放，省文化厅积极争取国家支持贫困县配送流动图书车，有效缓解了边远贫困地区群众看书难问题。

在科技扶贫上，甘肃重点实施“一县一业”产业对接和“一村一品”产业培育等科技扶贫工程，以科技创新促进“1236”脱贫攻坚行动。通过开展民生科技计划试点工作，围绕贫困地区保障和改善民生的重点任务，建立了一批民生科技综合试验示范基地，突破一批核心关键技术，培育发展一批农村民生科技新兴产业，推广一批科技成果，培育一批优势特色产业，帮助一大批农户脱贫。

甘肃省目前还有 8 个县没有脱贫摘帽，面对最后的深度贫困堡垒，甘肃省采取“一县一策”，科学设置产业，让贫困户稳定增收，加快致富。2020 年甘肃省将继续做实做强“牛羊菜果薯药”六大产业，在全省创建省级示范合作社600个左右，其中贫困地区约400个，贫困县区每个脱贫主导产业至少有1家龙头企业带动，如期打赢17.5万贫困人口的脱贫攻坚战。

第八节　陕西：精准发力，决胜三秦

陕西的贫困地区既有革命老区、秦巴山区、六盘山区，也有白于山区和黄河沿岸土石山区，主要集中于吕梁山区、六盘山区、秦巴山区三大集中连片贫困带，是全国脱贫攻坚任务较重的省份之一，贫困程度深，致贫因素复杂，脱贫攻坚难度很大。由于地理环境限制和历史原因，国家确定的11个集中连片特困地区涉及陕西的有秦巴山、六盘山、吕梁山三大国家片区，共覆盖43个县区。2016年初，陕西尚有56个国定贫困县（区、市）（与片区县交叉重叠37个），占全省县（市、区）总数一半以上；贫困村7040个，占全省行政村总数的1/3以上；建档立卡78.3万贫困户，计316.7万人，这是陕西扶贫攻坚必须直面的“硬骨头”。

扶贫开发进入脱贫攻坚阶段后，陕西形成了精准扶贫、精准脱贫的基本方略，建立、完善了脱贫攻坚制度体系，凝心聚力，砥砺奋进，脱贫攻坚取得了决定性进展和历史性成就。

2011年以来，陕西全省农村贫困人口由775万余人减少到2016年末的228.7万人，五年累计脱贫547万人，贫困人口年均减少21.7%。仅2018年全省就有104.5万人实现脱贫，贫困发生率降至3.2%左右，23个贫困县各项指标均达到退出标准。截至2019年底，陕西全省贫困人口减少到18.34万人，贫困发生率降到0.75%。2020年2月27日，陕西省政府发布公告，铜川市印台区等29个贫困县（区）正式退出贫困县序列。至此，陕西56个贫困县（区）实现脱贫摘帽，全省96.2%的贫困人口实现脱贫，贫困发生率由21.4%下降到0.8%，标志着陕西区域性整体贫困问题已经基本解决，全省脱贫攻坚取得决定性胜利。[①]

---

① 张毅：《陕西所有贫困县实现脱贫摘帽》，《经济日报》2020年2月28日。

一　五年五步走，减贫 316.7 万人

陕西制定出台《陕西省“十三五”农村脱贫攻坚规划（2016—2020）》，为陕西精准扶贫、精准脱贫、消除贫困制定明确时间表、作战图。根据《陕西省“十三五”农村脱贫攻坚规划》，陕西脱贫攻坚分为五个步骤：

2016 年，全省 130.1 万贫困人口脱贫，2 个贫困县摘帽。

2017 年，全省 107 万贫困人口脱贫，20 个贫困县摘帽，宝鸡市、咸阳市、延安市、榆林市所辖县（区）及韩城市贫困人口基本实现脱贫。

2018 年，全省 64.8 万贫困人口脱贫，20 个贫困县摘帽，铜川市、汉中市所辖县（区）贫困人口基本实现脱贫。

2019 年，全省剩余 14.8 万贫困人口全部脱贫，13 个贫困县摘帽。

2020 年，巩固贫困人口脱贫成果，56 个贫困县全部摘帽，316.7 万建档立卡贫困人口实现稳定脱贫，同步全面建成小康社会。①

陕西省严格按照贫困县退出程序，于 2019 年 11 月开始，对最后一批 29 个贫困县（区）的摘帽申请，先后经过县、市级核查、省级专项评估检查，经省脱贫攻坚领导小组会议审定，确认全部达到了国家规定的贫困县退出标准，并经省政府门户网站公开征求社会意见，公示期间未发现影响贫困县退出的实质性问题。提前一年超额完成了《陕西省“十三五”农村脱贫攻坚规划》所规定的目标。

二　深入落实精准扶贫脱贫方略

陕西省全面落实精准扶贫、精准脱贫方略，在“精准”二字上狠下功夫，聚焦深度贫困攻坚工作，保障措施更加有力，大扶贫格局更加完善，脱贫攻坚取得决定性进展。

一是帮扶对象更加精准。陕西在全省深入开展以信息补正、数据完善、政策宣讲为主要内容的专项活动，全面提升建档立卡基础数据质量，在 2020 年国家开展的几次数据质量评比中，陕西均处于全国前列。

二是帮扶政策更加精准。按照中央既不提高标准、吊高胃口，又不

---

① 任志慧、王丽：《陕西脱贫时间表》，《陕西日报》2016 年 10 月 17 日。

降低标准、影响质量的要求，对不同时期、不同背景下出台的各类帮扶政策进行了全面梳理、规范，出台了道路建设、安全饮水、安全住房、义务教育、基本医疗、村级集体经济增加等八个方面的脱贫认定标准，对脱贫攻坚干什么、怎么干、干到什么程度都做了明确解答。

三是帮扶举措更加精准。综合运用“五个一批”帮扶措施，因人因户精准施策，各类保障性扶贫政策得到有效落实。

三　大扶贫格局更加完善

陕西全力巩固大扶贫格局，中央35个部委单位定点帮扶陕西50个国家扶贫开发工作重点县，选派中央定点扶贫单位挂职干部75人，直接投入帮扶资金2.77亿元，引进资金5.07亿元。实施“3+X”帮扶体系，全省9个国企共对接项目124个，完成投资91亿元，带动1.9万贫困户，实现就业1.6万人；校地结对“双百工程”建成产学研示范基地和落地实体项目90个，培训培养骨干教师、医生、护士、农技人员和新型农民等4万多人；优质医疗资源下沉，实现对贫困县医疗机构结对帮扶全覆盖，使贫困人口县域内就诊率达85%以上。[①]

四　建立稳定脱贫长效机制

在脱贫攻坚战接近收官之时，已基本实现了全省脱贫的陕西更加重视脱贫稳定性问题，把防止返贫和贫困人口脱贫摆在同等重要的地位，尤其针对已脱贫人口，持续巩固各项扶贫政策，加快建立稳定的脱贫长效机制，确保贫困群众实现高质量脱贫和稳定增收，有效防止边脱贫边返贫现象的产生。为建立稳定的脱贫长效机制，陕西省采取了以下举措：

建立常态化返贫工作预警监测机制。由扶贫部门组织牵头，充分发挥脱贫攻坚大数据平台作用，进一步加强与教育、卫生、民政、住建、水利、林业等部门数据的共建共享、互联互通，建立返贫风险预警机制，对有致贫和返贫风险的“边缘户”和“脱贫监测户”实施动态监测跟踪，如发现有返贫迹象，立即启动应急机制，有针对性地采取帮扶措施，遏制其致贫或返贫。

① 贺霞婷：《陕西脱贫攻坚纪实》，《中国日报》2019年1月5日。

全覆盖常态化开展“回头看”“回头帮”。建立基层跟踪回访制度，巩固脱贫攻坚取得的阶段性成果，继续激发贫困群众内生动力，切实防止返贫。

持续加大贫困地区公共服务和基础设施建设。坚持推进贫困地区的水、电、路、气、房和环境建设，继续实施各项民生工程，保障脱贫人口的住房、基本教育、医疗卫生和就业。巩固强化兜底保障体系。

将兜底保障作为脱贫攻坚的最基本防线，进一步整合农村低保政策和有关扶贫政策，形成统一、衔接的政策体系；进一步完善各项社会救助政策体系，强化社会保障的稳定脱贫机制。

陕西省坚持脱贫攻坚和防止返贫并举，坚持脱贫不脱帮扶、脱贫不脱政策、脱贫不脱项目、脱贫不脱监管，稳定脱贫成果，帮助贫困人口走上自我发展的道路，提高脱贫减贫质量。保证脱贫成效长久稳固，真正实现乡村振兴。

第九节　宁夏：尽锐出战攻下坚中之坚

宁夏是我国西北内陆生态环境最为脆弱、贫困人口最为集中的地区，宁夏中南部地区9县区，也是我国14个集中连片特殊困难地区之一。自然条件恶劣、生态环境脆弱、经济发展滞后，是“苦瘠甲天下”的山穷地瘠、人民生活贫苦之地，加上是回族聚居地，长期以来人口自然增长率高，人均资源占有量极少，人口严重超载，对资源、环境压力过大。

宁夏的扶贫开发始于1983年的“三西农业建设”，国家拨出专项资金帮助甘肃省以定西为代表的中部干旱地区、河西地区和宁夏回族自治区的西海固干旱地区进行开发建设，西海固首开有计划、有组织、大规模“开发式”扶贫的先河。经过30多年的扶贫开发，宁夏贫困地区累计减少贫困人口290万人，建档立卡贫困人口从2011年的101.5万人下降到2016年底的58.1万人，贫困发生率从74.8%下降到14.5%；[①]

① 李文庆：《2017宁夏西部扶贫攻坚报告》，《新西部》2018年2—3月上旬刊。

2018 年，48 万贫困人口如期脱贫，800 个贫困村销号，9 个贫困县“摘帽”，农民年人均纯收入提高到 10738 元，同比增长 9.0%，高于宁夏地区生产总值和城镇居民收入增速，贫困发生率下降到 3.0%；2019 年原州等 4 县（区）脱贫摘帽，109 个村脱贫出列，10.3 万贫困人口脱贫，贫困发生率由 3.0% 下降到 0.5%，脱贫攻坚战迈出了关键性步伐；[①] 2020 年宁夏所有农村贫困人口全部脱贫，宁夏被打造成全国脱贫攻坚示范区，实现贫困地区脱贫致富与生态建设的双赢，与全国同步进小康。

一 深度贫困地区扶贫重在精准、稳定、可持续发展

宁夏坚持精准扶贫、精准脱贫，重点完成深度贫困地区脱贫任务，不断完善政策举措，向最难处发力，涵盖健康扶贫、残疾人扶贫、养老保障、饮水安全、危窑危房改造、整村推进、产业扶贫、培训就业、易地搬迁、社保兜底深度贫困地区脱贫攻坚的十大工程已经开建。宁夏坚持把打赢脱贫攻坚战作为民生工作的重中之重，紧盯“两不愁三保障”目标，在精准稳定可持续上下功夫，聚焦“五县一片”深度贫困地区，集中攻坚“五县一片”和 170 个深度贫困村，组织实施贫困村整村推进与提升、扶贫产业提质增效、健康扶贫、保障兜底等工程，把培育发展致富产业作为脱贫攻坚的抓手，制定产业结构调整和优化升级方案，实施贫困地区特色产业提升工程，安排专项扶持资金，逐年加大投入，推动产业提质增效。目前，特色产业已占农民人均纯收入 46% 以上，一县一品、一县一业初具雏形。精准实施对特殊贫困群体的保障性扶贫措施，让贫困人口生活有改善、脱贫有保障。落实贫困户产业项目、技术培训、小额信贷、帮扶措施等，发展壮大中药材、小杂粮、农村电商、乡村旅游等，构建村村有脱贫产业、户户有增收门路的产业扶贫新格局。

二 以科技扶贫为抓手

要从根本上使西部少数民族地区脱离贫困，就必须破除贫困地区“等、靠、要”思想。宁夏以科技扶贫为抓手，让“致富人”做领头雁，

---

① 阎梦婕、宽容：《2019 年宁夏 10.3 万贫困人口脱贫》，人民网—宁夏频道（http：//nx.people.com.cn/n2/2020/0111/c192493 - 33708107.html）。

全面实施“小手拉大手”“套餐式”科技扶贫模式，通过驻村科技人员和驻村干部与农户一对一“拉家常”访谈方式，深入了解脱贫需求，制定科技扶贫套餐，成效显著。在具体的脱贫工作中，农户点击自己需要的扶贫手段：需要技术则对口支援技术，需要销售渠道就打通销售渠道，需要生产资金就做好疏通贷款通道。这些实实在在的扶贫套餐，不仅让老百姓得到实惠，而且激励他们主动脱贫。

三　全面实施生态立区战略

曾经的宁夏三面环沙，生态环境恶劣。宁夏认真贯彻落实创新、协调、绿色、开放、共享的发展理念，紧密结合宁夏区情，切实把生态环境保护作为经济社会可持续发展的重大基础性工作来抓，深入实施生态立区战略，全力打好污染防治攻坚战，全区生态环境持续改善，各项工作取得了新进展。

对于宁夏而言，扶贫开发的30多年，既是一部脱贫攻坚史，也是一部生态建设史。30多年来，宁夏咬定青山不放松，不断推进生态建设，在全国率先实现土地沙化趋势整体逆转，森林覆盖率由1958年的1.5%提高至14%。近年来，宁夏实施退耕还林8万亩，生态移民迁出区生态修复380万亩，全区贫困县（区）完成营造林150万亩，改良沙化退化天然草原面积800万亩。“千里河套稻绿花香，六盘山上风景如画”，山川大地实现了由“黄”到“绿”的历史性转变。

在宁夏，曾是一片荒山秃岭的贫困山村，如今农房变客房、村民变导游、农产品变礼品，实现了从土中刨食到吃上“旅游饭”的历史性变迁。如今，“绿水青山就是金山银山”的理念已深深植根于广大干部群众心中，通过开展“一棵树、一株苗、一枝花、一棵草”的“四个一”林草产业试验示范工程，种出了产业，种出了风景，也种出了财富，正在实现山绿与民富的共赢。

贫困与宁夏渐行渐远，宁夏要实现的脱贫不是平均脱贫，而是一个贫困群众也不许落下的脱贫；不是在某一时间点越过“贫困线”的暂时脱贫，而是长期稳定地脱贫、拔出穷根，脱贫攻坚已经成为惠及广大贫困群众的民心工程，广大贫困地区的群众有了更多的获得感和幸福感。

第十节 青海：走出内陆深度贫困地区的成功脱贫之路

贫困面广、贫困人口多、贫困程度深、扶贫开发难度大，是青海贫困的基本特征。仅583.42万人口的青海省大多数贫困人口居住在该省东部干旱山区和青南高寒牧区，生存环境极为严酷、生态十分脆弱、自然灾害频发、物质资源缺乏、少数民族众多、经济社会发展滞后，是中国扶贫开发任务重、难度大的省份之一。由于自然条件恶劣，生态环境脆弱，劳动生产力、土地生产率以及文化科技素质低下，不仅贫困问题突出，而且面临着人口和经济、社会发展失衡的严峻挑战。2011年，全省8个州、地、市，49个县（市、行委）中，有25个扶贫开发工作重点县（其中15个国家扶贫开发工作重点县），占全省县总数的51.0%；有2453个贫困村，占行政村总数的59.8%；贫困农牧民197.7万人，占农牧民总人口的58.7%。[①] 作为内陆深度贫困地区的青海省，上下同心、众志成城，探索出一条在生态涵养区、生态脆弱区的成功脱贫之路。2013年以来，青海省累计减少贫困人口108.3万人，贫困发生率从2012年的26.4%下降到2018年底的2.5%，下降23.9个百分点；1452个贫困村出列，25个贫困县摘帽退出。[②] 至2019年底，青海省全面完成15个深度贫困县、559个深度贫困村和24.1万深度贫困人口的减贫任务，42个贫困县（市、区、行委）、1622个贫困村全部退出，53.9万建档立卡贫困人口全部脱贫。[③]

一 敢担当善作为

青海省委省政府把脱贫攻坚作为头等大事和第一民生工程，举全省

---

① 李凤荣：《青海特殊贫困成因与扶贫开发探索》，《开发研究》2011年第6期。

② 罗连军：《决战决胜，攻下坚中之坚——青海省全力冲刺脱贫攻坚综述》，《青海日报》2019年9月26日。

③ 杨阳、蒋莹：《青海完成7.7万贫困人口脱贫任务》，人民网—青海频道（qh.people.com.cn/n2/2020/0116/c378418-33723293.html）。

之力，聚全民之智，以上率下，高位推进。各地党政主要领导不仅挂帅，而且出征，真正把脱贫责任扛在肩上、工作抓在手上。全省上下层层签订责任书，立下军令状，压实责任，扎扎实实推进各项脱贫攻坚任务，形成了层层抓扶贫的喜人局面。

全省共建立各级领导干部联系点1310个，选派第一书记和扶贫（驻村）干部7865名。全省10.9万名党员干部与15.4万贫困户认亲结对，2500家省市县级定点扶贫单位与1824个“三类村”建立帮扶对子。

脱贫攻坚进入倒计时，青海立足省情特点，提高脱贫攻坚的精准度：突出重点，聚焦难点，不搞“大水漫灌”，不“撒胡椒面”，围绕改善生产生活条件、确保贫困群众稳定增收、提高能力素质等关键性问题，实施了一批通路、通电、通水、通信等基础设施项目，弥补贫困地区经济社会发展的“短板”；统筹解决困难群众的住房、教育、医疗卫生、社会保障等问题，提高公共服务水平和生活质量；因地制宜发展特色优势产业，积极推动转移就业，增强困难群众脱贫的内在动力，确保持续稳定增收。

二　跑出青海速度

青海省精心谋划，精准发力，多方联动，协同作战，全省脱贫攻坚力度之大、规模之广、影响之深，前所未有。在脱贫攻坚的战场上打出了青海气势，跑出了青海速度，取得了决定性进展：

2015年，青海省在全国率先完成扶贫和低保“两线合一”，将建档立卡贫困人口全部纳入低保救助范围。通过精准识别，全省共有42个贫困县（市、区）、1622个贫困村、52万贫困人口，贫困发生率为13.2%，高于全国7.5个百分点。

2016年，全省实现6个贫困县摘帽、404个贫困村退出、11.9万贫困人口脱贫。同时，有新致贫返贫和自然变更人口1.9万人。截至2016年底，全省实有贫困县36个、贫困村1218个，建档立卡贫困人口41.6万人，贫困发生率为10.3%，高于全国5.8个百分点。

2017年，全省实现7个贫困县摘帽、525个贫困村退出、15.8万贫困人口脱贫。截至2017年底，全省实有贫困县29个、贫困村696个，建档立卡贫困人口24.6万人，贫困发生率为8.1%，高于全国5个百分点。

2018年，全省实现12个贫困县摘帽、526个贫困村退出、17.6万贫困人口完成减贫任务。截至2018年底，全省还有17个贫困县、170个贫困村，7.7万贫困人口，贫困发生率下降到2.5%。[①]

2019年底，青海省全面完成脱贫减贫任务，所有贫困县全部摘帽、贫困村全部退出贫困序列，建档立卡贫困人口全部脱贫。

三　产业扶贫换穷业

产业是发展的基础，是脱贫的主要依托，选准扶贫产业，成了打赢脱贫攻坚战的关键。青海省针对扶贫产业选择培育难、贫困群众持续增收难、贫困边缘人口多等实际困难，着眼实现持续稳定脱贫、有质量脱贫的目标，在扶贫产业扶持方面构建了“三位一体”工作格局。即户户有产业项目、村村有集体经济、县县有产业园区。

断穷根，靠产业，这是青海扶贫多年来的有效实践。各级财政不断加大产业扶贫专项投入力度，实施24万人到户产业扶持项目、13个县扶贫产业园和50个贫困村旅游扶贫项目，到户产业实现了全省40.2万有劳动能力的贫困人口全覆盖，39个县（市、区）扶贫产业园全覆盖。

四　人与自然的“共赢”

青海是三江源头，是国家生态安全屏障，经济发展需要与生态保护统筹相协调。

20世纪90年代，罔顾生态承载能力的过度放牧，很快遭到了大自然的“报复”，三江源地区大部分草地退化或沙化，湖泊数量锐减，生态严重恶化。牧民收入下降，一些家庭陷入贫困。

“生态恶化、人口贫穷”，该如何走出这样的恶性循环？唯有在生态保护和脱贫攻坚两个战场同时作战才有出路。为此，青海省启动三江源生态保护建设工程，全面实施沙化治理、禁牧封育、退牧还草、移民搬迁、工程灭鼠等项目；将三江源地区可利用草场3378万亩分为禁牧区和限牧区，对其中2511万亩退化草场实行全部禁牧，目前已经取得明显成效。三江源地区生态系统恶化趋势得到有效遏制，生态环境状况明显好

---

① 罗连军：《决战决胜，攻下坚中之坚——青海省全力冲刺脱贫攻坚综述》，《青海日报》2019年9月26日。

转，生态安全屏障进一步筑牢。

青海一方面对产业准入实施负面清单管理，抬高企业的生态门槛；另一方面，因地制宜大力发展绿色产业，如特色种养业、现代服务业、生态文化旅游业、民族特色手工业和新能源等，增强绿色减贫支撑，培育可持续发展的增长点。其中的突出亮点是让贫困户和村集体都有了稳定、可持续收益的光伏扶贫。青海争取到国家光伏扶贫项目容量指标471.6兆瓦，覆盖1622个贫困村，预计每村每年收益30万元左右。收益将作为村集体经济收入，通过以工代赈、生产奖补等方式，带动农牧民增收；同时作为滚动资金，进一步发展壮大扶贫产业。

志不求易者成，事不避难者进。面对啃硬骨头的处处艰难，青海在精准扶贫的冲刺路上走得愈加自信。

第十一节　新疆：奋力奔跑在扶贫路上

新疆维吾尔自治区地处祖国西北边疆、亚欧大陆的腹地，全区面积160多万平方公里，周边与8个国家接壤，有长达5700公里的边界线。新疆在古代时属于泛称的西域，历史上是欧亚人口迁徙和东西方文明交流的通道。数千年历史的发展和文明的沉淀，使新疆成为一处有着深厚底蕴和丰富内涵的历史文化宝地。在近代，孤悬塞外的新疆饱受列强和境外侵略势力的宰割与欺凌，成为一幅近代中国边患史的缩影。

新疆是国家扶贫开发重点省区之一，贫困面大、贫困程度深，扶贫任务十分艰巨。2012年，全疆有35个国家级贫困县，占全疆县市总数的42%；有3868个贫困村，占全区村的30%以上，分布在13个地州、75个县（市），是全国5个贫困发生率超过15%的省区之一；农村贫困人口高达78万户，计329万人，主要分布在以南疆三地州为主的塔里木盆地干旱贫困区，以天山、阿尔泰山区为重点的北疆高寒农牧贫困区，以及边境贫困农村，呈现出点、片、线、带特征。大多数是以维吾尔族为主的少数民族。其中南疆四地州是全国14个集中连片最特殊、最困难的地区，地处最边远地区，人民生活极为贫困，贫困人口占全疆贫困人口的85%以上，是新疆脱贫攻坚要攻克的主要堡垒。

一　创新思路，脱贫成果显著

新疆积极创新扶贫理念，创造性地推进扶贫开发工作，探索出一条符合新疆实际的扶贫开发路子，贫困人口大幅减少、贫困地区生产生活条件和综合面貌得到明显改善，形成了“新疆经验”。2014 年到 2018 年，新疆累计实现了 58.87 万户，计 231.47 万贫困人口脱贫，2131 个贫困村退出、13 个贫困县摘帽，贫困发生率由 2013 年底的 19.4% 下降到 6.1%。[①] 2015 年，全区建档立卡贫困人口从 2010 年的 353.33 万人减少到 184.79 万人，累计减少贫困人口 173.59 万人，贫困发生率从 32% 下降到 15%，下降了 17 个百分点；南疆四地州贫困人口从 292.76 万人减少到 158.63 万人，贫困发生率从 47% 下降到 23%，减贫力度之大历史少有。

2018 年，新疆实现 53.7 万贫困人口脱贫、513 个贫困村退出、3 个贫困县摘帽。22 个深度贫困县实现 48.62 万人脱贫，444 个村退出。[②]

2019 年，新疆聚焦南疆四地州深度贫困地区、特殊贫困群体和影响“两不愁三保障”的突出问题，加大攻坚力度，实现了 16.02 万户，计 64.5 万人脱贫，976 个贫困村退出，12 个深度贫困县摘帽，贫困发生率降至 1.2%。[③]

自精准扶贫实施以来，新疆全区没有脱贫的贫困户已经减少到 20.44 万人，没有脱贫的人口减少到 81.71 万人，北疆、东疆所有县都实现了脱贫，贫困地区经济呈现出平稳快速增长态势；贫困乡村生产生活条件明显改善；贫困地区农牧民人均纯收入显著增加。在新疆贫困人口分布面广线长、生态环境比较差的条件下，这些成绩来之不易，令世人瞩目。

二　集中力量攻克深度贫困堡垒

新疆坚持“划分区域、分类扶持、整村推进、连片开发、完善机

---

① 马海燕：《新疆贫困发生率降至 6.1% “七个一批”脱贫攻坚成效明显》，中国新闻网（www. chinanews. com/gn/2019/07 –30/8911688. shtml）。

② 石鑫：《我区 2018 年脱贫攻坚成效显著》，《新疆日报》2019 年 2 月 1 日。

③ 阿班·毛力提汗、曹兹纲：《脱贫攻坚战，新疆一定打得赢》，《新西部》2020 年 2—3 月上旬刊。

制”的扶贫工作方针，以南疆四地州、边境地区、贫困山区为脱贫攻坚主战场，围绕巩固温饱和发展致富阶段性目标，紧紧瞄准贫困人口，创新机制，因地制宜推动扶贫开发工作。

新疆坚持对建档立卡的贫困人口实行动态管理，扶贫方式由原来的“大水漫灌”改变为精准“滴灌”，使扶贫对象识别工作更加精细、扶贫措施更加精准。根据新疆扶贫开发领导小组制定的《自治区农村扶贫对象建档立卡工作方案》，明确了新疆贫困人口、贫困村建档立卡的识别标准、控制规模、确认程序，充分依靠群众和监督机制，把好申报关、入户调查关、民主评议关、公示监督关、审核确认关。

南疆四地州是深度贫困地区，是全疆脱贫攻坚的难点和重点。在“区域发展带动扶贫开发、扶贫开发促进区域发展”思路的指导下，把南疆贫困地区作为脱贫攻坚主战场，南疆四地州以片区建设为统领、各行各业为主导、产业崛起为支撑，形成了城乡一体、区域协调、上下联动的发展新格局。专项扶贫在项目设置和资金安排上确保达到“两个70%”，即安排给南疆四地州的财政扶贫资金达到70%，产业项目发展资金达到70%。在38亿元专项扶贫资金投入的引导下，行业扶贫资金投入达到439亿元，社会帮扶投入资金达到10亿元，援疆投入资金达到188亿元。

大量的资金投入使南疆四地州发生了巨大的变化，“四位一体”合力攻坚的成效在南疆四地州显得特别明显：2014年至2017年，南疆四地州已累计脱贫33.5万户，140.6万人，共有1193个贫困村退出、一个贫困县摘帽，脱贫攻坚取得阶段性成效。2018年，地区生产总值从502.3亿元增加到863.3亿元，增长72.0%；城镇化率由25.0%提高到27.2%；农牧民人均纯收入从2010年的3345元提高到6690元，年均增长17.4%。累计减少扶贫对象68.8万人，贫困发生率由55.0%下降到36.0%。[①]

三　大力实施边境扶贫战略

新疆沿边有32个边境县（市），其中有17个边境扶贫开发重点县

---

① 刘毅：《精准扶贫 合力攻坚——新疆脱贫攻坚工作取得阶段性成效》，《新疆日报》2018年11月9日。

（市），战略地位极其重要。边境贫困地区作为新疆扶贫脱贫攻坚的主战场，坚持精准扶贫、精准脱贫基本方略，坚决打赢边境脱贫攻坚战，对于新疆乃至全国的社会稳定和长治久安，全面小康社会的建成都具有特别重要的战略意义。新疆跳出就扶贫而扶贫的圈子，抓住边境扶贫的关键和要害，提出“立足民生、发展产业、以村带城、安边兴县”的思路并付诸实践，不仅实现了“村变、户变、边境一线变”的预期目标，而且创造性地探索出“一线守边、二线固边、三线服务”的军警民联防联控边境扶贫新机制。经过向17个边境扶贫重点县扩展，专项扶贫资金向边境一线倾斜，各类扶贫项目在边境一线落地，惠农政策向边境一线聚集，形成了突出的新疆边境扶贫特色，在稳疆固边中发挥出重要作用。

近年来，新疆持续开展重点县边境扶贫试点工作，累计安排边境扶贫专项资金6.8亿元、实施项目494个。17个边境贫困县贫困发生率从18.9%降至2015年的6.2%，农牧民人均纯收入达到6937元，增长17.6%。边境乡村生产生活条件进一步改善，边民社会服务水平不断提高。①

新疆的扶贫开发经历了基本解决贫困人口的温饱和为全面建设小康社会创造条件两个重要阶段，走出了一条“政府主导、社会参与、自力更生、开发扶贫、全面发展”的道路，取得了令人瞩目的成就，为国家西北边疆的稳定与发展作出了突出贡献。

第十二节　内蒙古：打赢“硬仗中的硬仗”

内蒙古作为边疆少数民族地区，受资源禀赋、地区差异、发展不平衡等多方面因素的制约，减贫形势十分严峻。精准扶贫5年来，内蒙古自治区创新扶贫体制机制，持续完善政策体系，从扶贫资金投入、产业扶贫、易地扶贫搬迁、教育扶贫、健康扶贫、社会扶贫等方面不断推进脱贫攻坚工作。全区建档立卡贫困人口由2013年的157万人减少到2017年的37.8万人。到2018年底，全区累计减贫141.8万人，贫困发

---

① 关俏俏：《新疆边境扶贫扩面增效 近17万边民脱贫》，新华网2015年5月3日。

生率下降到 1.1%，目前只有 15.3 万贫困人口尚未脱贫，贫困人口“两不愁”问题基本解决。[①]

内蒙古原有国家级贫困旗县（市、区）31 个，自治区级贫困旗县（市、区）26 个。2017 年，林西县成为内蒙古首个摘帽的国家级贫困旗县，同年，乌兰浩特市等 13 个自治区级贫困旗县宣布退出贫困旗县序列，使内蒙古贫困旗县数量首次实现净减少，在解决区域性整体贫困上迈出了关键一步。2020 年 4 月，内蒙古自治区鄂伦春自治旗等 20 个贫困旗县退出贫困县序列，3694 个贫困村全部脱贫出列——我国第一个成立的少数民族自治区宣告全面脱贫“摘帽”。至此，内蒙古自治区贫困旗县“清零”，全区贫困发生率由 2013 年底的 11.7% 下降到 0.11%。[②]贫困地区贫困群众基础设施、公共服务明显改善，义务教育、基本医疗和住房安全保障水平显著提高。

目前内蒙古还有未脱贫人口 1.6 万人，大多集中在深度贫困地区，内蒙古瞄准这贫中之贫、困中之困，攻克坚中之坚、化解难中之难，坚决打赢这场“硬仗中的硬仗”。各级政府正逐人逐户精准施策，对有劳动能力的贫困人口，做到产业发展项目全覆盖、到村到户；对弱劳动能力贫困人口，通过发展小种植、小养殖、庭院经济和采取公益岗位就业等方式增加收入；对无劳动能力贫困人口，通过资产受益和社会保障兜底实现脱贫。

一　紧扣精准，靶向施策

内蒙古突出精准扶贫、精准脱贫这条主线，坚持因人因地施策、因贫困原因施策、因贫困类型施策，实行绣花式、滴灌式扶贫，在精准施策上出实招，在精准推进上下实功，在精准落地上见实效。因地制宜、分类施策、靶向发力：

一是宜农则农、宜林则林、宜商则商、宜游则游、宜牧则牧，把帮助贫困户脱贫与解决区域性贫困统筹推进，把当期脱贫与长期增收统筹结合，激发贫困地区内生动力。

---

① 韩雪茹：《精准扶贫 5 年来内蒙古脱贫攻坚综述》，《内蒙古日报》2018 年 11 月 3 日。

② 于嘉、王靖、安路蒙：《内蒙古区贫困旗县全部摘帽》，新华网（www.xinhuanet.com/politics/2020－04/19/c_1125876732.htm）。

二是安居与乐业并重、搬迁与脱贫同步。对于年年扶贫年年贫、一方水土难养一方人的地区，实施易地扶贫搬迁，换个环境谋发展。

三是扶贫先扶智，治贫先治愚。全区建立起从幼教到大学的一条龙资助政策和帮扶措施，发挥教育阻断贫困代际传递的治本作用。

四是健康扶贫，看病不愁。全面实施大病集中救治一批、慢性病签约服务一批、重病兜底保障一批的“三个一批”行动计划和先诊疗、后付费、一站式结算服务，大病救治比例达到96.4%，签约服务慢性病贫困患者30.2万人，城乡居民基本医疗保险和大病保险覆盖全部贫困人口。

五是织密织牢兜底保障网。按照应扶尽扶、应保尽保和动态管理要求，将贫困人口中符合条件的16.4万人纳入了农村牧区低保范围，为4.64万建档立卡贫困人口代缴居民基本养老保险费。

二　科学统筹，顶层设计先行

自治区党委、政府先后出台《贯彻落实〈中共中央、国务院关于打赢脱贫攻坚战的决定〉的意见》《内蒙古自治区打赢脱贫攻坚战三年行动实施意见（2018—2020年）》，对全面落实精准扶贫、精准脱贫基本方略作出部署，进一步明确了扶贫工作的时间表和路线图；住建、教育、卫生、人社、民政、银行等行业部门先后出台了“1+21”配套政策，涵盖了脱贫路径、贫困退出考核等方方面面，特别是教育扶贫、健康扶贫、低保兜底等政策，让贫困群众得到了更多的实惠。

全区建立起五级书记抓扶贫的责任制度，明确自治区负总责、盟市承担主要责任、贫困旗县承担主体责任、乡村两级承担直接责任、行业部门承担帮扶责任，构建起横向到边、纵向到底的责任体系；设立了由政府常务副主席牵头、部门主要负责人为组长的16个专项工作推进组，向57个贫困旗县分别派驻由自治区1位厅级干部带队的脱贫攻坚工作总队，36名现任省级领导“一对一”联系31个国贫和5个区贫旗县，全区共派出8702个驻村工作队，总数达到35735人。

三　加大投入，集中力量克难

2013年至2018年，内蒙古从中央到自治区四级财政累计投入财政扶贫资金288.48亿元，其中中央财政扶贫资金88.88亿元，自治区本级财政资金 125.25 亿元，盟市旗县财政资金 74.35 亿元。制定出台了《关于加强扶贫项目管理的指导意见》《关于完善旗县脱贫攻坚项目库建设的实施意见》等政策措施，统筹谋划脱贫攻坚项目建设，有效解决项目储备不足、资金闲置等问题。

为确保扶贫资金充分发挥效益，自治区和各盟、旗等进一步加强和规范财政扶贫资金监管，强化扶贫资金财政监督执纪问责的各项要求，确保扶贫资金安全、规范、高效运行，促进全区精准扶贫、精准脱贫的各项决策部署全面落实。

严格按照扶贫资金使用要求实行专账核算、专户管理、专款专用，计划安排、项目实施、下达拨付、项目验收报账等环节做到严格按照程序审批，促使资金始终不脱离财政监管轨道。

坚持阳光操作，全面推进公告公示制度。扶贫项目资金管理程序坚持资金到项目、管理到项目、核算到项目、效益评估到项目，阿荣旗各项扶贫资金坚持公告公示制度，项目资金坚持镇、村公示，补助到户资金坚持村级公示，确保扶贫资金使用公开透明。

内蒙古披荆斩棘、砥砺奋进，脱贫成绩让人暖心、令人鼓舞。民生连着民心，民心凝聚民力，内蒙古不断汇集强大的脱贫力量，向着全面小康之路全速前行。自实施精准扶贫以来，经过 6 年多不懈努力，脱贫攻坚取得决定性进展：中国的贫困人口从 2012 年的 9899 万人减少到 2018 年的 1660 万人，连续 6 年平均每年减贫 1300 多万人；贫困发生率由 10.2% 降至 1.7%，832 个贫困县已摘帽 436 个，12.8 万个贫困村退出 10.2 万个；贫困县国内生产总值年均增速高出全国平均水平 2 个百分点，发展能力明显增强；在过去 6 年里每年减贫 1200 万人以上，平均每分钟有近 30 人摘掉贫困帽子；2018 年贫困地区农村居民人均可支配收入 10371 元，相当于全国平均水平的 71.0%；贫困地区面貌明显改善，道路、吃水、住房、就医、上学等难题逐步解决，基础设施建设以及教育、医疗、卫生、文化等公共服务取得了长足进步；农村脱贫致富能力得到提升，贫困群众思想观念发生了转变，发展能力明显增强，贫困地区发生历史性巨变！中国脱贫攻坚成就之大，举世罕见；中国脱贫攻坚的显著成就，为全球减贫事业作出了重要贡献。

我国脱贫攻坚任务仍然艰巨而繁重，剩下的深度贫困地区都是贫中之贫、困中之困，都是难啃的硬骨头。目前“三区三州”还有贫困人口172万人，贫困发生率为8.2%，“三区三州”以外的199个深度贫困县还有贫困人口467万人，贫困发生率为5.6%，贫困程度深、基础条件差、致贫原因复杂，可谓“最后的贫困堡垒”。攻克深度贫困堡垒，需要动员和凝聚各方力量，形成全社会广泛参与的格局，把脱贫攻坚的“最后一公里”走稳走实，确保全面小康路上“一个都不掉队”。

第三章

关于精准传播的理论研究

“精准传播”作为传播学中的一个重要研究领域，是融合了传播学和市场营销学的诸多理论而崭露头角的一个具有比较明确的学术边界的传播研究体系，它在本质上从属于“媒介传播效果”领域的研究。但是“精准传播”又是一个独特的研究领域，它与其他媒介传播效果研究的明显差异在于，它将受众作为考察的重点，确认在信息传播的过程中，信息和传播与受众之间存在着怎样的对应和匹配关系、对于受众是否发生影响以及会产生哪些方面的影响，同时将这种影响放置在社会政治、经济、文化等各个生活层面，并以实证科学的方法和语言为工具来验证自己的理论假设。

第一节　精准传播研究的缘起

精准传播研究起源于何时？一般认为，其萌芽可以回溯到 20 世纪早期，此时媒介传播效果研究正聚焦于受众个体态度和行为特征，同时又与当时风起云涌的市场研究密不可分，只不过那时的研究者们还未能预见到后来精准传播研究领域的丰韵。

一　信息传播效果研究的简要回顾

精准传播是针对信息传播效果展开的研究，因此有必要回顾一下近百年来传播学领域关于信息传播效果研究的历程。

什么是传播效果？一般认为，传播效果是由传播主体出于特定的目的将信息通过某种（或多种）传播渠道传递给受众，受传者在接受信息之后，经过解读，从而导致某种变化的发生，主要体现为态度、心理、行为等方面某种程度的改变。而这种变化就成为衡量传播效果的尺度，即传播主体的意图是否已经实现，传播者的目的是否已经达到。当然，在更广泛的意义上，传播效果还意味着不论是直接或间接的，也不论其有意或是无意的，传播活动总是会对受众和社会产生各种各样的影响或结果。

传播学领域里研究时间最长、内容最丰富、成果最丰硕的莫过于对传播效果的研究。纵观传播效果研究的历史与现状，回顾和梳理其演进脉络与发展逻辑，可以较为清楚地看到，“传播效果”研究的命题实际上产生于20世纪，它是在20世纪传媒产业快速发展以及在社会发展中扮演的重要角色和产生巨大影响的背景下，由社会科学家们思考和建构起来的“学术话语”。复旦大学的周葆华认为，传播效果的研究大致经历了五个阶段：

第一阶段：美国佩恩基金会所展开的大众传播效果研究，被认为是这一研究的起始，起始阶段的研究是将受众作为个体对象，从认知、情感、态度、行为等方面考察传播效果，其主要特征是逻辑实证主义。

第二阶段：研究开始出现转向，将受众作为劝服对象，通过目标受众接受劝服的程度来考察传播者的意图是否实现。这一研究的理论基础是由霍夫兰首先提出的“S—R刺激—反应”理论，后又经德弗勒修正后所形成的“个人差异论”。

第三阶段：以拉扎斯菲尔德等人为代表的哥伦比亚学派将传播效果研究扩大到了社会结构、人际关系等领域，以考察信息传播的效果在“人际环境”中如何受到影响和制约。

第四阶段：美国社会学家E. 卡茨提出的“使用与满足”理论是该阶段的标志，“使用与满足”理论将“传播效果”研究引进到一个全新的天地并使之发生了重要的转折。该理论基于受众的立场来探讨传播效果，认为受众使用媒介完全出于个人的特定的动机和需求，其媒介接触活动就是获得满足的过程，这个过程直接影响着传播效果的实现。

第五阶段：对传播效果的研究主要集中在基于格式塔心理学的认知理论所派生出的受众“p认知”上，解释了受众从接受信息开始直到问题解决的一系列信息加工处理过程。①

回顾、梳理关于“传播效果”研究的历史，不难发现，可以将“传播效果”研究的核心问题归结为传播的信息内容、信息传播的方式与途径是否有效，能不能满足受众的需求并引发预期的受众变化以达到传播的目标，而精准传播则是传播效果研究领域里的重要一翼。

二　精准传播研究的缘起

精准传播是在传播学里市场研究兴盛的刺激下开始萌发的。早期的市场研究不仅测量消费者对商品的评价，也开始关注消费者对媒介广告的反应。许多媒介机构也从事读者调查，以向广告主提供读者的基本资料和消费倾向方面的一系列数据。1917 年《应用心理学》杂志创刊，1924 年美国广告主协会成立，美国联邦政府特别是商业部提供了更为重要的数据来源——1929 年公布第一次全国人口普查与 1935 年开展的商业普查，都标志着这一时期测量受众/消费者的态度、行为有了更广泛的需求和更多的理论与知识储备。自 20 世纪 20 年代广播网在全美建立后，经过关于广播组织与财政制度的辩论，美国广播业很快确立起将受众出售给广告商以赢得利润的商业运作模式，因而受众调查和市场研究随即延伸到了这一领域。相当一部分市场研究本身就直接考察广播、报刊等大众媒介对消费者购买倾向（态度）和决定（期望行为）的影响，成为大众传播效果研究的组成部分。商业的发展、全国性市场的形成、全国性品牌构建与市场营销的需要、应用社会心理学的发展、广告业的专业化等因素，推动了美国市场研究行业收入的大幅增长：1910 年，全年大约只有 5 万美元用于市场研究行业，而 1936 年则飙升到 400 万美元。

尽管秉持着不同的理念和立场，但由于技术上的接近性和适用性，市场研究对于消费者购买商品倾向性的研究方式很快扩展到了公众对于公共问题的态度上，即客观上带动了民意调查行业的兴起。1935 年，盖洛普本着公众民主的基本理念创建了旨在采用科学方法调查民意的美国舆论研究所。两年后，《舆论学季刊》创刊，其宗旨也是在“科学与客观”的基础上满足决策者与研究者的需要，因而对抽样方法、问卷设计

① 周葆华：《效果研究：人类传授观念与行为的变迁》，复旦大学出版社 2008 年版。

民调程序等操作和技术层面的问题给予了充分的强调。尤其是1936年美国总统大选期间，在盖洛普基于科学抽样之上的民意调查胜过了《读者文摘》的调查后，科学的定量研究得到广泛的好评与青睐，社会科学实证研究也进一步受到重视，甚至在罗斯福“新政”和联邦通讯委员会的业务工作中被大量采用。

可见，市场营销、市场研究的观念在20世纪三四十年代具有广泛的影响。一方面，它的抽样、调查、实验、统计等方法或手段，具有“客观”和“科学”的特征，研究者很自然地看到了它们对于分析大众传播效果的可用之处。另一方面，市场研究、民意研究主要指向的正是消费者/公民的意见、态度或行为，因而社会学家如拉扎斯菲尔德、心理学家如坎特里尔等人热衷于市场研究与民意研究，也是相信它们可以更深入地推进对于态度、意见和行为、决策的理解，从而更好地促进他们的社会和心理研究。

这个时代市场营销和市场研究的盛行不仅影响了传播研究的方法和题材，而且渗透到广告市场的运作中，即“营销”的观念被带入商品市场，显性消费者或潜在消费者的被劝服、被影响成为企业和商人孜孜以求的目标，传播效果研究越来越具有浓厚的商业性，政府、大企业和私人基金会慷慨地资助研究机构或干脆投资于研究者个人，商业营销和政治活动成为传播效果研究的主导。在政治宣传和商业广告获得最大效果的背景下，关于精准传播的理论研究于是呼之欲出了。

三　受众的“个人差异”

由于全国性市场的发展推动着市场营销、市场研究行业的繁荣，市场研究与民意调查、效果研究分享着共同的研究方法，媒介机构和企业集团利润的需求也进一步刺激受众和效果研究的开展。但是，更关键的是它冲击着对于“受众”观念的认知，“受众”是信息传播的终极目标，传播效果又必须通过“受众”的态度和行为才能得以检验。传播者开始深入研究效果形成的机制，对“受众”的理解和认识也不断扩展。

佩恩基金会的研究已经认识到，由于受众的年龄、性别、预存立场、理解、过往经历等不同，导致信息传播所产生的效果也不同，而这种“效果差异”的本质在于“个人差异”，因此效果研究的出发点和着眼点都应该是具有差异性的受众个体。

坎特里尔进一步研究发现，“个人差异”应该包括四个方面的内容：

第一是“批判能力”，即个人评估、鉴别和判断所接触的信息真假的能力。这种批判能力的获得主要取决于个人的教育水平——教育水平的高低大致可以表征“批判能力”的高低，而教育水平的高低又受制于年龄和经济因素。

第二是个性上的差异，或人格差异。包括精神上的不安全感、恐惧倾向、担忧、缺乏自信、宿命论、宗教信仰等，都是个人气质与环境背景相互作用的结果。

第三是受众接触媒介时的情境差异。即在接触媒介接受信息时的场所、环境、周围人群、主动或被动接触等，这些不同的情境都会以一种特殊的方式影响受众个人。

第四是受众所处的广阔的社会历史情境。社会的政治、经济、军事、文化等重大变化和事件都会在不同程度上对受众产生影响。

对于受众“个人差异”的深入研究和认识，实际上是为以后精准传播的研究所做的理论准备。当然，这个时期的研究者还未能在传播理论和传播技术上明确其后来的发展方向。

四　对受众的“选择性”研究

进入20世纪40年代，效果研究中的“受众选择性”成为一个热门的话题。所谓“选择性”是指人们在接受信息时，一般总是倾向于与自己立场相协调的信息，总是倾向于接触与自己存在的态度相一致的大众传播信息。

“选择性”概念包括三个环节，即选择性接触、选择性理解和选择性记忆。毫无疑问，关于“选择性”研究是对受众心理过程的深入揭示，有助于加深对于大众传播效果产生过程及机制的认识，它将受众的个人差异具体化为受众具有的不同的“预存立场”，并由此产生了对传播信息的有选择的接触、理解和记忆。它揭示出信息的提供首先并不代表受众的一致“接受”，其次更不能保证受众的一致“接受”。正是在这一研究的基础上，许多传播学者对效果作出新的判断——“有限效果”，即指由于受众对于劝服/宣传信息的选择性，传播者改变受众态度和行为的意图将不能实现或会大打折扣。也就是说，“选择性”过程在功能上扮演着保护者的角色，而“选择性”机制则体现了人类的主要心理特征。

应该说，在精准传播理论逐渐形成和成熟的过程中，“受众选择性”研究是一个十分重要的历史节点。在效果研究历史上，它首次表述了在媒体中介的社会里，个人与他人、个人与社会建制之间，由主体控制的传播互动如何发生，体现了受众不可剥夺的“选择权”。更重要的是，自 1936 年美国总统大选开始，大众营销的操作方式已经进入了竞选领域，总统候选人如同在竞选市场上接受选民挑选的“商品”，在这种情况下，公众在某种程度上有被异化为“消费者”的倾向。因而拉扎斯菲尔德等人采用“市场营销”模式考察选举中的个人选择，使得精准传播理论初步成形。

五 “使用与满足”理论

1974 年，美国传播学者伊莱休·卡茨在其著作《个人对大众传播的使用》中提出了“使用与满足”理论，他将媒介接触行为概括为“社会因素 + 心理因素”“媒介期待—媒介接触—需求满足”的因果连锁过程，提出了“使用与满足”过程的基本模式。

卡茨在这篇经典论著里总结了当时使用与满足领域所做的研究，他认为使用与满足研究指的是：“（1）需求的社会和心理起源；（2）人们的需要；（3）需求产生的期望；（4）期望指向的大众传播媒介或其他来源；（5）这些来源引向对不同形式媒介的接触（或参与其他活动）；（6）由接触造成需要的满足；（7）与满足同时产生的其他后果，也许大多是无意获得的结果。”同时他总结出了使用满足理论的基本模式：

（1）人们接触使用传媒都是为了满足自己的需要，这种需求和社会因素、个人的心理因素有关。

（2）人们接触和使用传媒的两个条件：一是接触媒介的可能性，二是媒介印象即受众对媒介满足需求的评价，是在过去媒介接触使用的经验基础上形成的。

（3）受众选择特定的媒介和内容加以使用。

（4）接触使用后的结果有两种：一种是满足需求，另一种是需求未被满足。

（5）无论满足与否，都将影响到以后的媒介选择使用行为，人们根据满足结果来修正既有的媒介印象，在不同程度上改变着对媒介的期待。[①]

从以上阐述中不难发现，“使用与满足”理论具有几大特征：第一，关注受众，以受众为分析起点，并认为受众是主动的；第二，核心概念是受众的媒介使用、动机、需求与满足；第三，是基于个体的理论，这从其标题上便可见一斑；第四，这一理论假设人都是理性的，每个人都知道自己的需求，并且知道使用什么媒介来满足。

在当时的历史情境下，“使用与满足”理论的出现给传播学带来了积极的和全新的变化：首先是一种研究起点的变化——从传播者到受众；其次是一种方向性的转换——从单向到双向，同时又开拓出了一个崭新的研究领域——探索受众的需求以及他与媒介使用之间的关系。于是它的积极意义便得到了普遍的认同。

在美国这片传播学研究的沃土上，传播效果的研究历来都不曾离开过高度商业化的市场背景，市场营销研究始终与传播学相伴而行。无独有偶，在卡茨的“使用与满足”理论提出后不久，美国著名学者舒尔茨于20世纪90年代中期便推出了关系营销的“4R”理论，即注重与客户建立关联（Relativity），提高满意度和忠诚度，减少顾客流失；注重提高市场反应速度（Reaction）；注重和客户建立长期稳固的关系（Relation）；重视营销回报（Return）。“4R”理论非常重视企业和客户之间构建一种双边的良性互动关系，通过这一关系的确立不但使顾客的需求得到满足，同时还要积极主动地发现和挖掘新的需求。在技术上以关联、关系、反应等科学手段维护和强化与顾客的关系，将企业与顾客紧密连接为双赢共同体，从而在市场竞争中取得优势。如果把舒尔茨的“4R”理论与卡茨的“使用与满足”理论相联系，不难发现其中的异曲同工之妙。至此，可以说，他们为精准传播的登台敲响了开场锣鼓。

第二节　从精准营销到精准传播

根据现有的文献，很难将传播效果研究中的“精准传播”和市场研

① 转引自蔡铭泽《新闻传播学》，暨南大学出版社2008年版。

究中的“精准营销”加以清楚地区分和辨别。出现这种情况，一方面因为精准传播是在传播学里对于市场研究的兴盛刺激下开始萌发的，从一开始就与市场营销、市场研究相伴相生；另一方面由于历史的惯性，无论是学界还是业界依然惯于使用“精准营销”的说法。

一　关于精准传播的概念

关于市场营销的定义和诠释多如牛毛，也十分混乱。不过，在众说纷纭中，多数人比较认同的还是美国市场营销协会（AMA）1985 年对市场营销所做的界定，即“市场营销是对观念、产品及服务进行设计、定价、促销及分销的计划和实施的过程，从而产生满足个人和组织目标的交换”①。但是在管理学中，市场营销实际上体现的是企业的组织功能，也就是企业在自己经营过程中一系列的环节和任务，包括产品的生产、销售、售后服务等。所以，美国市场营销协会在 2004 年又对此加以进一步的修改说明，将其重新定义为：“营销是一项组织职能，是为组织自身及利益相关者利益而创造、传播、传递客户价值，管理客户关系的一系列过程。”② 与过去相比较，这个定义最大的变化是将定义的出发点和阐述的重点都放到了顾客身上，明确了顾客的地位、承认了顾客的价值，主要从顾客的价值角度来阐述定义。而被誉为“现代营销学之父”的菲利普·科特勒则更为明确地指出：“营销者的任务是设计营销活动并整合营销项目来最大化为顾客创造、传播和传递价值的能力。”③ 鉴于市场营销的活动形式和手段不仅多种多样而且千奇百怪，“4P”理论的创始人，20 世纪著名的营销学大师杰罗姆·麦卡锡将其归纳整理为四个分类，并称之为“4P”营销经典组合模型，即产品（product）、价格（price）、通路（place）和促销（promotion）。在市场营销领域，一般意义上的“传播”大多是指“4P”营销理论中的第四个要素即“促销”，也有人将其称为“推广”。

第二次世界大战以后，世界进入相对平稳的经济复苏和发展时期，

---

① 转引自甘碧群《市场营销学》（第三版），武汉大学出版社 1996 年版。

② 康俊：《美国市场营销协会对市场营销的定义》，《市场营销》2005 年第 8 期。

③ 菲利普·科特勒、凯文·莱恩·凯勒：《营销管理》，卢泰宏、高辉译，中国人民大学出版社 2009 年版。

本已成熟的欧美市场迅速扩张以形成全球化市场。由于市场边界的扩展和传播技术、手段的巨大变化，在市场营销领域，各种营销技术和手段也有了跳跃式的发展，再加上信息科学技术的发展作为助推器，市场营销学无论在理论还是实践上都取得了丰硕的成果，唐·舒尔茨便是其杰出的代表。他的主要贡献是20世纪90年代，在以消费者为中心的时代背景下，他提出了整合营销传播理论（IMC）。整合营销传播理论立刻在全球范围内引起营销人员、传播从业者和专家学者的广泛注意，对营销思想产生了重大的影响。

与过去以顾客为中心的营销理论的最大区别在于，唐·舒尔茨整合营销传播理论的核心思想是“营销即传播，传播即营销”。在这里，传播不再仅仅被视为营销链条中的一个环节，也不再被看作只是营销的一种工具或手段，而是被赋予了无与伦比的性质，提升到了与营销同等重要的地位。正如整合营销传播理论的重要代表人物之一、美国科罗拉多大学整合营销传播研究所的创办人汤姆·邓肯所指出的那样：“整合营销传播的基础是传播，传播是所有关系的核心。”[①]

我们应该注意到一个事实，即唐·舒尔茨提出整合营销传播理论时，信息技术和互联网发展方才崭露头角，当业内很多人对此还懵懂未觉之时，他已经敏锐地察觉到这个世界在互联网冲击下即将发生的剧烈变化以及对市场营销所造成的重大影响。

信息的传播技术和计算机技术接续了20世纪末的强劲发展势头，进入新世纪以来，一系列重大的理论创新和技术进步令人瞠目结舌。特别是在由计算机技术主导和支撑的互联网时代，不仅只是信息传播的格局和生态环境发生了天翻地覆的变化，而且整个人类社会固有的思维方式和生活方式也受到强烈的冲击与影响。同样，互联网的发展给营销传播和营销传播环境也带来了革命性变化。由于新兴的信息传播技术的普及，营销传播的手段和工具更为丰富，也更加便捷和有效，互联网的海量信息携带着无数资源，给企业带来了更广阔的市场和更多的商机。可是，作为共有媒体的互联网又似一柄双刃剑，给企业带来的不仅是市场和商

---

① ［美］汤姆·邓肯：《整合营销传播——利用广告和促销建树品牌》，周洁如译，中国财经出版社2004年版。

机，同时也带来了重重危机。面对着喧闹的互联网，企业会发现，它的声音常常被淹没，它的品牌影响力常常被侵蚀，它的客户常常会流失，它的目标受众在茫茫人海中难觅其踪。更为恐惧的是，在强大的搜索引擎面前，企业毫无私密可言，互联网的传播环境把企业变成了透明体。一点瑕疵都会被放置在聚光灯下、显微镜前，加以迅速传播和放大，以至演变成严重的危机。于是就会形成这样一种局面：危机可能不期而至，但机遇也许会自天而降，商机中潜伏着危机，而危机中又孕育着机会。面对如此情势，在新的传播环境中如何发出自己的声音、打造自己的企业形象、如何应对网络上的各种噪音就成了企业必须解决的最迫切问题。因此传播也就脱离了自己过去的营销技术层面而上升至企业顶级的经营管理战略层面，同时还会对企业的组织架构、日常管理、新产品的开发推广以及销售渠道网络、售后服务等诸多环节产生影响。有研究者指出："面对互联网的挑战，企业必须把传播提升到战略和管理层面，改变现有的管理框架，单独建立传播管理部门。"① 由此可见，在互联网环境下，不应把企业的传播活动仅仅视为一种营销手段或工具。通过有效的传播管理，让传播活动成为企业经营的日常工作和重要内容，并通过信息传播技术和信息网络去实现真正意义上的精准传播。

回顾梳理市场营销、营销传播与传播之间千丝万缕的关系以及不同时期的不同理念，可以看到一条明显的发展轨迹：由于传播环境和市场环境的变化，它们的关系也随之不断地发生变化。由于互联网的出现直接改造和重构了传播环境，这种改变不仅要求重新定义营销传播的概念，而且是适应和应对舆论场变化以及重塑全新的企业营销传播理念的需要。只有清楚地认识了营销与传播的理念差异，厘清了二者的关系演变和换位，市场营销才能得到更好的发展空间。回顾历史，营销和传播都经历了从早期大水漫灌式的泛化传播而一步步走向精准传播的过程。"精准"是传播一以贯之的追求目标，也就是通过精准投放和靶向推送，把对的信息送给对的人。

或许我们应该变换一种思路或视角来审视营销与传播二者间关系的变化。数字时代传播的精度和准确率是过往任何一个时期都无法比拟的，

---

① 陈刚、沈虹、马澈、孙美玲：《创意传播管理》，机械工业出版社 2012 年版。

只有在这样的传播环境和传播条件下，传播才有可能实现真正意义上的“精准”，也就是说，真正的“精准传播”只能出现在数字时代的传播环境中。因此“精准传播”的概念也许比“精准营销”更为恰切和适宜。

应该如何来定义精准传播呢？由于探讨“精准传播”的文献极为少见，个别涉及精准传播的文章也主要是探讨广告的传播。在现有的少数文献中，有两个比较常见的定义：一个是徐海亮在其《论精准营销的体系及理论》中所定义的“精准营销就是通过现代信息技术手段实现的个性化营销活动，通过市场定量分析的手段（marketing test）、个性化沟通技术（数据库、CRM、现代物流等）等实现企业对效益最大化的追求”①。另一个是伍青生等人在《精准营销的思想和方法》一文中所认为的“精准营销是通过定量和定性相结合的方法对目标市场的不同消费者进行细致分析，根据它们不同的消费心理和行为特征，企业采用有针对性的现代技术、方法和指向明确的策略，实现对目标市场不同消费者群体强有效性、高投资回报的营销沟通”②。

上述两个定义其实都沿袭着传统的营销理论和思路，在此基础上略作扩展。不过值得注意的是，伍青生等人的表述把精准营销坐实在了“营销沟通”上，这就表明他们已经感觉到了精准营销正在转向精准传播的变化趋向，但此定义的思维和逻辑还是没有跳出传统营销理论的局限，而且定义外延也比较宽泛。徐海亮在他的定义表述中所提及的具有显著技术倾向的概念，比如“市场定量分析的手段（marketing test）”“个性化沟通技术（数据库、CRM、现代物流等）”，特别是把“现代信息技术手段”作为精准营销的基础和必要条件。虽然我们不能据此就认为这是技术至上主义，但是必须看到，即使在过去的传统媒体时代也不乏精准传播的技术和手段，比如在20世纪七八十年代盛行的人员推销、跟踪推广、电话营销、DM等。同时，精准传播也并非能够一蹴而就，这是一个由初级形态向高级形态不断演化的渐进过程。比如在改革开放初期，中国经济开始向市场化转型，电视机也刚刚开始普及，那个时期的电视节目有着很高的收视率，只要在电视上播出广告就有相当好的回

① 徐海亮：《论精准营销的体系及理论》，《中国邮政报》2006年7月18日。

② 伍青生、余颖、郑兴山：《精准营销的思想和方法》，《市场营销导刊》2006年第5期。

报。以后由于市场经济的不断发展和市场化程度的不断加深，放火烧荒式的电视广告投放就逐步被根据频道特点和产品特性进行有特定目标受众的广告投放所取代，这种投放方式也是那个时期相对精准的传播。

通过对精准营销和精准传播的历史回顾和分析能够明显地看到，互联网的出现从根本上改变了精准营销和精准传播的内涵和形态，以此为界，可以说，“精准营销”概念适用于网络出现之前的营销传播，而在其后则用“精准传播”更为恰当。由此可以将其定义为：精准传播是传播主体利用相关传播资源实现的精确性信息传播，在精准定位的基础上准确判断、识别和满足受众的个性化信息需求，依托现代信息技术手段为受众群体或个体提供与其需求相应的信息和个性化的信息服务，引导他们关注并主动寻求相关信息，转化为有效的信息利用者。

二　精准传播的理论基础

探讨精准传播是建立在什么理论基础之上的这个问题，有必要先弄清楚精准传播作为传播界的共识是如何形成的。在大众传播刚刚兴起的初期，市场化程度相对较低，与之相匹配的大众传播足以胜任市场营销的需要。随着市场化程度不断加深和传播技术、传播环境的发展变化，严重的产品同质化现象、日益激烈的市场竞争、传媒数量剧增所导致的信息碎片化等，使传统的大众传播和传播方式越来越显得力不从心。市场催促着营销必须向精准化方向发展，而利益最大化的追求则为营销理论的迭代和创新注入了不竭的动力。在这个过程中，对于传播精准化的认识逐渐深入，关于精准化的共识也逐渐凝聚形成。众多新理论新思想相继涌现，从杰罗姆·麦卡锡的4P理论、罗伯特·劳特朋的4C理论到汤姆·邓肯的整合营销传播和陈刚的创意传播管理，所重视和强调的营销传播的精准化，是不断成熟中的营销理论的一个显著特征。

互联网和数字技术的发展催化了市场营销理论和实践的重大变革，其成果之一就是精准传播的出现。虽然学界和业界对于“精准传播”的理解和界说还不太统一，也缺乏比较权威的理论思辨和诠释，没有形成很成熟的理论框架和思想体系，加之部分营销机构和媒体在促销和宣传上的滥用，因而在如何正确认识、运用“精准传播”方面显得比较混乱。但是，精准传播终究代表着传播事业的未来方向和发展潮流，要使信息传播变得更为精准、更加有效，就必须努力加强精准传播的理论建设，从传统理论中汲取营养，凝聚共识，推进理论创新，尽快形成更加完善的思想理论体系。

任何一个新理论总是在前人理论基础上加以发展创新才诞生的。如前所述，精准传播的理论是建立在"传播"的理论基础之上的，因而从传播效果理论和营销传播理论中可以发现它们不断相互交融与影响的发展脉络。对于精准传播理论的形成有着直接影响的主要是以下理论：

第一，传播效果研究中的"受众选择性"和"使用与满足"理论。

在漫长的传播效果研究发展过程中，它与市场营销学始终无法切割分离。市场营销是效果研究的一个重要领域，就像一对孪生姊妹形影不离一样。在传播学的历史上，市场研究本身就是大众传播效果研究的组成部分。不少研究者将它作为实证传播效果研究的实验室，许多研究样本都来自市场营销。而市场营销的理论和实践则不断吸收和借鉴传播效果研究的理念、思想和理论，以求达到丰富和成熟。因此可以说，这两大学科早已形成你中有我、我中有你的格局。

但是，要论传播学研究对于精准传播的思想基础和理论来源最直接的影响，还当属"受众选择性"理论和"使用与满足"理论。

这两种理论的共同点，都是将受众视为信息传播的"消费者"和"使用者"，都是基于受众的视角展开研究。"受众选择性"理论强调受众在接受信息时一般总是倾向于与自己立场相协调的信息，总是倾向于接触与自己存在的态度相一致的传播媒介。而"使用与满足"理论是指受众出于不同的动机向传媒索取信息，如果得到满足，传播就会产生效果。该理论揭示了受众的媒介使用、动机、需求与满足的过程。如此，它们不仅解释了受众对信息传播从需求、动机到接触与使用的全部心理过程和行为过程，也给精准传播的思想与实践奠定了理论基础。

第二，市场营销 STP 理论。

任何一家企业的市场营销都难以完全覆盖市场，因此企业只能进行目标市场营销，即在自己选定的目标市场范围内做营销。目标市场营销又称 STP 营销，即市场细分（segmenting market）、选择目标市场（targeting market）、市场定位（Positioning）。科特勒等人说："目标营销要求营销者采取三个主要步骤：（1）确定并描绘需要被提供相对独立的产品或者营销组合的购买者群体（市场细分）；（2）选择一个或多个准备进入的市场（选定目标市场）；（3）在市场上建立和传播产品与众不同的关键利益（市场定位）。”① STP营销理论的核心是目标营销（target marketing），目标营销是现代营销管理的一大经典成果。要求企业在市场细分基础上，通过评估分析，选定一个或若干个消费群体作为目标市场，并相应地制定营销策略。在这种战略模式中，无论市场的细分、目标市场的选定，还是市场定位，都必须以精准为基础，以追求精准为目标。在市场营销的理论体系中，STP理论占据核心地位，企业市场营销战略的每一个环节都围绕着STP理论展开。从这个意义上讲，追求精准可以上溯到营销传播的理论源头，是精准传播理论的重要来源和基础。

第三，整合营销传播理论。

整合营销传播即IMC，也就是将所有与市场营销相关的企业传播活动进行一元化整合，又被业内称作“用一个声音说话”。整合营销传播理论由担任过麦肯咨询公司首席执行官的马里恩·哈伯在其营销实践中首创，其内涵也随着实践的发展不断丰富和完善。

我们将整合营销传播理论视作精准传播理论的构建基础之一，其实并非由于它在“精准”方面占有多么重要的地位，或者有怎样的理论贡献，我们所看重的，是IMC对于传播的高度重视和肯定，赋予了传播与营销平等的地位。整合营销传播理论问世于严重的产品同质化和激烈的市场竞争背景之下，首先是通过力量的整合，使企业能够以最小的成本换取最大的收益。整合营销传播非常强调对于目标受众的传播效果，让企业和产品的相关信息能够精准地传递给消费者。整合营销传播战略首先要进行信息传播整合，对企业与消费者所有的信息接触点加以整合，实施一元化的统一管理，以达到精准的传播效果。其次，高度重视数据库的整合与建设，将其作为精准传播的基础和核心竞争力。马里恩·哈伯认为，没有数据库，就没有精准传播。

第四，创意传播管理理论。

创意传播管理理论是近年来兴起的新理论，它的创始人陈刚指出：

① 菲利普·科特勒、凯文·莱恩凯勒：《营销管理》，卢泰宏、高辉译，中国人民大学出版社2009年版。

"创意传播管理是在对数字生活空间的信息和内容管理的基础上，形成传播管理策略，依托沟通元，通过多种形式，利用有效的传播资源触发，激活生活者参与分享、交流和再创造，并通过精准传播，促成生活者转化为消费者和进行延续的再传播，在这个过程中，共同创造和积累有关产品和品牌的有影响力的、积极的内容。"① 创意传播管理理论的出现并非偶然。进入新世纪以来，电子商务、大数据、微信、智能化技术等纷纷登场，传播技术和传播环境发生了巨大的变化，营销传播也随之显现出许多变革。可以说创意传播管理理论就是对于变革所做的理论回应，在它的理论构成中，精准传播有着非常重要的地位和特殊意义。

在互联网建构的全新传播环境中，企业既有许多的机遇又面临着危机。机遇首先表现在企业可以在网络中获得大量资源作为企业的战略资源和数据库的积累，并以此构成精准传播的基础，从而实现真正意义上的精准传播。其次是网络空间提供了大量的"热点"素材，企业可以对其加以创造性改造并使其成为精准传播的内容。同时，创意传播管理理论也强调企业必须对自己的传播活动进行严格管理，传播管理的工作内容主要有两个方面：一是运用技术手段和管理系统对有关企业的各种信息传播内容进行实时监控；二是利用各种传播资源及时传播积极正面信息。创意传播管理理论的要义在于：企业传播，无论是对于机遇的发现和把握，还是对于潜在的或显露的危机处理，都必须以精准为基础。这一思想构成了精准传播的一个重要的理论基础。

第三节　精准传播的演进与传播方式

在很大程度上，是新兴的市场和市场营销催生了精准传播的面世，因而精准传播也就必然先天地带有浓郁的商业意味和实用主义色彩。从传播实践上看，精准传播的发展有两条十分清晰的脉络：一是紧紧跟随着市场营销的脚步而发展；二是伴随着传播技术的进步而不断变革其传播方式。纵观20世纪以来精准传播发展的历史，可以将互联网的出现作

① 陈刚、沈虹、马澈、孙美玲：《创意传播管理》，机械工业出版社2012年版。

为分水岭，分为非网络时代的精准传播方式和网络时代的精准传播方式。

一　非网络时代的精准传播方式

精准传播并非今日才有，在互联网时代以前，不少传统的营销传播方式包括一些大众传媒广告实际上也都蕴含着精准传播的特质。

例如人员推销。这是一种最古老的推销方式，本来是企业派专职或兼职的推销人员直接向可能的购买者进行的推销活动，以后又派生出派送促销、终端营销推广等，都是通过人际传播来完成的，是典型的一对一的传播。

又如直邮营销，它依托邮政系统的数据库，把产品目录、企业手册、节日祝福明信片、内部刊物、提醒通知、优惠券甚至是产品样品等以点对点的形式直接寄发到客户手中。

再如电信技术的发展又催生出电话营销，仍然是以电信系统的客户数据库为依托的精准传播方式。通过电话推销产品、维持用户关系、发现和挖掘潜在消费者、提供售后服务与技术支持等，也是点对点的精准传播。近年来，随着移动电话功能的完善与提升，又拓展了依据数据库推送的短信和广告业务。

从上述的传播方式看，精准传播必须以有效的数据库作为支撑。离开数据库的支持，精准传播就成了无源之水、无本之木，自然无法实施。人员推销虽然并不完全依赖数据库，但在当时的技术条件下，这种以满足用户需求为前提的人际传播方式和传播效果又几乎无可替代。

二　网络时代的精准传播方式

互联网甫一问世，其强大的功能和媒体属性即引起各方的关注，网络上出现大量的广告，随即又有了垂直门户的广告投放，在传播的理念和思路上都与传统的电视和报纸媒体没有什么明显区别。这个时期的网络传播被称为“媒体精准”阶段，但与真正社会化媒体的精准传播还有相当距离。

随着互联网的发展和普及，各种网站和应用开始大量涌现，企业传播的信息常常被巨量的其他信息所淹没，难以吸引目标受众的注意力，同时也大大增加了用户寻找自己所需要信息的时间成本。此时百度的出现，使搜索引擎成为互联网的公共入口，成为搜索所需求信息的重要平台。随后百度推出的关键词营销和竞价排名机制也给互联网营销界带来了巨大的改变。对于这种全新的传播方式，有人评价道："介入互联网最有效的精准营销方式是搜索引擎广告。作为一种新的营销模式，搜索引擎广告具有一对一互动特性，和精准营销的理念相吻合。搜索引擎广告是企业针对搜索引擎的特性（地理、语言、用户群）进行的一种投资行为，缩短了交易的中间环节，降低了交易成本，节约了资源。"① 用户根据自己的需求主动进行信息搜索，这种主动的信息行为通过搜索引擎建立以用户的搜索内容和搜索行为为基础的数据库，使得传播精准度大大提高。因为是以网民的需求驱动为主，所以被称为"媒体精准"阶段。

进入21世纪后，互联网信息传播已经发展到"数据精准"阶段。数据精准特别强调基于社会化媒体用户内容的分析，而且最终在分析基础上形成用户数据库。得益于互联网技术的推动，企业和互联网公司对数据库建设的重视和实践，数据库不断发展壮大和丰富完善，应该说建立在数据库基础上的传播是人类传播史上迄今为止最为精准的传播。特别是2012年以来崭露头角的大数据技术成为新环境传播中的重要手段和前提，在数据的挖掘、积累、存储、分析和应用等各个环节上技术的发展都推动着信息传播趋向更为精准和更加深入细致的阶段。

近年来，互联网环境下精准传播的方式方法日益丰富成熟，比较典型的有以下几种。

1. 点告式广告

所谓"点告"，就是点告式网络广告，从字面上看即"以点告知"之意，是一种全新的网络营销传播模式。与固有的泛而告之式的广告相比，点告式广告一反过去那种单纯追求广告覆盖面的传统，以追求广告受众人群的细分以及受众效果为目标。点告的趣味性、参与性、深入性、精准性较强，可以潜移默化地影响目标受众，达到宣传企业的目的。

点告网在2006年左右引入国内，虽然目前依然存在，但这种形式在市场上已没有太大的影响，业界对其的关注度也很低。面对近年来新兴

① 林中燕：《搜索引擎精准营销评价及对中小企业的启示》，《闽江学院学报》2007年第4期。

的数字技术的强大冲击，它完全退出网络传播领域只是时间问题。

2. 网络定向窄告广告

“窄告是一种只针对特定人群投放广告，进行沟通的营销方式。”① 比如窄告网（www. narrowad. com）是一个集窄告客户、窄告代理商、窄告联盟网站于一体的多方共赢平台，与国内众多大型网站建立了密切的合作关系，自成立以来，已经有数万名用户、数百家代理商以及4000多家联盟网站加入这个平台。网站可以根据不同类型的广告主及其产品对受众的不同需求，准确地判断出受众的相关信息，如IP地址、地理区域、邮编、个人资料（性别、年龄、爱好等）及网上习惯（页面逗留时间、网上购买兴趣等）并在几毫秒内决定是否送出广告信息以及送出哪类广告信息。如果企业要营销某房地产项目，窄告网就会把该项目的信息发布到上述众多网站的房地产频道或与房地产相关的网页上，而不会出现在“娱乐”“学习”等无关的页面上。并且可以针对不同的省市，采取不同的营销策略，推送不同的房地产企业的信息。展示是免费的，只有当用户对这一信息感兴趣并点击以后，企业才会向“窄告网”按点击次数支付费用。②

3. 电邮

电子邮件即企业或机构将自己想要传播的信息用电子邮件的方式寄发给用户。用户在注册相关网站时，一般会被要求留下最基本的用户数据和电子邮箱，形成有效的数据库。企业据此进行选择和甄别后，根据需要向目标客户发送电子邮件。电子邮件营销传播方式可以分为时间驱动型和事件驱动型两种。“所谓时间驱动型，即根据客户注册的时间，在不同间隔发送不同内容的邮件。因为客户在看到企业的网站后，会有一个决定购买的过程。在这个过程中，如果不能直接用电话或者面对面地说服，那么采用邮件是干扰客户最少而又最容易实现营销的手段。事件驱动型不仅可以用于潜在客户，还可以用于老客户。当企业有重大事件（如新产品发布、重要市场开发等）发生时，向客户群发邮件告知企业的事件动态，不仅可以拉拢潜在客户，还有可能挖掘老客户新的购买

① 伍青生、余颖、郑兴山：《营销新发展：精准营销》，《经济管理》2006年第21期。

② 伍青生、余颖、郑兴山：《营销新发展：精准营销》，《经济管理》2006年第21期。

需求。”①

4. 展现式广告

展现式广告被大量运用于企业的营销传播活动，是最经典也是最广泛的一种传播方式。包括最早的横幅广告、按钮广告、富媒体广告等，近年来，基于数据库和技术的定向广告，至今依然是网络传播的主力军。据艾瑞咨询《2019 年中国网络广告市场年度监测报告》的数据，2018 年，中国网络广告市场规模达 4914 亿元，展现类广告占比达 44.3%，可见此类广告在互联网广告投放的份额中仍然占据着高达近五成的比重。② 在网络营销传播中，各种营销形式和手法花样翻新、层出不穷。很难统计企业在网络营销上到底投入了多少资金，但可以肯定的是，这是大多数企业最大的一项营销支出，因为它们在互联网平台上的营销传播基本上都采用展现式广告方式。

5. 广告网络

广告网络实际上就是一个在线广告市场的平台和企业营销服务网络，它集中提前采购各类网络媒体的媒介资源，将出售广告空间的网站和打算在网站上刊登广告的企业联结为一体，通过媒体流量变现技术满足企业的在线营销需要，根据企业的要求分布投放广告，广告网络兼具整合资源和精准传播两大优势，能够帮助企业实现多种媒介资源的组合营销。广告网络的价值在于帮助企业在合适的时间、场所用最合适的创意打动目标受众，从而实现营销目标。随着受众媒介接触行为的碎片化、多样化，广告网络精准锁定目标受众，实现跨站跨域追踪广告的展示能力显得日益重要。2000 年，好耶公司建立了第一个广告网络，百度联盟、淘宝联盟紧随其后。根据中国互联网协会发布的《中国互联网发展报告 2019》预计，2019 年中国网络广告市场规模将突破 6000 亿元，③ DCCI 互联网数据中心预测：“未来几年全球广告网络的发展将保持 30% 左右的高速增长态势。广告网络作为跨越一站式的全面解决方案将受到越来

---

① 史历峰：《网络传媒的精准营销》（上），《中国工商报》2006 年 8 月 29 日。

② 艾瑞咨询：《2019 年中国网络广告市场年度监测报告》，www.199it.com/archives/898329.html。

③ 中国互联网协会：《中国互联网发展报告 2019》，www.isc.org.cn/zxzx/xhdt/listinfo-36846.html。

越多广告主的认可。"① 由于广告网络技术在网页版位选择上和广告投放上的精准，受到购买者的热捧和追求，因此网络广告在国内的发展快速增长。不断改进的投放技术使得广告网络传播变得日趋透明和精准，在投放精准度和效果不断提升的同时也不断拉动着网络广告的价值增长。

6. 搜索优化广告

又称搜索引擎广告，即以互联网的搜索引擎为依托，通过设定关键词的方式进行产品和企业宣传，大致有网络品牌广告、文字链接广告、关键词广告等类型。搜索引擎是当下互联网环境中具有代表性的精准传播形态。中国互联网络信息中心第 42 次《中国互联网络发展状况统计报告》显示，2018 年末，中国搜索引擎用户规模达 6.81 亿人，占整体网民的比例达到 82.2%。

搜索引擎有综合型搜索引擎（以百度为代表）、垂直型搜索引擎和第三代搜索引擎等类型。垂直型搜索引擎一般是指垂直内容网站内嵌的搜索引擎，如搜酷、淘宝网等。第三代搜索引擎是指"基于关键词、语义、用户行为、用户社交圈、即时性等综合的智能化的分析，提供给每一个用户不同的个性化的搜索内容"②。还有一种是分类传播型的网站。分类传播型的网站又分为两种：一种是以赶集网、58 同城为代表的提供分类信息的网站，另一种是以大众点评网为代表的带有社交性的口碑传播型的分类传播网站。这两种传播形态具有很大的影响力，尤其是搜索引擎广告，关键词搜索广告和垂直搜索广告的增长率和市场占有率都非常高。而且都是用户带着需求主动采取的访问行为，在国内的迅速发展主要得益于其精准传播的巨大效果。

近年来，搜索引擎企业纷纷加强人工智能搜索的布局，已经在智能语音、问答、对话、翻译等领域取得突破，相关技术向着实用化、便利化的方向发展。未来人工智能将成为搜索引擎行业发展的基础，人工智能技术在搜索引擎的应用上进一步深化。搜索平台将着眼用户，提供个性化、专业化服务，进一步整合各种垂直平台信息，并基于自身的智能技术，把握精准的用户画像，更深入地了解用户需求，提供个性化、专

---

① 互联网数据中心：《2011 中国广告网络蓝皮书》，www.cnnic.cn/hlwfzyj/hlwxzbg/#。

② 陈刚：《公共门户、个人入口与个人数字生活空间》，《广告大观》2011 年第 10 期。

业化的服务。

在广阔的互联网平台上，精准传播有着无限的发展空间。在数字技术和传播环境发展的带动下，许多互联网企业致力于精准传播和传播管理平台的开发。以后互联网的精准传播不会仅停留在告知层面，而是要向激发和促使用户的积极行动方面发力。比如视链技术，在播放视频时，当主推物品出现，画面会短暂静止并出现链接提示，用户点击直接进入指定商城，将视频中虚拟物品连接至现实产品，进而可能演变为用户的实际购买行为，将观看视频直接转化为电子商务销售，实现了从流量到销售的精准转化。

精准意味着精确和精细。“因人而传”，是精准传播必须具备的传播理念；传播对象的群体细分，是实现精准传播的必要条件。当代传播技术的发展极大地改变和重构了信息传播形态和传播环境，社会公众所拥有的信息传播渠道的数量成倍增加，媒体的传播对象也已从泛泛的社会公众逐渐分化为有着各种不同兴趣和利益的群体。传播史上从模糊传播、泛化传播到精准传播的每一次进步，都昭示着精细的个性化服务必然是精准传播的未来发展趋势。

第四章

西部贫困地区农民的信息需求与信息行为

我国西部地区占全国总面积2/3以上，大部分地区为高山、荒漠、戈壁、高寒地区，自然条件差。西部农村绝大部分地处山区、高原、偏远荒漠地区和地方病高发区，自然资源贫乏，生产、生活条件恶劣。

据中国社会科学院和国务院扶贫办联合发布的《中国扶贫开发报告2016》中的数据，到2016年，我国农村贫困人口仍有7017万人，其中西部地区占57%；绝对贫困人口有1175万人，占全国农村绝对贫困人口的54.7%。在全国省级贫困人口发生率极高的前十位中，西部占了六位，西部贫困地区农村发展滞后的问题还没有得到根本改变。① 恶劣的自然条件、复杂的地理环境和交通不便的，严重阻碍了各种信息传递渠道的畅通，直接影响着这些地区经济的发展。目前，我国存在东部与西部、城市与农村社会经济发展的不均衡，西部农村地区社会经济发展一直相对落后。在我国逐步迈向信息化社会的当下，经济发达的中东部地区通过经济优势，在信息化建设中处于领先地位，将经济优势扩展到了信息层面，反过来信息优势又会促进经济的发展，再次形成经济优势，通过经济优势和信息优势的相互作用和相互补充，最终在经济和信息上形成“马太效应”。而“马太效应”所产生的另一个后果，就是西部落后贫困地区的农民成为信息弱势群体，形成由于信息贫困而导致的“信息孤岛”。随着时间的推移，信息贫困不断加深，必然会影响并阻碍共

① 中国社会科学院、国务院扶贫办：《中国扶贫开发报告2016》，社会科学文献出版社2017年版。

同富裕的社会经济均衡发展和实现中华民族伟大中国梦的历史进程。

目前，在我国西部农村地区，信息需求和信息利用的主体仍然是农民。农民是农村生产经营活动的主角，更是社会主义新农村的建设者，其信息意识、信息需求和信息行为直接关系着对农信息传播的有效性，是决定农村信息传播效果的重要因素。

在对农信息传播研究领域里，开展农民信息需求与信息行为的研究，不仅十分必要，而且非常急迫。尤其是当前全国上下按照党中央和国务院的部署，进入扶贫开发攻坚阶段，在这个“啃硬骨头、攻坚拔寨”的冲刺期，扶贫开发中的信息传导和作用机制所存在的缺陷与问题也日渐突出，弊端逐步显露。如何认识和解决这些问题、缺陷，改革完善对农信息传播，提高农村信息传播的有效性，使之成为扶贫开发工作的重要组成部分和推动力，不仅是一种严峻的考验，而且是对农信息传播的担当和责任。

扶贫开发“贵在精准，重在精准，成败之举在于精准”[①]。

“精准扶贫”的前提是“精确识别”，基础是“精准传播”。“精准扶贫”很重要的一点就是做好信息的传播交流，提供更多更好的公共服务信息产品，覆盖更多的贫困人口，阻止贫困现象代际传递。因此了解农民的信息需求，深入研究农民信息行为，是实现“精准传播”“信息到户”，努力提高对农信息传播有效性的必要条件，也是改变农村信息闭塞和信息不对称现状，更好地发挥农村信息化建设的作用，更高效地提供农村信息服务，满足农民信息需求，推进精准扶贫、精准脱贫，加快贫困地区全面建成小康社会步伐的发展方向。

第一节　西部贫困地区农民的信息意识

信息意识属于意识形态范畴，是人们在认识世界和改造世界中对外部世界信息关系的理解。信息意识受到内在因素和外在环境因素的共同

① 唐任伍：《习近平的“扶贫观”：因地制宜“真扶贫，扶真贫”》，人民网（http：//theory. people. com. cn/n/2015/1021/c40531 - 27723431）。

影响，由于长久以来我国农民在主观上对信息的理解比较狭隘和保守，而且我国信息业发展滞后，农村信息环境建设缓慢、无序，我国农民的信息意识总体上比较原始、简单和淡薄，在职业间、地域间和信息内容上呈现着明显的不均衡性。农民信息意识受多种因素的制约，具体有地理环境、政策因素、自身及家庭状况、流通环境等；农民信息意识的强弱直接影响着农民行为的改变，增强农民的信息意识有助于农民行为的改变。研究表明，农民信息素质低下的原因，在于农民的低信息意识和低信息能力所导致的信息需求水平低下，与农村信息供给不足形成了暂时性的低水平均衡。由于信息的不对称，农民较高的信息需求水平与较低的农村信息供给效率是目前西部农村信息供需矛盾的主要表现形式：一方面，农民信息需求受信息意识水平和“不知去哪查”“虚假信息”“自身文化水平限制”等主观因素的抑制；另一方面，农村信息市场不健全，供给主体少、政府信息服务职能不足、信息整合度低、供给滞后和资源重复浪费使得农村信息供给水平在总量和效率上严重不足。

马斯洛需要层次理论认为，人的需求受生活环境、经济状况、社会地位等因素变化的影响，可能具有生理、安全、社交、尊重和自我实现等不同层次的需求。① 信息需求作为人的需求的一部分，是为了解决现实中所遇到的各种问题。信息需求受到信息意识的影响，并通过各种信息行为表现出来。因此可以说，信息需求是实现各种层次需求的重要途径。按照信息素质过程结构理论，信息行为是信息素质的外在表现，并通过解决实际问题的步骤而逐渐进行。

信息素质构成终身学习的基础，因此，学习意识和学习行为是信息意识和信息行为极为核心的部分。由于人的信息行为遵循最小努力、利用与满足、游戏与娱乐等信息行为原则和理论，人们在利用各种信息渠道选择和利用信息时，依据的标准主要是“适用易得”而不是“海量”或“最优”，因此信息获取渠道必须具有易获取性以满足信息搜寻者对信息源的主动选择要求。

根据效用理论，信息的效用取决于农民在消费信息时所形成的满足

---

① 〔美〕亚伯拉罕·马斯洛：《动机与人格》，许金声等译，中国人民大学出版社 2007 年版。

程度，而这一满足程度又取决于农民的个人兴趣与资源条件。个人兴趣的差异除了性格等先天因素外，在更大程度上受个人资源条件的影响。因此，农民的个人差异，对农村信息传播的有效性也可能产生影响。

一　信息价值意识和信息风险意识

在我们对西部贫困地区农民关于信息需求和信息行为的调查中，从与其信息意识相关的社交群体调查的分析结果看，被调查者的交际范围越广，对信息的价值评价越低，对信息风险就越趋于规避。70%的被调查者的社交范围一般不超过三个群体，在联系频繁的社交群体中，家人比例最高，达到84.8%；亲朋邻居次之，达到82.7%；其他依次是种养殖同行（39.6%）、科技人员（26.6%）、村组干部（26.0%），而乡镇干部和网友均不足10.0%（见图4－1）。这表明农民的社交范围偏窄且同质化严重。交际范围的扩大可以使农民对信息的价值判断趋于客观，受限于收入水平，农民对风险的承受能力往往有限，因此对信息的使用趋于保守和理性。

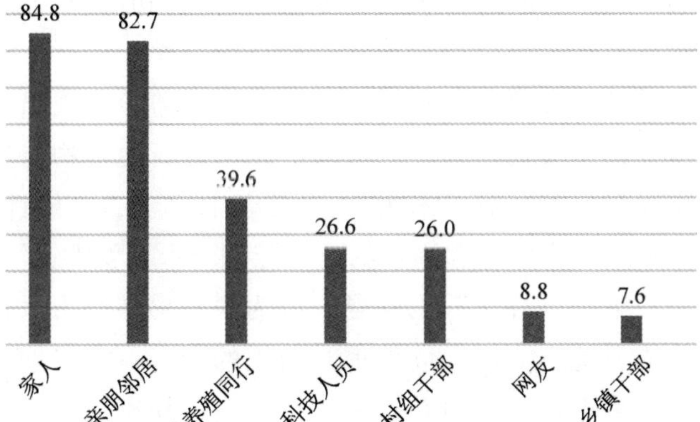

图4－1　西部农民社交群体统计（%）

二　信息搜集意识

在性别差异方面，调查发现，男性受访者对农业种养殖技术节目的收看率占比达59.6%，远高于女性的40.4%；同时，男性对农产品市场信息节目的收看率达62.6%，也远高于占比37.4%的女性。从学历和收入所引起的电视节目收看率差异来看，学历和收入的提高往往伴随着信息搜集意识的增强。这表明，提高农村教育水平和收入水平有助于强化农民的信息搜集意识。教育是帮助人们完善其认知能力和分析学习能力最主要的方式，农民所受教育程度的高低，直接影响着农民的知识结构，影响着农民对信息的敏感程度。文化程度越高，其所受教育的层次便越高；受教育的时间越久，对信息就越敏感，其信息意识就越强；知识层次越高，其表达能力也就越强，对信息获取途径的学习能力也越强；分析能力增加，其对信息的选择评断就越科学，最终对所获信息的吸收利用也就越充分。随着农民文化程度的上升，他们对信息的需求就越多、越迫切；信息获取渠道的使用率增加，寻找信息的主动性越发积极，对有偿信息的接受率也随之增加。

三　信息甄别意识

在调查中我们发现，男性受访者的信息甄别意识总体上高于女性，而且年纪越轻甄别意识越强。学历和收入的提高伴随着信息甄别意识的增强。这表明，新生代农民在接受新事物较快的同时，对信息的真伪也越发注重。

值得注意的是，农村女性的信息意识普遍淡薄，呈现出一定的封闭性，主要表现为信息嗅觉迟钝，对网络信息这种新生事物持怀疑和不信任态度，认识不到信息的巨大作用，缺乏应用信息的积极性。在中国，在从事农业、林业、畜牧业和渔业的全部劳动力中，女性占了一半以上。中国正经历着“农业女性化”的问题，因为农村男劳动力大都移徙到城镇地区从事非农业生产。根据世界粮农组织的调查，农村妇女承担了世界上一半的粮食生产任务，妇女为保障粮食安全和家庭稳定发挥了重要作用。① 她们的劳动不仅仅服务于自己的家庭，也为了整个农村社区的稳定和发展。在对农信息传播实践中，她们本应在信息传播过程中扮演重要角色。这一方面是因为女性作为家庭主要劳动力，拥有获取信息、利用信息和培养信息技术，提高媒介素质的权利；另一方面，女性在信

---

① 孙秋、周丕东：《农业女性化对妇女发展和农业生产的影响》，《贵州农业科学》2008年第3期。

息认知水平和能力上的提升，对维护农村社区和农业生产的可持续发展具有积极作用。

四　学习意识

学习意识是信息意识的核心，调查显示，西部农民家庭成员的学习意识与家里是否有电脑、电视，是否经常上网或利用手机微信、是否有网友等具有明显的相关性，差异也比较显著。调查发现，在一些经济发展较好的乡村，电脑普及率已经达到40%以上，手机普及率也几乎达到100%。41.9%的受访者经常上网，但是和网友联系频繁的只占总体的11.5%。由于农民利用网络的水平较低，多数人仅仅是将它作为娱乐工具，因此，在农村进一步提高网络普及率，同时提高农民应用网络的水平，扩大农民的网络社交范围，是提高农民学习意识和信息意识的重要途径（见表4－1）。

表4－1　**西部贫困地区农民个体特征与信息意识的相关性分析**

项目	信息价值意识	信息风险意识	技术信息搜集意识	市场信息搜集意识	信息甄别搜集意识	信息利用学习意识
性别	－0.004	－0.013	－0.191	－0.157	－0.149	－0.130
年龄	－0.053	0.038	0.103	－0.130	－0.206	－0.194
学历	0.020	－0.026	0.188	0.152	0.202	0.258
年人均收入	0.090	－0.101	0.213	0.140	0.134	0.132
信息工具数量	－0.060	－0.038	－0.043	0.124	0.098	0.185
社交群数	－0.153	－0.175	0.099	0.126	0.076	0.152

第二节　西部贫困地区农民的信息需求

信息化是中国农业发展的必然趋势。西部各地的农业信息化建设正在积极推进，在取得一定成就的同时也面临着很多困难，比如，信息共享效率低，推广成本高，信息内容陈旧，传播渠道单一，互联网等媒体没有得到有效开发等都是普遍存在的现象。信息的内容、传播速度、渠道在很大程度上决定着信息的质量和效果，对农业、农村发展的意义重大。特别是在精准扶贫中根据不同地区贫困农民的需求，提供具有针对性、有应用价值的信息服务，要求信息涉农服务机构深入研究不同地域、不同农户的特点，充分了解各地区农户的信息需求，开展因地、因时、因户、因人的精准传播，这样才能够提供有价值的信息服务，提高改善对农传播的有效性。

一 西部贫困地区农民的信息需求特征

信息需求是引发信息消费、实现信息价值的原动力。农民的身份属性及所处经济、社会环境在某种程度上决定了农民的信息需求特征。

（一）信息需求意愿不强

信息需求量大小是信息需求意愿高低最直观的表现。从宏观的角度而言，随着农业综合生产能力的提高，农村改革的进一步深化，农民生活持续改善，农业经济稳定发展，农业现代化、市场化和国际化的发展步伐加快，农民对准确、及时、权威的政策类信息的获得应该有着迫切的需求。但我们发现，西部地区的贫困农民实际上对于农产品市场类和农业科技类信息的有效需求并不多，也远非人们想象得那样迫切。其主要原因有四：一是西部贫困农民收入普遍较低，种养殖规模小而散，生产经营基本上还停留在原始状态，自给自足的小农经济无论是对于信息技术的利用，还是对信息的搜集、分析、应用都没有什么需求；二是西部农村信息市场发育滞后，信息传递速度慢，交互性差，信息内容单调，信息产品和技术没有显著的实用性，农民获取信息的成本偏高，而且市场不规范所导致的假冒信息大量存在；三是农业和农村信息咨询服务落后，农户经营规模对信息消费者和生产经营者的收益空间有着明显的制约；四是贫困农民自身素质总体偏低，缺乏对农业科技的热情，对通过媒介学习和使用农业科技显得相当被动、淡漠。许多农民的务农积极性不高，尤其是青年农民，强烈的进城愿望使得他们很难把心思放在农业与农村，就更没有这方面的信息需求意愿了。

（二）信息需求种类差别明显

西部贫困地区农民对政策信息、市场信息、科技信息、生活信息及娱乐信息五大类信息都有需求，但对政策类信息需求最高，对科技信息的需求最低。这不仅表现出西部地区特别是贫困地区对于政府和国家惠农政策的强烈依赖，也是过去多年来我们对贫困地区采取的“输血式脱贫”所形成的惰性与习惯。

此外，信息需求类型的选择性明显。地域差异性和经济发展水平决定着农民群体不同的信息需求偏好，而人口学因素（如年龄、性别、经济收入等）相同或相似的农民群体在媒介的选择、内容的接触甚至对信息的反应上都有很多相同之处。比如，排在东部发达地区农村居民信息需求类型前五位的依次为国内外新闻、休闲娱乐信息、气象信息、政策信息以及农业技术信息，表现出与西部地区农民信息需求类型的显著差异。这种差异与职业背景有着密切的关系，发达地区农村居民多从事现代工业、旅游业、服务业、建筑业及个体经营等，而西部贫困地区农村居民大多仍以传统农业为主。传统农业、兼业经营、专业化农户、非农性质的农户等农户经济组织结构的差异使得农民个体的信息需求在经济层面也呈现出很多的不同。

对应不同的信息需求类别，农民对信息的载体表现形式也有不同的期望。单单是语音、文字的信息无法满足他们的各种生产、交易需求，如对新品种的栽培、果树的嫁接、禽畜的养殖，文字、声音信息是无法表达清楚的，就需要多媒体的信息渠道，通过听专家讲座、看农技科普片视频的方式，会更加直观，容易理解。

实践证明，西部贫困地区农村普遍存在的家庭经营模式已经无法适应现代农业在市场经济下的发展需要了，当前农民亟待解决的问题是减少农业生产的盲目性，“谁能告诉我，今年种什么?”一到播种季节，农民种地只能随大流，“跟风种植”往往导致“种啥啥多、卖啥啥贱”“伤心大白菜”“伤心柑橘”事件屡屡发生。因此，准确及时的农业种植养殖技术和农产品价格、销路、供求等市场信息应该有着巨大的需求。

（三）新媒体环境下的信息需求特点

随着西部地区农村信息化建设的开展，西部地区农民信息需求呈现出实用性、就近性、多样性等特征。

1. 实用性

贫困地区农民所寻求的信息，大多是为了满足其生存需要或发展需要，具体表现为“生存信息”和“帮助信息”。生存信息指的是解决农民日常生活、生产所需要的经济信息；帮助信息指的是能够帮助农民适应社会环境变化等需要的政治、文化信息。比如农民为了减少病虫害或农药的污染，会多方打听信息，以便在实践中做出更好的预防。

2. 就近性

农民一般都习惯于在其生存空间范围内或是情感距离范围内寻求最便利的帮助对象。社会人际关系学认为，在社会交往中，“物理上的就近性”使人更愿意在周围寻找朋友、寻求帮助，西部地区农民的信息交往也同样符合这一规律。在调研中发现，农民喜欢从近距离的地方、最亲近的人那里获取信息。家人、邻居、朋友是农民首要的、乐于接受的信息源，是他们获取信息最重要的渠道。因为这些信息在他们看来比较可信赖、可靠，而且获取成本比较低。

3. 多样性

农民的信息需求随着时间、地域等的变化和个体差异而有所不同。在信息需求内容上，农民需要农业信息、就业信息、健康信息、职业培训信息、政策信息、市场信息、技术信息、气象信息、致富信息、娱乐信息等多个方面不同层次的信息，既需要即时性的信息也需要潜在的长期信息。在区域差异上，农民的信息需求依当地文化、经济、技术水平的不同也会有所不同。农民的信息行为区域性差异很大，相关的影响因素有居民的性格特点、土壤特征、社会经济条件等。在不同时期内，农民的信息需求也会从低级向高级发展。如四川省农调队 2000 年与 2004 年分别对农村进行了信息化调查，对这两次调查结果的比较发现：农户对国家政策、其他商品市场行情、农科知识、法律知识等的关心程度基本上提高了 40 多个百分点。①

4. 互动性

过去农民在接受信息上是比较被动的，目前落后、单向的信息接受方式已经无法满足农民的需求。过去，农村基层主要是靠开会、办班、发资料、收听收看广播电视等方式传播信息，农民被动地、单向地接受农村基层干部和农业信息机构的信息传播，对信息资源的利用缺乏积极性和风险防范意识，造成农业信息的传播效率不高。农业信息传播的落

---

① 洪秋兰：《国内外农民信息行为研究综述》，《情报资料工作》2007 年第 6 期

后性、被动性、单向性必然造成农业信息的滞后，极易导致农业生产的大起大落，导致农产品过剩或短缺，引起价格波动，以致无法真正体现农产品的价值，影响农业结构调整的进程。

在调查中发现，农民普遍希望在获得信息上能够增加自己的主动性，在信息的接受上能够掌握主动权。他们不满足于电视、广播、报纸的单向传播，要碰到对他们有帮助的节目内容无异于守株待兔，十分被动盲目。在陕西的镇巴县鱼渡区的一个村庄里，我们看到几位农民正在通过农村党员干部现代远程教育接收终端——IPTV 的网络点播黑木耳的人工接种技术视频，他们说过去是电视里播什么看什么，现在是想看什么点什么，希望将来能够问什么说什么，并且能够将自己的需求发出去，为农产品广开销路。对信息需求从被动到主动，从单向到互动，是农民最大限度地发挥市场主体作用的前提条件，也体现了农民希望走从被动到主动、再到互动的信息服务之路。

二　农民信息需求满足状况

信息是现代社会最为重要的经济资源，农村信息化是指为农民提供信息的信息服务，只有了解农民对信息服务的需求，农村信息化才能产生真正的效益。从总体上看，西部贫困地区的对农信息服务质量和水平较过去有了比较明显的进步和改善，但还存在很多问题。

（一）信息的来源与获得渠道

在信息的来源与获得方面，信息获取渠道的运用和选择与农民所在地的经济发展水平、农民自身的消费水平和文化水平等密切相关。对应不同的信息需求，农民最主要的信息获取途径也不同：在农民了解农村信息政策的过程中，政府的宣传占到了绝对的主导地位；熟人交谈是获取农村科技信息的最主要的途径；现场销售获知是价格信息获得最常依赖的渠道。

不论是农业信息需求，还是商业、服务业等非农信息需求，西部贫困地区农民对于非正式传播渠道的依赖性仍然高于正式渠道。农民习惯的口耳相传方式有效地提供了信息之间的互动，在信息的交流与共享中提高了对信息的信任度和利用率。在信息的来源与获得手段方面，传统路径仍发挥着作用并有着不小的市场。这也是当今乡村血缘关系、亚血缘关系、社缘关系在传统农业生产经营，农户经济组织结构调整乃至外出打工中具有趋同性的重要因素。对识字率还不高、生活地域性强的大部分农民而言，他们通过语言、感官、表情以及各种实践、示范，直观地进行传、帮、带，这种知识交流的习惯模式，在今后相当长时期内仍是有效的传播方式。

在农民的信息来源和获得过程中，乡村意见领袖发挥着突出作用，他们多半是农村社会精英，一般有着较高的文化程度，有着较强的创新精神和学习精神，社会地位较高，生活比较富裕，活动范围比较大，人际关系多。当他们从外界获取信息时，他们是受众；当他们向农民传播信息时，又成为传播者和传播渠道，通过自身的威信、经验等对农民信息的选择和接受有着相当的影响。

由于城乡一体化的提速，西部农民的信息来源与获得也出现了一些新的亮点和特征，如较多地接触新闻传媒，受过良好教育、经常进城打工的农民工群体有较强的话语表达能力，逐步替代传统农村的意见领袖，成为农村口耳相传的主流信源；随着手机在农村的普及，它已经超过电视，成为农民获取实用信息的第一渠道，说明农民的信息接受途径正从传统媒体向现代媒体过渡。

（二）信息满足程度

在西部贫困地区农村，在信息获取及信息满足农民需求方面，比较突出的问题是获取信息困难和信息利用率低下。现有的农村信息服务固然是面向农村的，但实际上很多服务并没有面向农民，缺乏“面向用户”服务的基本特征，即以用户需求为主要驱动力，以用户利用和反馈为主要评估依据，自始至终强调用户参与，这使得信息缺乏时效性和针对性。

目前西部贫困地区农村信息服务的特点表现为“四多四少”：面向非生产性需要的信息服务多，满足经济生产需要的信息服务少；政府直接提供的服务多，专业化职业化机构提供的信息服务少；无差别信息服务多，面向贫困农民的信息服务少；咨询指导型的高级服务多，资源供给型的基础服务少。

西部地区的农村信息服务体系虽已形成，却很难为农民提供高效适用的服务，信息服务残缺、分散、难用的现象比较普遍。农民缺乏可供选择的经济实用的信息发布和信息获取渠道，这种状况也在一定程度上影响了信息利用率。农民的组织化，农村的市场化，农业产业化、专业化发育程度比较低，信息服务也难以产生理想的规模效益。

第三节　西部贫困地区农民的信息行为

信息行为通常外在地表现为搜寻、甄别、利用信息的一系列围绕着信息所发生的主动行为，卢因认为，行为是个体与环境交互作用的函数或“场”。[①] 农民的信息行为是农民与信息环境交互影响的结果。农民作为信息寻求者和使用者，如何表达自己的信息需求，如何选择最易用的信息渠道，如何通过各种信息行为满足自己的需求，一直是农村信息传播领域研究的重要课题。随着户籍制度改革和城镇化的快速发展，我国农民正处于快速的职业分化和经济分化之中，农业信息化所带来的变化、农业社会化服务体系的发展不可避免地影响着西部贫困地区农民的信息行为。

一　西部地区贫困农民信息行为的特点

（一）信息获取渠道日趋丰富，媒介使用不均衡

农业信息的获取途径因为其信息的特殊性而与普通信息的获得有所不同。从前文可以看出，经对信息获取渠道的调查发现，没有未被选择的信息渠道，这说明了西部农民已有多种方式获取信息，信息获取渠道日趋丰富。

在各种信息获取渠道的使用频率上，最主要的是电视，其次为手机、微信、QQ 等，再次为亲朋熟人、驻村干部，而其他途径的使用频率则较低，这个事实说明农民对于多样化的信息获取途径的使用并不均衡，具有明显的侧重性。为什么电视能成为使用频率最高的信息媒介？最大的原因是电视的方便性。人们在主动获取信息时最看重的是信息的便捷性和即时性，而对于农民来说，几乎每家都有的电视便成为他们的首选。

---

① 〔美〕卢因：《社会科学中的场论》，中国传媒大学出版社 2016 年版。

例如，当他们想得知明天该地区的天气情况是否适合播种时，只需要打开电视观看天气预报即可，不需要花费什么精力和费用。同样，手机获取信息的方式与电视具有相同的特点，只不过手机要支付一定的费用，所以使用频率没有电视高。而与亲朋熟人交谈是自古流传下来的信息交流方式，虽然也方便及时，但与电视相比可靠性不足，而其他渠道的使用频率都不高（见表4－2）。

表4－2 **西部贫困地区农民信息获取渠道使用频率统计** （%）

信息获取途径	频繁使用	经常使用	偶尔使用	很少使用	基本不用
电视	42.60	36.70	13.40	4.80	2.40
手机、微信、QQ 等	30.20	34.60	20.50	8.30	6.30
亲朋熟人、驻村干部	19.30	29.20	18.50	14.40	18.40
农技人员	6.00	13.80	24.30	23.9	32.0
培训讲座	4.30	9.00	21.20	20.80	44.50
图书报刊	3.60	7.80	22.00	25.10	41.40
互联网	6.70	10.20	15.30	17.10	50.60
科技示范	4.00	8.80	17.70	26.30	43.10
板报宣传栏	2.00	7.00	20.00	29.00	41.00
广播电台	2.90	7.20	15.10	20.50	54.00

总体说来，西部地区农民在日渐丰富的信息获取方式中，对于信息媒介的使用很不均衡，对其中部分媒介有着明显的偏好。

（二）信息获取行为的主动性不足

农民的信息行为与其信息需求有着直接关系，信息搜寻越积极、越频繁，就越有可能产生有效的信息需求。农民信息获取行为的主动性直接关系着是否能产生有效的信息需求，形成有效的信息行为。在调查中，当受访农民被询问“在需要信息时是更愿意自己主动寻找信息还是等待别人提供信息服务”时，有33.0%的人选择了“更愿意接受信息服务”，有五成多的人选择了“不知道”，只有19.0%的人选择了“更愿意主动寻找信息”（见图4－2）。这组数据说明在需要搜寻、获取信息时，西部贫困地区农民的主动性较低，也没有什么积极有效的信息行为，这与当下城市居民所习惯的“外事问谷歌，内事问百度”的信息获取意愿和行为形成了极大的反差。导致这种现象可能有两个原因：第一是不知道如何积极主动寻找获取信息的途径与方法；第二是已经习惯了农村传统的信息传播形态，被动地坐等信息上门。

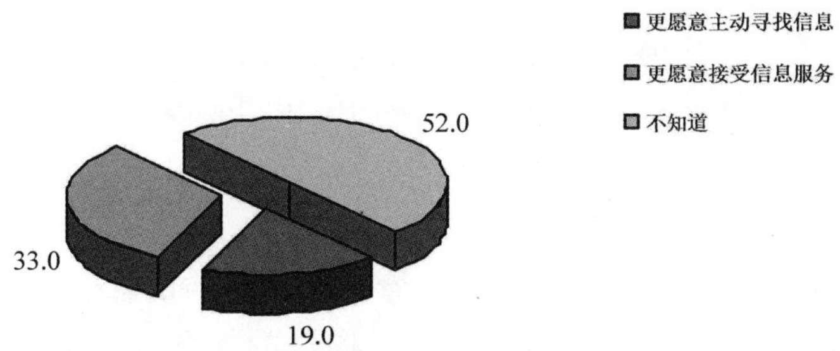

图 4－2　获取信息主动性比例（%）

（三）注重专业内容，信息要求明确

我们走访了不少扶贫专业合作社，从总体上看，作为农村新型经济体的各类专业合作社比较注意信息的搜集与获取，也十分重视利用信息，实现信息价值，其信息行为的主动性远远高于一般个体农民。这是因为农业专业合作社将发展方向一致，或在同一个农产品生产链的农户或经营个体结合在一起组成利益共同体，以期形成比较强的市场竞争力，取得较好的经济收益，其信息行为与成员的经济收入有着紧密联系，因此必然会产生积极主动的信息行为。因为农业专业合作社中信息的交流与深化更加频繁，交流的信息也更具专业性，促使其成员通过各种信息途径寻求信息，所以加入农业专业合作社的农民产生了以专业内容为导向的信息行为。

贫困农民相比于其他群体而言，信息意识更加薄弱，信息获取行为多为被动接受，对信息的接受、处理、反馈积极性不高。从总体上看，西部贫困地区农民对信息的要求比较明确，主要看重的是获取方便、准确可靠和通俗实用，而对于信息内容是否新颖、及时则比较淡漠。由于信息获取途径的多样性和复杂性，他们要求信息获取方便；由于现在信息传播的混乱和真假难辨，他们渴望能够得到内容准确可靠的信息；又由于信息内容的复杂和晦涩，他们又希望到手的信息通俗易懂并且实用。

二 影响西部贫困地区农民信息行为的因素

人的信息行为包括获取信息和利用信息的行为。一般获取和利用信息的过程是：决定是否获取信息—决定何时何地采用何种方式获取信息—将信息需要转化为信息提问—通过信息服务而获得信息—消化吸收信息。在这样一个比较完整的行为过程中，以下因素会影响西部贫困地区农民的信息行为。

（一）教育文化水平

具有不同文化程度的人或人群有着完全不同的信息行为，从总体趋势来看，随着国家信息化建设的发展，国民的教育、文化程度的提高，我国城乡居民的信息行为已呈现出日趋频繁、不断上升的趋势。但是，西部贫困地区农民的信息弱势地位还没有得到显著的改善，首先是受到教育水平和文化程度不高的制约。在我们的调查样本中，一半以上的受访者为初中以下学历，在对农民使用网络获取农业信息的主要困难统计中，占比最高的原因是不懂也不会使用电脑和网络，由此可见教育和知识水平影响着农民信息行为发生的频率。

（二）信息素质

农民个人的信息素质也时刻影响着他们的信息行为。信息素质是一种对信息的认知和利用信息的能力，它决定着是否能将潜在的信息需求转变为显性的信息需求，进而转化为信息查询、信息加工和信息利用等行为。显而易见，如果农民没有关于信息的认知，也就谈不上对信息的认识，更不会懂得如何获取和加工信息，也就导致了农民信息行为的缺失。中国互联网络信息中心发布的《2015 年中国农村互联网发展状况调查报告》指出，与网民总体的年龄结构相比，农村网民更趋向于年轻化。农村网民中 30 岁以下群体所占比例达到 61.3%，其中 20—29 岁群体是农村网民中占比最高的群体，为 30.5%，其次是 15—19 岁的年轻网民，占比为 29.6%，这两个年龄段的农民对事物接受能力较高，因此对于信息的认知能力、利用能力相对较高，即个人信息素质较高。① 由

① 中国互联网络信息中心：《2015 年中国农村互联网发展状况调查报告》，中国情报网。

此可见，农民的个人信息素质对农民信息行为展开的广度有着重要影响。

（三）物质基础与经济条件

农民的物质基础与经济条件影响着农民的信息需求，也直接影响了农民的信息行为和效果。在西部贫困地区农村，获取信息费用太高是影响农民获取信息的一个重要因素，这从侧面反映了经济条件对农民信息行为的制约。

纵观整个信息行为过程，在农民意识到自己的信息需求并试图满足自己的信息需求时，下一步就是如何完成这个寻求需求满足的过程。在这个阶段中有很多信息获取途径可供农民选择，但是方便快捷的途径往往要付出一定的费用，例如电话咨询、手机查询和网络搜索等。如果这些方式所产生的费用使得农民觉得不能承受时，在一般情况下他们会选用其他耗时耗力的方式或者直接选择放弃，造成了农民信息行为的不连续和效率低下。

（四）社会因素

1. 国家方针政策

社会发展必须以政治制度和国家方针政策为指导。同样，农村的经济社会发展、农业信息化建设也应以国家方针政策为导向，由于许多农民要依靠政府和农技人员获取信息，国家的方针政策必然会对农民的信息行为产生重要影响。

地方政府和农技推广部门是主导农业信息服务的机构，农民对政府的信任也由此衍生为对于其所宣传推送信息的较高信任度，因此政府部门对农民的信息行为具有重要的引导作用。

2. 农业信息资源

农业信息资源是农业资源的抽象化，是农业自然资源和农业经济技术资源的信息化。而“信息是否存在是信息的可得性问题，信息能否找到是信息的易接近性问题，影响信息的可得性和易接近性的因素，就是信息资源因素”①。显然，社会的信息化水平、信息政策等因素会影响信息的可得性；信息渠道、信息加工水平和信息服务水平等因素会影响信息的易接近性，进而影响农民的信息行为。

① 张河裙：《农民信息行为研究》，硕士学位论文，华中师范大学，2012 年。

当前我国农业信息网站上信息种类繁多，农产品市场供求信息、疾病防治信息、专家咨询信息等，使得农民可以快速有效地寻找到商机，并通过专家指导来增强农产品的生产效益，推动了对农业科学技术的推广与应用。但从信息资源的质量上看，由于信息发布存在着随意性和自由性，信息来源无法有效追溯，使得农民对信息资源的权威性和利用价值存在疑虑。另外，各类农业信息服务机构林林总总，但又缺乏统一管理，使得信息资源重复建设的情况时有发生，信息庞大的资源数据库也让农民望而却步，限制了农民的信息行为。

3. 农业信息环境

首先是硬件环境。手机、电视、电脑的普及与农民信息行为有着密切的关系，因为它们方便快捷。从现在关于农业信息化的有关调查来看，其特点是固定电话和移动电话进入千家万户，广播电视网络已经基本覆盖了全国的行政村，互联网逐步进入农村但是普及率仍然偏低。《2015 年中国农村互联网发展状况调查报告》指出："手机成为农村网民最主要的上网终端，手机上网用户占农村网民总体的 87.1%，比用台式电脑上网的比例还要高出 4.5 个百分点。"这说明由于农业信息化基础设施的普及所带来的改变，农民信息获取行为正朝着多样化的方向发展。①

其次是服务环境。信息服务活动的主要过程是用户需求的研究、针对需求服务的制定，最后是符合用户需求的服务信息的传递，需要达到的最终目的是帮助用户解决问题。政府可以通过制定优惠政策、组织技能培训、筹建农业专业合作社和技术示范户等方式来优化服务环境，引导农民信息行为。

（五）自然环境

自然环境是人类生存的场所，是构成社会的基础结构。由于社会发展在一定程度上依赖自然环境，自然环境在任何时候都是制约社会发展和需求的因素，因而对社会活动中的农民信息行为必然会产生影响。

首先是地理环境，由于所在区域不同，农民对信息的需求、获取途径和信息服务的要求也有所不同，这是受地理位置所决定的经济发展水

① 中国互联网络信息中心：《2015 年中国农村互联网发展状况调查报告》，中国情报网。

平和生产生活习惯影响的。

其次是文化环境。自然环境的差别会导致不同的文化环境，而文化环境会影响农民日常的生活习惯和行为。处在不同文化环境下的农民对于同一信息的需求会产生不同的理解，也会因此选择不同的获取途径。

第五章

脱贫攻坚语境下的信息传播

联合国开发署发布的《2019 年度全球多维贫困指数报告》显示，全球共有 13 亿人处于“多维贫困状态”，且贫困人群大多分布在农村。[①]联合国教科文组织也曾指出，“信息贫困”是造成农村贫困的重要原因之一。在农村经济和社会发展的进程中，信息流动不畅往往是突出的“短板”。

作为国家一项重大战略脱贫攻坚政策的实施和推动，除了必需的政策、财政、技术支持等外，还需使其他因素融合凝聚联结而形成统一之力，诸如乡村文化传统、习俗、人际关系网络等。一般说来，贫困人群的信息行为，诸如接受信息、解读判断信息、利用信息与信息再传播等，都深受乡村的社会结构、文化传统和习俗等的制约与影响，并最终表现为本地的经济社会发展和文化建设的程度。我国大部分贫困乡村都分布于偏远、封闭、交通不便、基础通信设施陈旧落后地区，不仅因为自然、环境等方面的制约因素而致贫困人群观念落伍、缺乏信息素质修养，使得信息传播渠道不畅，信息利用和信息再传播效果很差。同时，从扶贫信息传播的广义语境中分析，乡村千百年来形成和沿袭的社会结构、道德伦理规范、传统习俗、关系网络等也或隐或显地作用于信息传播的全过程，而社会关系网络中熟人关系的影响与作用则尤其明显。因此，研究扶贫信息的精准传播不能只在信息传播、信息增值和信息流动等过程性上着力，还必须仔细地研究分析隐藏在贫困户个体或群体后面的社会

---

① 联合国开发署：《2019 年度全球多维贫困指数报告》，中文互联网资讯网（www. 199it. com/archives/906648. html）。

结构、道德伦理规范、传统习俗、关系网络等更深层的影响因素。

费孝通在70多年前就曾明确指出，“熟人社会”是中国农村传统社会的主要特征，其结构是以家庭为中心形成的“差序格局”，农村的社会关系在本质上就是按照亲疏关系的远近而由内向外扩展的一张关系之网。“差序格局”是费孝通提出的一个极其重要的社会学和人类学观点，是指由亲属关系和地缘关系所决定的有差等的次序关系。犹如“一块石头丢在水面上所发生的一圈圈推出去的波纹”，每个人都处在他的社会影响所推出去的圈子中心，与他发生联系的大都是圈子波纹所推及的人或家庭，圈子波及之处便是一个由熟人构成的社会网络。[①] 费孝通的“熟人社会”理论为我们说明，中国乡村社会的内核始终是一个以血缘、亲缘等关系为纽带的“面对面的社群”或“圈子社会”。70多年过去了，当下中国农村也正在迈向现代社会。在这个历史进程中，现代城市文化虽然对农村有着多方面的影响和冲击，但是农村传统的由亲缘、地缘等关系而构成的熟人社会、圈子社会的差序格局仍然在一定程度上保留着原貌，并未完全改变。

以举国之力展开的脱贫攻坚是一项需要动员全社会各种力量广泛参与的国家重大战略，参与主体必然呈现出多元化的格局，其中既有中央政府主导的战略性顶层设计，又有地方各级基层政府的扶贫政策和措施落地，也有作为补充和优化的其他社会力量的加入，呈现出政策扶贫、产业扶贫、信息扶贫、生态扶贫等多种多样的扶贫形式。但是以过去的信息扶贫形式而言，存在着一个明显的缺陷，即在贫困地区比较特殊的传播环境中，很少或根本没有代入帮扶对象及其所依附的社会关系网络等因素，只是单向度的信息传递与灌输，既忽视了帮扶对象对信息传播的自主权，也忽视了影响传播效果的各种社会因素，这就使得信息扶贫传播在一定程度上变了形、走了样。

扶贫信息的传播，一般都会受到贫困地区当地自然和社会各种因素的影响，人际传播在信息接受主体的“熟人关系”等社会关系网络中作为信息受传的关键节点，在扶贫信息流转、发挥效用的过程中有着重要作用。因而在精准扶贫语境下，必须将乡村社会关系作为影响信息传播

① 费孝通：《乡土中国》，北京大学出版社1998年版。

效能的一个重要因素。通过审慎的考察，将“熟人关系”等因素作为信息传播流程中转换、续接的着力点，确定在信息扶贫中的角色与任务，是脱贫攻坚中精准传播应该解决的一个重要问题。

信息扶贫传播是在中国农村特有的“差序格局”社会情境中进行的，当然就会打上明显的“熟人社会”的烙印和标记。在精准扶贫语境下，应该充分重视我国贫困乡村固有的社会关系网的现实存在和影响，提升扶贫信息的传播精准度，让扶贫信息动起来、活起来，实现信息的增殖与共享，让扶贫信息成为脱贫减贫的一大助力。

第一节　信息扶贫与扶贫信息传播研究回顾

信息扶贫作为一种创新型的扶贫模式的效果和成绩，已经在世界范围内的减贫实践中得到了证明。国外开展关于信息扶贫研究的时间较早，20 世纪 60 年代，时任美国新墨西哥大学传播学与新闻学系教授与系主任的埃弗雷特·罗杰斯（E. M. Rogers）就进行了农村科技信息推广和扩散传播的研究。他指出，信息传播对于新思想、新信息、新技术的传递，使得新的生产方式在社会系统中实现扩散，有利于欠发达国家发展经济，进而向现代化过渡。他认为，大众媒介与人际传播的结合是新观念传播和说服人们利用这些创新的最有效途径，大众传播可以较为有效地提供新信息，而人际传播对改变人的态度与行为更有利。相对来说，大众媒介渠道和外地渠道比起人际渠道和本地渠道而言，对早期采用者比对晚期采用者更为重要。从总体上看，发挥大众传播媒介即时、迅速、广泛的传播长处，然后再使用人际网络予以劝服，即将大众传播与人际传播相结合会取得最大的传播效果。[①] 他在《创新的扩散》中通过大量农村科技推广的案例实证，提出著名的创新扩散“S 曲线”经典理论，以说明新思想、新事物的普及推广是一种特殊的传播形态。凯尔赛（L. D. Kelsey）、孙达（H. C. Sanders）、路密斯（C. Loomis）等人则紧随其后，在扩散农业信息的推广理论和实践方面做了大量工作，他们注重

① ［美］埃弗雷特·M. 罗杰斯：《创新的扩散》，辛欣译，中央编译出版社 2002 年版。

推广方法的研究和推广机构的管理，加强农村科技推广问题的定性与定量研究，以发展传播学的思维和眼光探讨农民的信息行为、农业科技信息系统、农技推广与当地农村经济社会发展之间有着怎样的对应关系。他们的研究及其成果不仅大大丰富了信息扶贫理论，为农村信息传播中整合优化传播途径、改善传播策略，提高传播技巧提供了理论和方法，也对贫困农民通过学习新技术、新知识走上脱贫致富道路具有重要的指导意义。

一　国内关于信息扶贫的研究

我国国内关于对农传播和信息扶贫的研究起步较晚，20 世纪 80 年代后才有散见于个别期刊的零星研究论文。直至 2005 年 10 月党的十六届五中全会提出了建设社会主义新农村的战略任务后，随着新农村建设进程的加速，特别是由于国家开始实施乡村振兴、精准扶贫战略，对农信息传播的研究成为热点，精准扶贫中的信息传播与农村减贫脱贫的关系问题，也日益受到广泛关注。近年来，国内传播学界对农村信息传播领域的研究无论在广度还是深度上都有所拓展，已经摆脱了初始阶段对西方传播理论的简单解读和求证格局，随着我国信息化建设的发展和脱贫攻坚工作的全面展开，农村信息传播的现实状况引起更多研究者的密切关注，以“受众本位论”为视角的对农信息传播研究成为一大热点。而此前开始的大众传媒与农村社会发展的实证研究也收获颇丰，一大批研究成果相继发表。特别是以互联网为代表的新媒体触角已悄然伸向农村，将有可能改变传统的农村信息传播固有格局这一问题，引起了一些学者的高度关注，如段京肃、李惠民、王锡苓的《互联网在西北农村的应用研究——以“黄羊川模式”为个案》等，还有部分研究者将信息传播在城乡之间、发达与欠发达地区农村之间的严重失衡纳入研究视野，刘圣仁、赖浩锋的《中部农村传媒生态现状与发展策略——以江西农村传播状况为例》、赵永华等人的《农村传媒歧视及其成因分析》是其中的代表。尤其令人欣喜的是几部对农信息传播研究专著的出版，如谢咏才等人的《中国乡村传播学》、李红艳的《乡村传播与农村发展》等。但就信息传播与农村经济社会发展研究领域而言，最具代表性的当属南京师范大学新闻传播学院方晓红的《大众传媒与农村》。该书以四次对江苏南部农村的较大规模调查为依据，描述了农村发展与大众传播、农民生活与大众媒介的关系，并通过实地考察和调查数据，检测分析了大众传媒在农村的传播效果。

目前国内的相关研究主要集中在以下方面：

研究者首先关注的是关于扶贫信息供给问题。以方晓红为代表的一些学者认为，媒介信息对农村的经济社会发展有所贡献，但在现实中仍然存在着供给不足或供需失衡等问题，是农村经济社会发展的突出短板。有研究者指出，当前农村的信息贫困大多是由于信息内容供给的贫乏和短缺所造成的。随着农村经济的发展，一些贫困地区农民的信息需求类型呈现出多元化趋势，他们已不满足于过去那种单一的种养技术信息供给，而是有着对惠农政策信息、实用性生产技术信息、农副产品市场信息等多方面的迫切需求，但是关于这些方面的信息却常常缺位，信息提供的滞后现象非常明显。① 而精准扶贫在实质上就是要把扶贫资源包括信息资源向贫困人群集中和倾斜，尤其是村级聚集，方能实现脱贫的“精准”要求。②

其次是有关农村的媒介生态和信息扶贫问题。有研究者认为，媒介的生态与功能失衡在我国农村特别是贫困地区农村是比较普遍的存在，不仅表现为媒介的种类结构失衡，也表现为媒介市场、媒介传播面和影响力的失衡，因而妨碍了信息传播的功能发挥。③

关于农民的信息素养问题也是一个热门议题。学者们的共同看法是，在信息社会和市场经济环境里，农民的经济状况与能否及时获得丰富和准确的信息密切相关。提升农民信息素养，是解决“三农”问题、促进农业现代化、农民增收致富的基础性条件。为此，必须采取有效措施，提升农民信息素养。在加强信息基础设施等“硬件”建设的同时，还必须充分重视教育、示范、引导和服务农民等“软件”的建设。

---

① 长子中：《新农村建设背景下的信息供给与农民致富》，《发展》2008 年第 10 期。

② 黄承伟、覃志敏：《论精准扶贫与国家扶贫治理体系建构》，《中国延安干部学院学报》2015 年第 1 期。

③ 赖浩锋：《农村传播生态失衡研究——“江西省农民致富与传播状况”调查后的思考》，《当代传播》2005 年第 1 期。

在举国进行脱贫攻坚战的背景下，当前贫困地区的农民信息扶贫还存在哪些问题？一些学者在考察之后认为有以下三个方面的突出问题：

一是信息传播渠道匮乏，现有渠道的利用率也不高；二是扶贫信息的传播受到如农村非体制性权力、村庄社会环境中自发生长的非正式制度等乡村固有社会结构的制约，影响真正的贫困户受益和脱贫成效的取得；三是信息扶贫的主体和信息扶贫的形式仍比较单一，没有充分发挥出信息传播在脱贫攻坚中的效能。

二　扶贫信息传播中的嵌入性理论研究

嵌入性理论（Embeddedness）是近年来才被引进到传播学中的，嵌入性理论源自于新经济社会学，后来被社会学、人类学等学科引入、吸收，逐渐发展成为社会学嵌入理论、文化嵌入理论、网络嵌入理论、组织嵌入理论等。社会学嵌入理论认为，个人既不是“社会人”亦不是“经济人”，而是嵌入社会关系中的理性人。既然如此，那么人的行为（如经济、文化、传播等）以及社会秩序的运行就应该从社会结构、社会网络等视角加以研究。该理论的代表人物马克·格兰诺维特（Mark Granovetter）认为，个人的行为一般总是被纳入社会结构之中的，个体的决策和行动无法脱离社会结构、社会关系像原子式地进行。不论行动者是否愿意，他的行为总是无法超越他所处的特定社会结构和社会关系网络，而且其行为也必然会有目的地“嵌入”其中并接受其影响。“嵌入理论”把人看作既定社会关系和结构的产物，人必然会受其所处社会环境的影响，因而人的行为选择也就可以从既定的社会关系网络和社会结构的视角加以解释。[①] 嵌入社会关系中的人会因嵌入而形成他的社会关系网络，社会关系网络的一大功能便是信息传递，通过这样的信息传递途径和渠道，在信息资源共享交换的过程中，同为嵌入网络中的行动者个体与其他个体的关系也会因此发生变化，发展成为一种合作关系。[②]

---

① 臧得顺：《格兰诺维特的“嵌入理论”与新经济社会学的最新进展》，《中国社会科学院研究生院学报》2010 年第 1 期。

② 易法敏、文晓巍：《新经济社会学中的嵌入理论研究评述》，《经济学动态》2009 年第 8 期。

嵌入理论问世后，就被传播学界引入并广泛应用。有学者将其用来观照、审视乡村社会变迁与大众传媒的关系，认为即使在偏远的乡村，媒介也已深深地嵌入了人们的生活，与城市一样，乡村社会同样存在着“媒介化社会”的影响。也有人将信息传播作为一个网状结构，考察嵌入其中的人们是怎样选择不同方式来编织自己的信息传播网络的。还有人探究村民对手机使用的独特语境，阐释手机使用者生活语境的复杂性和差异性，使得这种新媒体在乡村中呈现出不同的社会活动和文化表现。① 一些研究者则运用该理论来探讨嵌入性与少数民族贫困地区发展的关系，认为“输血式”的扶贫无法从根本上解决贫困地区的发展问题，而如何激活贫困农民的内生动力，加大科技扶贫、文化扶贫等才是其关键。② 有的将嵌入理论聚焦于少数民族地区文化传播事业的发展，探索文化嵌入的各种路径。③

扶贫信息传播的环节繁多而且复杂，传播链常常受到信息选择、信息接受等多种因素的制约，运用嵌入理论的分析工具功能，可以更为深刻地认识乡村文化习俗、社会结构及关系网络等嵌入性因素对于信息扶贫事业和扶贫信息传播效果的影响，打破传统理论的路径依赖，从特定社会结构和社会关系网络的角度重新定位媒介、农民与社会三者之间的关系结构与互动，从而不断提高信息扶贫的质量和效益。

三 信息传播活动的行动者网络理论研究

行动者网络理论（Actor-Network Theory，ANT）是 20 世纪 80 年代以法国社会学家卡龙（Michel Callon）和拉图尔（Bruno Latour）为代表的巴黎学派所创立的社会学理论和分析方法。1986 年，卡龙在他的《行动者网络的社会学——电动车案例》一文中，第一次提出“行动者网络”概念。概念中的“行动者”有着十分广泛的内涵和指向：既可以是行为

---

① 孙信茹、杨星星：《“媒介化社会”中的传播与乡村社会变迁》，《国际新闻界》2013 年第 7 期。

② 皮学军：《嵌入性政治与少数民族地区农村发展——以湖南凤凰县火炉坪村为个案的考察》，《南阳理工学院学报》2011 年第 3 期。

③ 马威：《嵌入理论视野下的民俗节庆变迁——以浙江省景宁畲族自治县“中国畲乡三月三”为例》，《西南民族大学学报》2010 年第 2 期。

人，也可以是任何通过制造差别而改变事物状态的非人存在和力量。[①]卡龙对于行动者的身份和特征不做任何假定，在他看来，任何事物都能够成为行动者——个人、群体、组织等，或者是社会制度、科学技术、文化观念、各种社会关系；行动者既可以是个体的或者民众的，也可以是拟人的或非拟人的。卡龙认为，不应该将网络中的行动者进行人与非人、有生命与无生命、个人与组织的区分。在"行动者网络"中，各类"行动者"既被结合成网络，同时也构建网络。在网络中每一个行动者都具有行动的能力与各自的利益，转译是行动者之间相互作用、建立行动者网络的基本途径。行动者通过转译的过程，不断地把其他行动者的问题和兴趣用自己的语言转换出来。借助转译，各行动者开始交往、流动，经过一系列磋商与博弈，众多行动者的利益得以协调，达成网络建立的目标共识。

拉图尔发展了卡龙的理论成果，认为自然和社会不存在根本的对立，恰恰相反，自然和社会是一个完全的整体，都是网络中的元素，在网络中相互运动，彼此共生。在行动者网络中，没有所谓的中心，也没有主客体的对立，每个节点都是一个主体，一个可以行动的行动者，彼此都是平等的。主体间是一种相互认同、相互承认、相互依存又相互影响的相与关系。非人的行动者通过有资格的"代言人"来获得主体的地位、资格和权利，以致可以共同营造一个相互协调的行动之网。[②] 他强调网络联结，强调自然、社会与文化因素之间的多元互动，人与非人的力量相互交织，以促进某项事业的推进。

"行动者网络"理论为考察知识的生产过程以及知识与社会的复杂关联提供了一种新的方法和理论平台。该理论创立后，不少研究者将其应用于信息学、社会学、心理学、文化学等社会科学领域。近年来，国内也有人在乡村发展、农业政策推广方面的研究中引入了行动者网络理论，虽然我们目前能够看到的相关文献寥寥无几，但毕竟证明了该理论和分析方法具有一定的适用性，对信息扶贫的理论研究和实践应该有所裨益。它所提供的分析方法，为我们考察信息扶贫活动中存在的客观性

---

① 刘锦英：《行动者网络理论：创新网络研究的新视角》，《科学管理研究》2013 年第 3 期。

② 转引自郭明哲《拉图尔的行动者网络理论（ANT）研究》，中国文史出版社 2014 年版。

与主观性、普遍性和特殊性之间的辩证关系、扶贫信息的传播途径、技术方法和传播策略以及在贫困地区农村的适用性提供了新的视角。不仅如此，还可以运用行动者网络理论核心内容之一的转译方法，来审视扶贫信息传播活动中行动者之间的相与关系，破解在扶贫信息传播流转过程中存在的问题，例如信息接受与传递链中的堵点，扶贫信息传播网络中政府与贫困户、政府与社会组织、帮扶企业等行动者信息交流互动中的断点和盲点等。

通过以上回顾可以认识到，一直以来，国内传播学界在检视和批判对农信息传播包括扶贫信息传播的缺陷与不足时，对农村传播生态环境的恶化，大众传媒的商业化、政府的调控缺位等问题与现象的分析不可谓不全面、不详尽，也提出了不少关于如何强化政府的主体责任和政策导向、提升农村信息基础设施水平、整合资源、优化配置、提高贫困农民的信息获取和利用能力等建议。但无论是问题研究还是对策研究，仍然沿袭着传统“传者中心论”的思维和语境，并没有将农民作为传播主体来对待。对于这样一个带有根本性质的问题，我们常常有意或无意地视而不见，依然把农民作为纯粹的传播客体和对象，实际上是对他们传播地位的否认和权利的剥夺。时下，农民群体在对农信息传播中应该具有主体地位的问题已为学界和业界所公认，在理论上也不存在任何异议，但在现实的传播过程和媒体表达中，贫困农民实际上并没有得到与主体地位相应的礼遇，其弱势地位依旧。信息传播大多还是由上而下的“我说什么你就听什么”的单向度传播，贫困农民与传播者之间缺乏有效的交流互动，更没有话语权，“你说什么我就听什么”只能是唯一的选择。在传播过程中农民的弱势地位，造成了对农传播者“更多依照自身宣传需要入手选择传播内容、设置传播议程，最终导致传播的信息不能到达真正需要的地方，而真正需要信息的受众又无法取得相应信息的窘境”①。

近年来，我国的农村信息传播状况已经发生了巨大变化，有的学者也试图运用一些新的理论诸如上文所介绍的社会嵌入理论、行动者网络理论等取得突破，他们从不同视角对乡村信息扶贫、发展传播等有关议

① 黄蓉：《论农村广电传播中的农民参与》，《中国广播电视学刊》2009 年第 2 期。

题进行了研究，也取得了令人耳目一新的成果。研究者自觉借用人类学、社会学、政治学、经济学等多种学科的研究方法和理论资源，使得研究具有更广阔的视野和理论深度。

但当前我国正处于社会转型时期，城镇化对乡村、贫困地区社会结构带来了巨大影响，而在此宏观背景下的扶贫信息传播研究不仅数量偏少，也更显零散，信息扶贫研究多从宏观角度进行考察，对扶贫信息传播中的微观圈层审视还很不充分。尤其是关于脱贫攻坚中对农信息的精准传播，目前尚无系统、深入的研究，这是国内农村信息传播研究的一个空白，具体表现在如下方面。

1. 扶贫信息的精准传播远未受到重视

目前我国对农信息传播的现实效果并不乐观，在传播效果研究领域，无论是传播者视角的批判研究还是对农信息传播的政治经济学研究，研究者主要的关注点还是集中在信息资源和传播渠道上，对于信息的精准传播研究则几近空白。

2. 扶贫信息传播的评价体系缺失

关于对农信息精准传播的效果评价，目前尚无人进行研究，这不能不说是对农信息传播研究的一个重大的缺失。现在亟须构建对农信息传播效果的评价体系，以测定信息传播的有效性，这样才能采取有针对性的措施，提高信息传播的效果。

3. 对新媒体环境下的农村信息传播关注较少

学界和业界的研究历来常常局限于传统媒介，在脱贫攻坚战略背景下对农村信息传播的新变化、新趋势，互联网、手机、移动电视等新媒体对于缩小城乡信息鸿沟的可能性，数字媒体在农村使用和发展中存在的问题等的研究还是盲点。

第二节　扶贫信息的传播过程

为了更全面、准确地认识当前西部贫困地区农村扶贫信息传播现状，我们在西部一些贫困地区展开了有针对性的社会调查，采用现场观察、入户访问、抽样问卷等调查方式，以信息传播的一般性规律为遵循，把扶贫信息的传播过程分为信息获取、信息判断、信息决策行动及信息传出等若干环节，探求和分析在不同环节中信息传播的各要素以及相关系统间的相互作用与影响，力图描绘出关于扶贫信息传播全过程的总体图景，并对隐藏在扶贫信息传播活动外在表象之下更深层次的影响因素和相互关系进行全面的审视和解读。

一 传播的内容与接受动因

扶贫信息传播的内容在贫困地区农村总体上表现出匹配度与适宜度不高，不能很好地满足当地精准扶贫工作对信息传播需要的特点。具体而言，一是信息量较少，二是信息类型单一，三是传播手段和方法缺乏吸引力。像贫困地区农民需求十分迫切的“用工市场信息”“农副产品价格信息”等类型的信息常常缺位，成为短缺资源，同时地方政府提供的职业技能培训一类的信息尽管可以帮助本地贫困户劳动力提高外出打工、适应城市用工市场需求的能力，但周期较长、不能很快见效。不少建档立卡的贫困农民对这类信息并不看好，也没有太多的兴趣，因此实际价值不高。帮扶单位和驻村工作队所引进、推广的一些扶贫项目或产业因为并不完全适应当地的实际情况，也常常是虎头蛇尾，半途而废。我们还发现，部分贫困地区的扶贫信息传播比较盲目，没有精准传播的意识，常常是为了应付上级部门的要求或完成布置下来的任务，为传播而传播的现象时有发生。比如，当前农村的青壮年劳动力大多在外地打工，村庄里以老人、妇女、儿童居多。一些地方并不考虑当地群众的年龄、文化程度、信息能力和技术水平等实际情况，急于摘帽脱贫，盲目传播、推广的种养殖项目的劳动强度高或者有一定的技术含量要求，显然脱离了实际。

调查显示，从信息接受动机上看，一部分农民是出于“家庭生活所需”“知晓时事”等目的而愿意在有条件的情况下主动接受相关信息；但是以“掌握务工技能”“帮助脱贫选择”为动机的不多，对扶贫信息与自身利益相关的重要性、必要性有所认识，愿意或者具有利用扶贫信息使自己实现脱贫意愿与能力的受访者就更少，而需求最多也最被关注的信息类型是“外地用工需求”“农副产品交易行情”“政府惠农补贴”等，这说明大多数贫困农户仍以增加经济收入为信息接受的主要动机，因此就要求有符合其生存状况、满足其生计需要、能切实帮助其脱贫的实实在在的扶贫信息供给。

对于如何接受信息，贫困户普遍要求扶贫信息应该具有“方便接受”“实在可靠”“实用性强”“通俗易懂”等特征。很明显，这种要求不但合情合理，而且折射出贫困农民对于现实中扶贫信息传播内容的数量少、不适用、脱离实际、不接地气等问题的不满。由此看来，当前制约扶贫信息传播效能的主要矛盾还是在于信息传播无法满足贫困农民对扶贫信息质量和数量的要求，这种现状亟须改变。

二 从信息获得到信息再传播

经实地调研、观察和访谈发现，扶贫信息的传播过程大致包括信息获得、信息解读与识别、信息采纳与行动和信息的再传播等若干环节，在传播过程中，农村的地域文化传统、乡俗习惯、人情交往、社会关系网络等因素有着比较明显的影响。

（一）信息获得

在我国乡村的特定信息环境里，农民的信息获取有着悠久的传统和习惯，其形式主要为面对面交流的人际传播。随着信息现代化的触角伸向乡村，通过一定的媒介渠道获得信息也成为常态。但是无论何种形式的信息获得，共同的地域文化、历史传承、社会环境、生活习俗、相近的生活水平、共同的社会关系网络乃至经济发展、教育背景和文化程度都会对信息的获取产生影响，影响程度也因血缘、亲缘和地缘等因素的亲疏远近而有所不同。

一般来说，获取扶贫信息的渠道大致可分为人际传播、组织传播、大众传播三种。人际传播包括家人、亲戚、朋友、邻居、熟人或同行、村里公认的能人或有经验的村民、外出务工者、消息灵通人士等在内的相互传播；组织传播则指政府部门与机构、村两委、扶贫办、驻村工作队、农技站、涉农企业、其他社会组织等的信息传播；大众传播指包括图书、报刊、广播、电视、手机、电脑、宣传标语、公告公示宣传栏等在内的媒介传播。

近年来，不断提速的信息化基础建设已经大大改善了农村的信息传播环境，使农民的信息获得途径不再像过去那样单一，呈现出多样化、多途径格局。尽管如此，还是有相当数量的农户仍然将人际传播作为主要的扶贫信息来源，对经由这个途径传播扩散的信息的认可度也较高。在很多地方，由组织传播和广播、电视、报刊等大众媒介所传播的扶贫信息实际上还必须经过人际传播才能扩散到农民那里。比如在走访脱贫户时，询问其如何获得“市场行情”或“赚钱门道”之类信息实现脱贫的问题时，很多人给出的答案大同小异，基本上都是依靠亲友“圈子”等形成的关系网络提供信息。可以看出，由于贫困农民缺乏自觉的信息意识和基本的信息能力，不能积极主动地获取与自己相关的脱贫致富信息，因此乡村社会自然形态的传统人际关系网络便成为主要的信息获得途径和渠道。虽然大众媒介的扶贫信息传播覆盖面广、种类多，但是因为内容的针对性不强，获取方式不够便利，获取成本也较高，所以即使对贫困地区农民的扶贫信息获取有所帮助，也不太受欢迎，大多只能止步于“知晓”阶段，并不能充分满足其需求，实际上的接受率和利用率都很低。在这样的一种传播生态下，扶贫信息的传播主要还是依靠点对点、一点对多点（如村广播站大喇叭和村民会议），以及多点对一点（如家庭成员聚议）等人际传播形式。

（二）信息的解读与识别

信息的解读与识别是发现、分析和理解所获信息的含义，对信息的重要程度作出评价，提取信息有效内容的思维过程。在精准扶贫语境下，农民对所获扶贫信息，一般都要依靠自己的经验、利用自己所处的信息环境包括自己亲友圈和各种社会关系网络对其进行识别、验证。信息解读和识别实际上就是一种思辨，这是一个充满了不确定性的过程，大多数人都会经历从怀疑到相信、从再怀疑到最终确认的阶段。怎样判断信息是真实的、有效的和适用的，既是对农民信息能力的考验，也是对其分析与综合等个体思维能力的衡量。

调查显示，贫困农户往往要借助外力才能进行扶贫信息的解读与识别，完成对信息的全面认识。

很多贫困农民所要借助的这种解读、辨识信息的外力，就是自己拥有的、可以信赖的社会关系，他们常常依托这种关系和由此形成的关系网络来对信息加以研判。尤其对于那些把握不定、真假难辨的扶贫信息，将近80%的受访者回答会采取两个步骤：先是召集家庭成员商议，若商议无果，则会通过特定的社会关系网络加以征询并进行商酌。在这个十分庞杂的社会关系网络里，成员包括同宗亲属、直旁系血亲、儿女姻亲、邻居、朋友、乡村意见领袖、见多识广的村民等。目前有一种趋向值得注意，在农民的社会关系网络中，非亲缘、血缘成员的地位和分量正在逐渐提升，如一起外出务工的老乡、同龄人、朋友、村干部、驻村工作队、劳务同行等。这种并非由亲缘血缘维系，而是以互助互惠为依托建立起的社会关系，开始有与宗亲、姻亲等传统的亲缘关系平起平坐之势，在解读和识别扶贫信息时，他们经常被视作征询意见、帮助判断和决策的重要对象与途径。

当贫困农户借助社会关系研判扶贫信息时，大多会赋予人际传播渠道较多的信任，也是使用频率很高的选择。在一般情况下，家庭成员最为常见，而身边熟识的见多识广者、有主见者、经验丰富者、有威望的意见领袖和可以信赖的朋友也常常被纳入其中。从贫困户的角度来看，家人和熟人是最好的信息识别途径，具有风险小、成本低、效果好的优点。

对于扶贫信息的解读和识别，农民最为关注和重视的，还是信息的真实性。在回答关于信息性质的评价时，大部分受访者都会将信息是否真实可靠列为首选，至于收益性则放在其次。受访者说，有的脱贫致富信息虽然看上去有赚头，收益大，但是他们最看重的并不是能挣多少钱，而是会不会亏本。造成这种普遍忧虑和担心的原因可以从两个方面加以解释：

一是贫困农民自身的原因。很多贫困户的受教育程度、文化水平很低，抵御经济风险能力弱，也不具备基本的信息意识和信息能力。在无法获取信息或者对信息无从辨析时，借助外力就成为必然选择。同时又因为媒介选择的便利性和易得性，由亲友熟人等构成的人际传播网络在信息获取上具有简单方便、省时省力的天然优势，能够更为便捷地得到信息满足，而且信息的真实可靠性令人放心。相对而言，报刊广电等大众媒介提供的扶贫信息，不仅存在着解读和理解障碍，其针对性与实用性也不强。出于实用主义的考虑，人际传播的网络和渠道便毫无争议地成为第一选项。

二是因为贫困地区农村的信息化基础设施建设欠账较多，很不完善，导致信息传播途径稀少，农民获取信息的成本较高。与有着相同生存环境、文化习俗传统和共同记忆的族群相比，其信息传播路径和信息交流方式以及低成本的信息获取更容易被他们所接受。此外还需说明的是，调查显示，通过人际传播途径解读和识别信息时，在选择的咨询对象中，以男性亲属为主的宗亲所占比例明显高于女性的姻亲亲属，通过男性的社会关系网进行信息获取和信息辨识的现象更加普遍。如果不考虑地域和空间距离的因素，以男性为中心的传统乡村人际关系网络仍占据主导地位。

（三）信息的采纳与行动

扶贫信息的采纳与行动是在农民受众在获取信息后，经过解读与识别，确认其真实性和适用性，进而又仔细地计算了风险与收益的得失、认真权衡了投入与产出的利弊，然后对于是否采纳信息，并将其进行物化转换的决定过程。信息的属性决定它并不具有实物形态，它所隐含的只是无形资产。扶贫信息也是如此，只有在脱贫实践中加以利用，才会兑现变为实实在在的财富。我们接触到的贫困地区农民多数都有着强烈的脱贫致富内生动力，但面对切实可行的扶贫信息时却常常表现出犹豫不决，很少迅速采纳与采取行动。究其原因，归根结底还是贫穷，贫穷不仅限制思想，使得思想误判了信息，也限制了行动。贫困农民在决定采纳信息时，会受到多方面的制约，不仅仅是出于观念的保守落后，其经济条件的困窘更使得他们对待资金、时间和劳力上的投入慎之又慎。很多人都会观望再三，不愿很快作出行动决定。只有在确实看到了扶贫项目的赚钱效应之后才会下决心采取行动跟进。一般在观望一段时间之后，他们会借助自己的社会关系网征询意见，帮助自己进行信息的采纳与行动决策。在这个阶段，如前所述，家族成员仍然是最主要的咨询对象，而且越是贫困者就越会向家族等特定的社会关系寻求帮助，以争取支持和理解。

（四）信息的再传播

有的农户将自己通过各种途径获取、识别评估和采纳后的扶贫信息，直接或借助一定媒介渠道告诉他人，进行二次传播，这种扶贫信息的获取与传递过程特别能显现农村信息传播的关系路径。在乡村的农民群体中，信息传播的角色从接受者到传递者的转变并不十分明显，并且通常是在惯性作用下交互进行的。扶贫信息常常来自家族成员、直系亲属的关系网，这不仅是最重要的信息源，而且是最主要的传递对象。

由于传统互惠互利观念的影响，为了“好处只留自家人”，村民获取和传播扶贫信息往往构成一个比较排他的闭环结构：信息获取和信息再传播一般更愿意在他们的家族和亲属圈内循环。通过亲戚间的走动、面对面的直接对话或电话交流、手机短信、微信聊天等，希冀从对方获取一些基于经验和知识的扶贫信息，信息再传播时也是如此。

在扶贫信息的获取与再传播中发挥重要作用的社会关系主要体现在熟悉程度、可信任性、感情依附强度等方面。我们在农村经常可以看到，某人因掌握了某种技术或项目脱贫致富后，往往会带动一群人，从而形成一个有一定规模的小型产业群，而这群人大多都与其沾亲带故，首先是亲戚，其次是朋友或乡邻。在这个信息传播的过程中，血缘、地缘关系的作用非常明显。但是，随着收入水平和教育水平的提高，更多的人也会不断扩大自己的社交网络和扶贫信息源，将扶贫干部、驻村工作队、第一书记等政府组织代表和村中富裕户、致富带头人、外出务工者等作为重要的信息源，从他们那里获取和传递有关信息，非血缘、非亲缘关系在乡村信息传播中的地位和比重正在提升。

三　社会关系网络在扶贫信息传播中的地位与作用

扶贫信息传播并非平常的信息流动和扩散，特别是因为贫困地区农村经济社会发展滞后，信息封闭，资源匮乏，这就使得扶贫信息的传播与共享成为一种经济目的性、针对性很强，而且又与各种各样的社会关系高度相关的活动，也是社会关系网络在农村信息传播活动中的集中反映。通过前面对扶贫信息传播过程的分析，可以清楚地看到，在现在的农村传播环境下，对扶贫信息传播的影响因素主要包括：乡村独特的社会关系网络，农民自身，农民对自己参与其中的社会关系的使用；政府部门，帮扶的企事业单位、社会组织，大众媒介，涉农企业和其他外部扶贫力量。

对扶贫信息传播发生显著影响的，首先是有着久远历史并一直延续到今日的农村社会关系网络，特别是以家庭为核心的熟人关系网络。“关系型”社会是中国乡村社会最为明显也最具特色的传统，社会关系网络在农村社会结构中发挥着极其重要的作用。中国农村的社会结构基本上是由血缘、亲属关系与地缘关系交织而成的关系和秩序网络作为支撑的，传统农村社会在本质上是一个聚族而居、世代相处、守望相助的熟人社会，不断强化的人际关系和彼此间的信任引导着人们自觉构建互助互惠性的合作关系。随着农村交通、通信事业的发展和农村人口的流动，农村的熟人型社会关系已经加入了更多的陌生人成分，这种变化逐渐打破了熟人社会的固有秩序。在熟人社会里，人与人之间的交流沟通依靠情谊和信任，而非熟人社会中的人际交往则凭借契约。虽然如此，但是对于世代聚族而居的农民来说，人际交往的对象也并非一个个有着契约关系的个体，而是一群具有错综复杂的社会关系背景的熟人和陌生人。这种熟人社会关系不仅维系着乡村社会农民的生存和情感世界，而且代代相传地影响着农民的经济生产和日常生活，信息的流动和传播自然也在其中。在信息获得、解读辨识、采纳决策、再次传播的过程中，它是一种珍贵的无形财富和资本。在扶贫信息传播所必须倚仗的社会关系网络中，最为密切也最可信任的还是家庭和亲人，处于社会关系网络中心地位的家庭依然是个人最重要的社会关系。在一般都以家庭为圆心展开的乡村关系网络中，家庭不仅占有最中心的位置，而且具有全方位的功能。在农民个体从生到死的生命历程中，家庭既是生命和生活的承载者，又是问题和麻烦的处理者。因此，在事关家庭脱贫大计的扶贫信息传播链中，家庭自始至终都在每个环节的关键节点上产生着影响，发挥着作用。这一现象说明：尽管当前我国农村社会正处于城镇化的转型期，原有的乡村社会结构受到了巨大的冲击，但延续上千年的乡村社会传统仍然足够坚挺，以家庭、家族关系为主的社会关系结构尚未被市场经济的洪流完全动摇，特别是作为最基本社会单位的家庭，在农村社会结构中的核心地位依然如故。

其次是熟人关系网络在贫困地区农民应对扶贫信息传播、信息使用过程中的问题和困难时的作用。从解决问题的途径与过程来看，熟人关系网络的作用仍然不可小觑。一般来说，贫困地区农民受众对于经由非熟人关系传播的扶贫信息总是心存疑虑，生怕上当受骗，因而踌躇不前。在遇到信息采纳与行动中的困难和问题难以独立解决的情况下，不少贫困户会习惯性地求助于熟人，即经验丰富的亲戚、有同样经历者，还有年长者、懂技术的内行等。这些社会关系网络中的亲友熟人不仅为求助者所信赖，而且会更容易更方便地得到对方的帮助。但是，尽管社会关系网络所提供的信息和帮助能有效减少信息解读辨识的难度，其易受性和信任度也超过其他来源的信息，但它的负面影响也十分明显，即信息来源太过单一，无法达成信息源的多元化。由于信息获得途径受到人为限制，有关生产经营方面的信息就比较匮乏。调查发现，这种现象并不少见，尽管那些业已脱贫的农民口头上承认信息是脱贫致富的重要因素和助力，但是实际上在交流传播信息时，他们仍然坚持当面交谈的传统交流方式，而且对象多以熟人为主。

尽管血缘、亲缘在扶贫信息传播过程中有着显著的作用，但同时我们也发现一些农村社会人际关系网络正在悄然发生变化的迹象，由此可以看到传统的乡村社会关系网络超脱了原有格局的限制，正在向多元化发展，同业人士、同行工友、网友等新成员开始加入并产生影响。在人际关系的各种基缘层面上，由地缘、业缘而兴起的各种行业公会、同乡会历史悠久，但是过去大多分散、活动在城市，对边远贫困地区农村基本没有什么影响。自改革开放以来，随着宏观经济和社会结构的巨大变化，在农村向现代化的转型过渡中，一些过去从未有过的自发性人际关系诸如业缘和网缘等脱颖而出，紧密地融合着传统的血缘关系和地缘关系，成为相当数量农民人际关系网络的重要构成。而且在一般情况下，农民的文化程度和经济收入越高，在信息交流中就越拥有更为广泛和多样化的社会关系，其中非亲属成分所占比例更大，对于以家庭为核心的血缘亲缘关系的依赖程度也明显低于贫困家庭。分析表明，在扶贫信息的传播全链条中，信息传播的主要路径和农民传统的社会关系网络与新型的关系网络基本一致。

最后还有农民的自身因素，诸如年龄、性别、受教育程度、经济来源和收入，脾气性格、是否具有一定信息意识和信息能力，包括他/她是否了解自己的信息需求、信息敏感性、信息获得的主动性以及对信息价值、信息真实性的判断能力，采纳信息和行动决策能力等的作用。个体因素在扶贫信息传播中，往往具有决定性作用。

此外，在贫困地区农民的社会关系网络结构中，基层政府和基层干部是一种不可或缺的构成，他们不仅是扶贫信息的主要信息源，而且是信息的传播者，对于扶贫信息传播产生着不可低估的影响。基层政府的扶贫信息传播一般包括发放文件、广播宣传、会议交流和组织培训等。但如果只是按照科层制的层级架构自上而下地下达行政指令，无论行政公文还是口头传递，其效果并不理想。在这个环节上，乡镇、村基层干部的执行力、脱贫致富带头人的示范作用至关重要。乡镇村基层干部和脱贫致富带头人通常都具有一定的信息素养和使用信息的积极性，其引领作用和示范性很强，可以动员、带动周围的贫困家庭进行脱贫实践。他们在养殖、种植、加工过程中将来自畜牧、林业、农技等机构和专家的技术信息积淀为自身的经验和实用方法，并在周围熟人网络中传播，成为扶贫信息的接受者和二次传播者。

作为脱贫攻坚的一支重要力量，帮扶单位、涉农企业和其他社会组织将大量的扶贫信息传递到贫困乡村，但扶贫信息能否落地生效，在一定程度上还要依赖乡村熟人关系网络。以贵州省毕节市普宜镇道角村发展的扶贫项目——林下散养“跑山鸡”为例，在村“两委”及驻村干部的动员下，该村与某公司合作引入林下“跑山鸡”产业项目，充分利用村里山地资源，发展林下散养“跑山鸡”，走出一条带动全村发展、向青山“要”票子的脱贫之路，迄今已使50余农户成功脱贫。该项目是典型的“公司＋农户”模式，即公司作为农户的合作方，由公司提供鸡苗、饲料、养殖技术并负责收购，农户按照技术要求进行饲养。但意想不到的是，调查发现仅有个别被访者回答得到过来自该公司或农技部门的技术指导信息。而在养殖过程中信息交流最多、频率最高的还是亲人、朋友和同行，大家互通市场行情、养殖技术，人际层面传播仍然是最为重要的信息交流方式；当被问及林下散养“跑山鸡”的行情和收购信息、技术信源时，村民大多回答是从村两委和驻村干部那里知晓的，与公司没有什么关系。可见，在扶贫信息传播中，帮扶单位、企业及社会组织的作用仍需由村干部、熟人、村能人等意见领袖发挥。

从贫困地区扶贫信息传播的过程中可以看到，受几千年小农生产方式和宗法制度的影响，贫困地区乡村文化重视血缘亲情和家族的传统印记依然不可磨灭，但是扶贫信息传播的路径还是十分清晰的：在农村扶贫信息传播过程中，农民能够获取的信息不多，大多还是由熟人关系网络提供，有限的信息也主要在乡村传统的和新兴的新旧两种社会关系网中流动，其传播路径与此大体一致。熟人社会关系的因素在扶贫信息传播过程的各个环节中都有所嵌入和表现，有时甚至能产生举足轻重的影响作用。家庭、亲友等熟人关系网络在扶贫信息获得，解读辨识，采纳行动和再传播的过程中起着重要的作用。但与此同时农民的信息传播社会关系网络的多元化趋势也不断发展，在传统的血缘、亲缘、地缘关系之外，新兴的业缘、友缘、网缘等关系的影响和作用也逐渐明显。

第三节　扶贫信息传播的制约与影响因素

农村扶贫信息的传播，形式上似乎是一种简单的信息流转，但若仔细研究就会体察到，在贫困地区的农村，这种表面看似简易平淡的信息传播过程，却从更深层次描画出乡村社会关系下为实现经济追求而进行的信息传递与分享图景，以及与其重合的、由传统社会关系和新型关系网络融汇联结而成的熟人关系网络。乡村的社会关系、熟人圈、农户自身、政府组织等都参与到扶贫信息的传播中，形成一种新的社会关系网络，充当着信息桥，作用于扶贫信息的传播流动。

一　扶贫信息传播的主要制约因素

（一）成就动机缺失

人的活动总是指向一定的日标，总是力图在某些方面取得成就。美国学者戴维·麦克利兰（David C. McClelland）认为，成就动机是个人所具有的试图追求和达到目标的驱动力，也是社会发展的主要推动力之一。[①] 在克服障碍和困难的过程中，成就动机使人正视所遇到的挫折和失败，表现出极大的韧性和毅力，不达目的决不罢休。

但调查发现，在西部一些地方的贫困农民文化水平低，思想观念保守，安于现状，恪守传统，通过自己努力实现脱贫的心理动力不足，更无“成就动机”。在对待扶贫信息的态度上，缺少现代信息意识，习惯

① 转引自周毅《现代化理论的六大学派及其特点》，《当代世界与社会主义》2003 年第 2 期。

于被动接受外界信息，没有认识到扶贫信息对于脱贫致富的重要性，喜欢帮扶单位直接送上现金或生产、生活物资。尽管有摆脱贫穷的欲求，但脱贫致富的“成就动力值”不高，已形成习惯性的惰性，宁可“等、靠、要”守株待兔式地等着别人送上门，而不愿积极主动地搜寻能使自己脱贫致富的信息，这就使得如期脱贫困难重重。

（二）没有承担试错的风险能力

对扶贫信息的采纳和利用十分小心谨慎，是贫困地区扶贫信息传播的一个显著特征。由于严重的资金困难和生产资料匮乏，担心无法承担投入后的亏损风险，因此贫困户在获取扶贫信息后，一般态度都比较谨慎，缺乏冒险与试错精神。这也就很好地解释了为什么贫困地区的农民面对不同信源的信息时，总会更信任和采纳熟人关系网络中传播的信息，并在目睹其获益后，才会效仿身边“看得见、摸得着”的致富样板，由“旁观者”转变为“行动者”。

（三）信息消费能力弱

信息消费涵盖生产消费、生活消费、管理消费等领域，覆盖信息服务如语音通信、互联网数据及接入服务、信息内容和应用服务、软件等多种服务形态；覆盖手机、平板电脑、智能电视等多种信息产品；还包括基于信息平台的电子商务、云服务等间接拉动消费的新型信息服务模式。信息消费是一种直接或间接以信息产品和信息服务为消费对象的经济活动，信息作为最重要的生产力软要素，可以通过对其他一切要素的有序组织和总体协调提高劳动生产率和劳动生产的效益。

“信息消费购买力”是评估受众人群在信息消费方面经济能力的重要指标之一。一般贫困地区受众的信息消费能力普遍很低，有的贫困户的信息消费能力甚至为零。受访农民中大多数人表示从来没有而且不会主动花钱购买信息产品或信息服务，这就使得现代化信息接收终端的使用率处于很低的水平。在信息社会，不接触、不使用现代信息接收终端就意味着陷入“信息孤岛”，信息的匮乏必然加剧“知识鸿沟”的扩大。西部大多数贫困地区自然环境恶劣，地域广阔但人口分散，现代信息传播基础建设落后，贫困农民所获得的信息机会和信息量都很少。而且贫困地区的扶贫信息又主要倚赖人际传播，不但信息量少、信息面狭小，还常常带有主观随意化的成分。这些缺陷影响着传播过程的稳定性，若是传播中的某一链环有失，传播全链条就会立刻中断或停滞，对于扶贫信息的传播极为不利。

（四）扶贫信息传播效果反馈滞后

有效的反馈机制能够保证信息传播的正常运行并产生良好的现实效果，是现代信息传播系统的重要组成部分。[①] 西部贫困地区农村的扶贫信息传播尚未建立起及时、必要的反馈机制，因而很难对传播效果进行准确的评估。目前最常见的反馈方法是通过行政渠道逐级上报，即作为信息受传人的农户对扶贫信息的需求经村民小组长上报到村里，村委会再向中心村或乡镇转呈汇报。扶贫信息传播效果的反馈程序也大抵如此，在县和乡镇两级则习惯于通过会议、现场参观调研等传统方式来了解扶贫信息的传播效果，这种单纯凭借人力收集反馈信息的方式不仅太过原始，也无法保证得到迅速及时的信息反馈。

二　“差序格局”下乡村社会关系网络对扶贫信息传播模式和途径的影响

费孝通当年运用社会结构分析方法解剖中国传统社会，指出中国乡土社会人与人之间的关系，是一种以亲属关系为主轴的差序格局下的网络关系，具有浓郁的人情色彩的中国乡村基本上都是按照这种“差序格局”来安排和固定人际关系的。每个人都以自己为中心结成网络，将自己与他人分为亲疏远近各不相同的关系排列，形成差序格局。这个由形形色色各种关系编织而成的“关系型”社会，个人的社会关系网络总是始于差序格局下的亲疏关系。研究中国乡村社会的信息传播和农民的信息行为，绝不能忽视他们的社会关系所起到的或明或暗、或多或少的影响和作用。每个人都生活在特定的社会关系网络之中，任何行为都与它息息相关，甚至农民的价值取向、生产经营、交朋结友等日常生活也无一不受其影响。

（一）人际传播是扶贫信息传播的主要模式

人际传播是信息在人与人之间的流动和扩散，并在传播的过程中实

---

① 翁列恩、钱勇晨：《我国公共文化服务需求反馈模式研究》，《文化艺术研究》2014 年第 2 期。

现信息的意义和价值。这种最古老的信息交流方式，在中国农村有着深厚的社会基础和传统。尽管现代媒体的影响力已经渗入农村并且正在重构乡村的信息传播形态，但是囿于长期以来的文化传统、经济条件和社会习俗，特别是信息接受习惯，农村社会中最直接、最频繁的信息交流方式仍然是人际传播，也是农户日常交往和扶贫信息传播的最主要方式。同时，以社会关系网络为主要传播途径的乡村信息传播，也自然会以人际关系为依附并且受其制约和影响。

对贫困户而言，扶贫信息是一种能够帮助自己或他人走上脱贫之路的资源和社会资本，其经济意义和内在的利益价值不言而喻，因而扶贫信息的获取和传播就具有了特殊的内涵。从扶贫信息传播过程来看，农村社会关系网络对信息传播有着不可替代的作用，最直观的体验和本质差别在于：社会关系网中的人际关系亲疏和密切程度影响着信息的传播范围、传播的频次等，形成信息传播的明显差异。经调查证实，扶贫信息传受双方之间高频次、长时间的交流大都会在比较亲近的人际关系对象间出现，其发生概率超过非亲近关系对象。若以使用社会关系的数量多少或者交流频率的强弱来判断，可以看到，在扶贫信息传播过程中，贫困户的信息获得、再传播会有一个明显的由近及远的差序排列，依次为家庭成员→宗亲/姻亲→朋友→村人→同行/同事→其他相熟者等。这种有着鲜明的亲疏远近关系特点的传播排序，反映了乡村社会的人际交往特别是涉及经济利益的交往，不仅深受差序格局下人际关系网络的影响和制约，还要遵从其约定俗成的交往规则。

（二）传播途径与熟人关系网络的叠加重合

贫困的经济社会环境使得同地域贫困农民的文化程度、收入水平以及所从事的种养殖行业等都具有较高的同质性，其交往范围和信息交流的对象也大体由人际关系的亲疏远近来决定。调查显示，在扶贫信息的获得、辨识、采纳、实施、再传播各环节中，互动交流非常密切的关系对象包括家庭成员、亲戚以及朋友、村邻、村干部、同事同行等非亲属关系，他们对传播各阶段都会产生不同的影响。

在庞杂繁复的社会关系网络中，家庭和家庭亲缘关系始终占有核心地位。在一般情况下，当个人穷困潦倒时，多由家庭直系亲属构成的关系网络给予经济、情感、心理等方面的资助和支持；而在否极泰来时，其关系网络又会扩展至其他亲友。千百年小农经济形成的乡村文化传统和血缘、地缘天然接近性所构成的关系网络，对于农民生产、生活的影响无所不在。由于家庭是社会关系里最重要的构成，家人在扶贫信息传播的全过程中就起着决定性的作用。农村的家庭于个人而言，不仅是生活的载体，而且家庭集中了农民的全部生产要素。改革开放之初，在家庭联产承包责任制度下农户只有以家庭为单位才能实现自己的经济利益，但是，随着市场经济的不断发展，家家有地、户户种田的小规模经营方式显然已无法适应自身的需要，这就迫使农民将视野投向更为广阔的外部世界和市场，而个人的社会关系网络也随之扩展。扩展社会关系通常有两种渠道：一是巩固强化自己的亲属关系；二是扩充非亲属关系。这样就形成了一个由直系血亲/近亲 + 旁系亲属/远亲 + 熟人三种元素组合而成，从亲到疏、自近而远的关系网络。尽管如此，乡村社会传统的人际关系和人际交往规则并没有被完全取代或摒弃，差序格局下个人的熟人社会关系网络仍然在扶贫信息传播中发挥着作用，信息的传播路径也具有了与其熟人社会关系网络高度叠加重合的特征。

（二）在脱贫攻坚战中兴起的新型关系网络

在脱贫攻坚战中，由业缘、友缘、网缘等构成的农村新型社会关系网络是一种新兴的传播渠道和传播方式，在扶贫信息传播中也发挥着重要的作用。主要基于血缘、亲缘、地缘构成的乡村传统关系网络，是以“亲情”“人情”为代价，通过非直接交易方式去实现等价物或其他资源的交换；而维系农村新型社会关系的基础则是公开的社会交换，对此农民们并不讳言。特别是随着市场经济的思想和理念逐渐渗入乡村，新的社会交际手段和工具日益普及，农民的价值追求已趋向功利主义。基于互惠互利法则的驱动和市场经济的理性与契约精神的影响，乡村社会人际关系正在向契约式的互利合作型方向发展。很多农民本人构建的关系网络已突破了血缘、亲缘、地缘的传统，以从事的行业、改善生计的需要或共同的追求为媒介积极扩展亲属、同乡之外的人际关系。这种在现代社会观念和理性的指导下建立起来的社会关系网络，以平等、互利、竞争、协作、尊重个人隐私权等为特征，不仅使得人际关系更密切、更和谐、更健康，是农村社会文明进步的重要标志，也极大地拓展了扶贫信息的传播空间，扶贫信息的传播更为迅捷、范围更广、效率更高，而农户自己在脱贫致富过程中也能获得更专业、更有效的帮助。

我们在调查西部一些扶贫重点地区农村，仔细审视贫困农民的新型社会关系成员时不难发现，他们大体可以分为三类：一是当地的乡镇、村干部；二是驻村帮扶的党政机关和企事业单位干部；三是本地的脱贫致富带头人，几乎囊括了乡村的经济精英、政治精英和社会精英。在扶贫信息传播领域，他们的共同特点是有一定的信息素养和信息传播能力，对脱贫致富信息敏感而且善于发现价值，能够积极搜寻和主动利用信息，当地贫困农民群体对他们的认同度和信赖感较高，有一定的示范意义和带动效应，是周边贫困农户乐意接受的效仿对象。

三　扶贫信息精准传播的优化

贫困地区的扶贫信息精准传播，既是信息传递的桥梁，又直接影响着贫困户的脱贫实践。扶贫信息的传播主体，应该主动参与信息的生产和传播、信息控制与决策的过程，覆盖扶贫信息的获取、解读、识别、采纳、使用、再传播全链条中的各环节。为提高扶贫信息的传播精准度，真正实现信息扶贫的功效，建设多方参与合作的信息扶贫机制、融合利用乡村的社会关系网络和人际关系渠道，优化扶贫信息的精准传播具有重要的意义。

（一）建设多方参与合作的信息扶贫机制

随着精准扶贫政策的全面实施，各贫困地区对于扶贫信息传播助推贫困农民脱贫致富的认识正在逐步加深，信息扶贫的作用和意义也被广泛接受和认可。但是，信息扶贫仅靠单一主体是不可能实现的，还必须动员政府、贫困群体、企事业单位、大众传媒等社会各方积极参与并开展广泛有效的合作，形成制度性的合作机制。这种合作机制可以有效整合扶贫资源，提高扶贫的成效。信息扶贫的参与主体主要涉及三个方面：贫困地区的农民群体、贫困户的社会关系网络、政府和各类企事业单位以及传媒机构等社会组织，他们既代表着社会参与的广泛性，又具有信息扶贫的条件和能动性，可以依据各自的角色功能，协同合作积极参与信息扶贫事业。

多方参与信息扶贫的合作机制，需要各参与主体的共同努力。贫困地区财政困难，资金不足，人才、技术等资源匮乏的情况极为普遍，同时出于经济利益的考虑，完全市场化运作的企事业单位和传媒机构对贫困农民群体受众精准性的信息传播很不充分，作用也无法显现。因而在目前的“以政府为主导，贫困农民为主体，社会力量广泛参与”扶贫模式下，建设一个能够充分满足贫困农民信息需求、激发其脱贫致富奔小康内生动力的信息精准传播网络显得尤为必要。

（二）引导鼓励社会组织参与、促进扶贫信息的精准传播

在这个网络中，仍需坚持以政府为主导、社会力量积极跟进、参与主体各司其职的原则。政府的职责主要是规划扶贫信息精准传播系统的“顶层设计”，做好政策引导和措施落地，同时还需加强贫困地区的信息化基础设施建设，优化信息传播环境，完善信息内容建设，扩充和丰富各种公共资源，促进扶贫信息流转，满足贫困农民对于扶贫信息的需求。

大众媒介、企事业单位、涉农企业等社会组织既是政府精准扶贫服务职能的延伸，又是参与精准扶贫的重要力量，在扶贫信息精准传播网络建设中有着独特的优势和起着举足轻重的作用。社会组织应该在发动社会力量，聚集信息扶贫资源，实现信息资源的优化配置，加强和扩大扶贫信息的生产，积极传达党的惠农富农强农政策，开展贫困农民技能培训，提升扶贫效能等方面发力。如传媒机构对推动贫困地区经济社会发展，帮助贫困农民群众脱贫致富既负有义不容辞的社会责任，又具有传播专业优势，应该大力拓展传播渠道，积极向聚合媒体转型，实现全媒体的多元化传播，加强传播内容的针对性和适用性，为农民提供多样化的生产生活信息；又如企事业单位驻村扶贫工作队通过对贫困户的种养殖技术培训、务工技能培训、网络远程教育等方式提高农村贫困群体的脱贫致富能力；涉农企业通过项目扶贫，让农副产品市场行情、供求信息、种养殖知识技术进村入户，促进扶贫信息的有效流转，助力贫困农民学技术促就业，带动扶贫产业和农村区域发展，使农民增收，企业盈利，实现社会效益和经济效益的双赢。

（三）注意发挥乡村“熟人型”社会关系网络的信息传播功能

如前文所述，乡村“熟人型”社会关系网络不仅在农民生活中有着重要位置，同时也具备信息传播功能，因此正确引导利用其传播功能服务“精准扶贫”战略实施，也是优化扶贫信息精准传播的必要内容。

在西部贫困地区农村，信息获得和信息再传播是“熟人型”社会关

系网络的一个重要功能。与中东部经济发达地区的农民能够主动利用现代信息媒介和技术搜索信息、寻找解决方案不同，西部地区贫困农民还是惯于从“熟人圈”里搜寻打听自己所需的信息，因为这一渠道的信息不仅来得快捷方便、成本极低，而且通俗易懂、可信度高。因此对于经济困窘、信息来源匮乏的贫困农民而言，“熟人型”社会关系网络无疑是获取信息的最佳选择。但它也有着明显的缺陷：这个“熟人圈”的成员，特别是亲友乡邻，在教育背景、文化知识水平、经济状况等方面常常具有高度的同质化和相似性，在圈内流转的扶贫信息量小，重合率高，传播主体随意率性而为，传受双方彼此间能够有效传播的信息不仅零乱且高度重复。

针对这种状况，政府部门要注意引导和利用乡村“熟人型”社会关系网络的信息传播功能，既不能简单地一扔了之，又要扬其长避其短，动员体制内有威望有较高信息素养的基层干部、驻村扶贫工作队和体制外的致富带头人、消息灵通人士、精通时事的村能人等乡村精英主动介入其中，充分发挥“头羊”的示范引领作用，传播和使用扶贫信息并取得扎扎实实的经济收益，让贫困农民能够看得见、摸得着，积极行动尽快脱贫。

西部地区农村精准扶贫语境下的扶贫信息传播，应充分注意乡村社会形态复杂的制约影响因素。扶贫信息的传播扩散、利用和生效，都必须借力于乡村社会人际关系和社会关系网络的影响与传播功能。脱贫攻坚战略虽然体现着国家的意志并通过国家权力推进实施，但具体到农村的社会环境，其固有的文化历史传统、思想观念、乡风村俗、人际交往、社会关系规则等因素都会产生显性或隐性的影响。就以作为重要扶贫资源的扶贫信息而言，也须经过构成乡村社会的各种形态才能传播传递给贫困农民，因此要提升扶贫信息传播的精准度和信息采纳功效就必须高度重视乡村社会的构成形态。

虽然市场经济的深入发展促使农村的传统观念发生显著改变，但多数农民看重血缘、亲缘和人情的传统并未发生变化。工业化、城镇化的浪潮无法完全根除乡村社会有亲疏远近之分的关系结构和权力格局，农民的人际关系和社会关系网络依然是实现扶贫信息精准传播的重要途径。经过农民人际关系网络对扶贫信息的收受、解读和重新加工后的二次传播，可以增进信息传播的精准度和现实效能。在扶贫信息精准传播链中，政府、传媒机构、扶贫社会力量应争取乡村精英、农民社会关系网络的协同配合，注重发挥乡村“熟人社会”“关系社会”的信息传播功能和引领效应，让扶贫信息通过组织传播、大众传播、群体传播、人际传播等多元化的传播渠道，形成一张紧密的扶贫信息传播之网，加强对贫困户的扶贫信息精准推送，激发贫困农民群体脱贫的内生动力，扶志又扶智，助其自强励志，依靠勤劳智慧改变贫穷落后面貌。

第六章

脱贫攻坚战中的媒介新话语

中国的精准扶贫、脱贫攻坚战略是在全球经济一体化和社会信息化的大背景下实施的，媒介话语在脱贫攻坚的精准传播中有着重要的作用和意义。精准扶贫的对象是贫困地区农村的贫困群体，但是产生贫困的原因却又不能只归于农村，事实上形成农村贫困的历史和现实因素极为复杂。比如，当中国的许多城市迅速进入互联网时代，享受着信息化社会的诸多便利时，广大的乡村却还没有完全摆脱“信息孤岛”的困境。虽然近年来随着国家加大对农村基础设施建设的投入，信息化的触角不断向农村延伸，现代媒介和接收终端也走进了寻常农户家庭。但贫困农民群体并非像预想的那样很快就能融入现代媒介传播环境，他们在信息传播过程中的弱势地位没有发生明显的改变。作为精准扶贫的对象和脱贫攻坚的重要参与者，他们应该有更多的话语表达权，这不仅是精准扶贫的战略需要，也是打赢脱贫攻坚战的重要保障。因此，发现和重构脱贫攻坚的媒介新话语，在多元化的媒介表达空间中，着力扩展脱贫攻坚媒介话语的传播强度、范围和深度，把扶贫信息精准传送给每一个贫困农民，是精准扶贫必须面对和解决的迫切问题。

第一节　国家赋权话语与乡村基层权力话语

“话语”作为一个西方文化研究中的概念，其内涵含混且复杂。按照法国哲学家和思想史学家米歇尔·福柯（Michel Foucault）的论述，

“话语表达了欲望，显示了权力，其本身就是一种权力/实践的关系”。[①]如若在日常生活实践中解构权力的概念，那么可以得知，权力既生产知识又生产实践。因此福柯认为，不存在一种不受权力影响的话语，也不可能用这样的话语来进行批判。在他看来，“权力的多种运作方式体现得最明显，但最难识别的也是话语。话语传播着权力的影响，在整个现代社会体系中，它们是权力的替代品”。[②] 正是在这个意义上，话语和权力被紧密地联系在一起：话语是权力实践的一种方式，而权力则是话语的潜台词。当然，这里所说的权力并非通常意义上理解的权力，而是指“通过规范化的监视、检查和管理来运作的一种轻便、精致、迅速有效的权力技巧”[③]。

在人类的历史长河中，发展始终是永恒的主题，人类的发展表现在社会生活的各个方面，其中最为重要的是为满足交际和交流信息的需要而在劳动过程中产生了语言，并持续不断地发展语言信息技术、改善语言生活。比如进入21世纪的网络时代后，网络就以更加“技术化”的话语改变、影响着人类社会和生活。在脱贫攻坚的精准传播中，如何建构与之相适应的媒介话语和网络话语，消弭贫困地区信息鸿沟，防止信息传播的边缘化，争取媒介话语权，是脱贫攻坚要攻克的一个制高点。

精准扶贫是国家的重大战略，精准扶贫的媒介话语也必然体现着国家的权力和意志。有了话语的产生、积累、流通及运作，权力关系才能在社会关系中产生、确立、巩固和采用，并且使国家权力和意志在社会关系中所运用的意识形态得以表达。因此将国家战略与信息传播结合起来，根据精准扶贫战略的要求，构建精准扶贫的新话语体系，发展和建设新的扶贫文化，是各级地方政府、各类企事业帮扶单位、社会组织和传媒机构应高度重视的问题。

一　派驻扶贫干部的赋权话语

各种语言媒体都以某种话语媒介为基础。没有文字的时代，声音是人类主要的话语媒介，发展到现代，光波和电波作为话语媒介被广泛应

---

① 转引自刘北成编著《福柯思想肖像》，北京师范大学出版社1995年版。

② 陈炳辉：《福柯的权力观》，《厦门大学学报》（哲学社会科学版）2002年第4期。

③ 陈炳辉：《福柯的权力观》，《厦门大学学报》（哲学社会科学版）2002年第4期。

用到社会生活所有领域。随着语言媒介种类和形式的不断进步，人类的"语言媒介武器库"日益丰富，使得整个人类社会的生产方式、生活方式乃至人们的价值观念都发生了根本变化，也大大提高了整个社会运行的速度和效能。

任何一种信息的传播都必须借助特定语言媒介的技术、形态及传播方式，媒介的文化内涵就体现在信息与传播的关系之中。语言媒介都有自己的载体，如同文学作品用文学话语媒介所创造的艺术形象那样，话语媒介在自身的文化框架内运作并发挥其信息传播功能，文学话语媒介就是其艺术形象的真实表达。同样地，国家意志和权力也是通过特定话语的媒介建构来完成表达的，权力话语以贯彻国家意志和行使国家权力为己任，通过与话语媒介传播功能的连接转换为表达国家意志和权力的信息传播。

国家意志和权力的话语媒介表达形式很多，包括法律法规、行政规定或命令、文件、国家领导人口头或书面的指示、各类会议、政府大型规划、具体行动计划及相关策略等。精准扶贫中的权力话语以国家权力和意志为倚靠，是精准扶贫的主流话语，保障着国家精准扶贫战略的顺利实施并成功达成目标。因此，权力话语代表着国家形象，承载着国家资源，行使着国家权力。话语的背后是国家意志的体现，是传递引导国家精准扶贫政策落地的话语媒介。

精准扶贫战略是国家权力通过自上而下的科层制组织，运用赋权话语媒介，以派驻的"第一书记"和扶贫工作队为载体，以"精准扶贫"为话语，实现"农业强、农村美、农民富"的乡村振兴目标，完成国家权力对乡村社会的治理和国家政治认同。[①] 由于扶贫工作难度加大，扶贫效益边际递减，中央自 2012 年开始在安徽、山东省贫困农村试行派驻"第一书记"制度。2013 年中央印发文件，要求各地选派驻村干部，加强脱贫攻坚一线工作力量，实现贫困村驻村工作队全覆盖。此后，从中央、省、市、县各级机关和企业事业单位选调下派的大量党员干部卷起行囊，下沉到偏远贫瘠的乡村山寨担任第一书记和驻村扶贫工作队，帮

① 王越、费爱华：《从组织传播到大众传播：国家治理乡村社会的策略演进》，《南京社会科学》2012 年第 4 期。

助带领那里的群众脱贫。至今，全国累计选派驻村干部290多万人、第一书记20多万名。驻村工作队、第一书记这种有形的国家权力形象的存在，通过话语媒介将精准扶贫的国家政策文件信息内化为符号文本，使其进村入户，以走访、对话、现场调查、会议传达等形式实现传播。符号文本的传播运用这些具有“仪式感”的话语表达形式来进行，使精准扶贫的国家意志被农民所知晓、理解和得以贯彻实施。驻村工作队、第一书记被赋予的国家权力和权力话语所特有的“仪式感”，创建营造出一种脱贫攻坚场域内的共同话语准则与行为规范。驻村工作队或第一书记在村寨扶贫一线现场的存在本身就是精准扶贫信息的传播，而且较其他传播方式更权威、更有效。权力话语使贫困农民群众准确地接受和解读了国家权力传导下的扶贫政策信息，激发起紧迫感和内生动力，聚焦如何脱贫的特定目标，积极投入脱贫行动中去。在媒介话语传播过程中，驻村工作队和第一书记既是扶贫信息的生产者、接受者，同时又是传播者，肩负着打通精准扶贫最后一公里，将国家意志变为贫困农民群体的自觉意识和行为的使命。驻村工作队和第一书记可以在国家赋权和贫困群众相勾连的传播空间里大展身手，作为国家机关直接与农村联姻，扶贫项目直接在贫困村落地，干部直接与贫困农民联动的“驱动器”，使脱贫攻坚的国家意志与贫困群众的脱贫致富意愿和追求融为一体，在精准扶贫的媒介话语场域内，国家权力形象话语和贫困农民脱贫话语直接对接，有了更为紧密的联系和共同性表达。

抽调优秀干部组成扶贫工作队将其派驻到贫困村或担任“第一书记”是中央解决“三农”问题的一项重要制度创新，是精准扶贫政策的组成部分。驻村工作队和第一书记所负载的国家权力和意志形象话语，实质上是国家权力在有效实施的界域和范围内以建构扶贫媒介话语的方式来强化自身权威，通过外部力量的派驻，实现国家对基层的“嵌入式”治理，是国家所预期的权威与秩序得以达成的一种治理努力与实践。因此在精准扶贫的语境下，驻村工作队和第一书记的第一要务就是带领和帮助贫困村发展经济，将扶贫资源下沉到村到户，通过对目标对象的精准帮扶，使得精准扶贫的相关政策和资源在扶贫的最后一个连接点上落地生效，从目标对象贫困发生的根源性因素上发力，解决根源性障碍，帮助贫困村民摆脱贫困。

驻村工作队和第一书记在国家赋权的依托下，虽然占有政策代言和资源筹集调配的优势，但也面临着很多现实困境与问题。精准扶贫是系统性工程，涉及社会各界的多个行动主体，驻村帮扶必须多方合力才能取得成效。驻村工作队和第一书记的国家赋权话语也须加强多维传播沟通，理顺乡村扶贫场域中各个扶贫行动主体之间的交互关系，与乡村其他话语媒介体系相互交融，形成强大的占有主流地位的精准扶贫话语传播网络和舆论场，强化扶贫政策实施效果，带动贫困村和贫困户脱贫。

二 村干部的基层权力话语

第一书记和驻村工作队拥有的国家赋权身份连接着上级选派单位与所驻村的党组织和村两委干部。村两委干部的基层权力话语与工作队、第一书记的国家赋权话语在同一村域的精准扶贫空间内会合，虽然两者的目标相同，但两种不同的话语系统必然会出现既有融合也有碰撞冲突的局面。在国家权力话语层面，是国家由大水漫灌式的扶贫方式转向精准扶贫，向贫困乡村派驻外来力量，加强乡村基层治理，使扶贫资源在基层发挥切实有效的作用，避免发生资源的瞄准偏移，达到资源利用最大化，取得更好的效果。在政策和制度上的设计是通过发挥派驻干部的能动性，为贫困地区农村发展注入新动能，以此缓解或弥补基层政权科层体制的结构性缺陷与不足，形成新的乡村治理格局。

农村基层组织和村干部与农民生活息息相关，是精准扶贫的推动者和实践者，在如期实现精准脱贫工作中有着举足轻重的作用。他们生于斯长于斯，上下左右都是亲戚村邻。在精准扶贫中一方面要面对上面考核的压力，另一方面要应对来自乡村内部的血缘、宗族等各种关系网络的压力。农村基层工作千头万绪，尤其是贫困地区的脱贫攻坚任务繁重、情况复杂。派驻干部代表着国家权力，村两委则代表着村域内部的实际权力。村干部熟悉本地情况，背景深厚，掌握着真正接地气的实际权力。派驻干部必须用当地村干部的社会资本来撬动乡村基层组织的实际权力，借助村两委的权威、信息和关系，争取当地村干部的积极配合与全力支持，如果没有村干部领路，派驻干部可能连有的贫困户家门都进不去。与此同理，贫困村要顺利脱贫，也必须依靠驻村干部的政治优势和资源优势。双方需要形成一种融洽的合作关系，建立和发展彼此的社会关系和人际信任并在此基础上开展扶贫工作。这种关系实际上是社会资本的再生产，也是农村基层工作的必要条件和基础。通过这样的关系再生产，派驻干部和当地村两委干部就能形成一个权责共同体，变成一个真正的脱贫攻坚战斗团队，实现信息、风险和绩效的共享。

无论派驻干部的国家赋权话语，还是村两委干部的基层权力话语，在农村精准扶贫场域中都要遵循国家的意志，并将其作为自己的话语逻辑。扶贫开发的主要目标是推进整村脱贫，因此村域不仅是精准扶贫工作的重点，也是演绎与运作脱贫攻坚话语媒介的核心场域。中央政府负责扶贫开发政策的顶层设计，省以下的各级政府则承担着国家与农民之间的信息传播和话语媒介对接。从中央决策层传播到农村基层的扶贫政策信息，由于中间环节繁多且层层转递，时间节点衔接阻塞不顺，经常会出现两种情况：一是政策发布与落地实施的时间拖延滞后；二是话语媒介在信息传播中发生歧义性的错读误读。这些情况都会影响国家政策的颁行和话语媒介的效力。为避免精准扶贫信息经过逐级传播，在时间和空间上的误读或者扭曲，产生“信息分化”现象，就必须做好各个扶贫主体话语媒介网络的协调与融合，而其中最主要的莫过于派驻干部国家赋权话语和村两委干部村域实际权力话语的深度融合。村干部都是村里的能人强人，对村里情况知根摸底，消息灵通，既有长期基层工作的经验，又有经过千锤百炼、易为村民理解接受的实践话语，他们根据本村实际谋划实施的扶贫策略更能收到精准之效，很好地补上了派驻干部的短板。对于村两委干部而言，派驻干部不仅是促进整村脱贫的“助推器”，也是建立自己的社会关系网络、学习管理知识、积累人脉、提高锻炼各方面能力的良好媒介。两种权力话语的融合，就会实现传播方式上的革新，打破旧有的乡村信息传播格局，使国家意志在农村基层得以顺利实施并得到合法性认同。

第二节　大众传播中的农村弱势群体话语与精英话语

大众媒介的信息传播最具公开性和直接性，大众媒介利用自己的覆盖力和影响力，将体现国家意志的扶贫政策信息毫无阻碍地直接传达到农村的每一个角落，使得贫困农民享有了获取信息的平等权和对国家政策的知晓权，与等级分明、控制严密、逐级传递的组织传播相比，大众媒介使农民实现了与国家政策的直接“面对面”，完成了普通农民和国家最高权力之间“直通车”式的全新关系建构。

虽然大众媒介由于其广泛的覆盖面和强大的影响力而成为农民知悉国家政策的主要渠道，但是，大众媒介对于占全国人口将近半数的农民受众群体却不十分关注。它们的受众定位大多以满足城市受众的需求和口味为主，服务对象高端化、传播内容娱乐化、传播风格小资化，是时下很多大众传播媒介的通病。这种有意识地避开弱势群体，选择性地遗忘农村和农民，在本质上是一种传媒歧视和传播错位。自新闻出版体制改革后，大众传播媒介被推向市场，成为自负盈亏的市场经营主体，为了自身的生存与发展，必然将营销重点放在经济更为发达、信息消费水平更高的城市。以农民为目标受众的农村媒介市场不仅无法带来可观的收入，而且很多对农传播的媒体或节目严重亏损，成为被淘汰的对象。比如中央电视台推行“末位淘汰制”后，第一个停播的就是《农业新闻》；曾广受农民欢迎、在农村颇有影响的农业科技栏目《金土地》，由于达不到央视要求的收视率和广告收入指标而停播，至于那些过去有着不错发行量的农村报纸也难以为继，大多都已停刊，仅存的几家也是勉力支撑，处境艰难。

一 贫困农民群体的媒介话语缺失

从目前的情况来看，脱贫攻坚中的大众媒介传播主要还集中在国家的精准扶贫政策宣传和各地脱贫致富的典型经验报道上，大多仍然是以俯瞰的视角进行平面化的信息传播。在乡村社会层面，对于农村精英阶层的关注度也远远高于农村贫困弱势群体，贫困农民在信息传播领域里的弱势地位并没有得到明显改善。大众传媒缺少对农村基层社会的细致观察、持续关注和深入了解，在信息传播领域不能有效保障农村弱势群体的权益，农村弱势群体话语边缘化的趋势并没有被明显遏制。

在市场经济条件下，如何实现经济效益最大化，在激烈的媒介市场竞争中求得生存与发展，是媒体在商业化背景下的必然选择。因此，当农村市场还没有向媒体展示出明显的商机和盈利可能性时，媒体在无法预测的市场风险面前只能驻足不前甚而退避三舍。从另一个角度来看，农村经济发展水平低，媒介市场发育不成熟，信息消费不旺的客观现实也影响、限制了媒体开拓农村媒介市场的意愿和动力。

同时，大众媒介在扶贫政策的传播中，还缺少一种基于对农民的信息接受和解读能力关怀的表达转换机制，能够把官方文本形态的政策信息转化成通俗易懂、简单易记的话语表达形式。时下很多大众媒介的对农传播仍然板着一副“都市脸”、操着一口“城市腔”，造成农民接受和解读政策信息时的诸多困难，形成内容表达和受众之间的“信息鸿沟”。究其原因，还是在政策制定、传达实施以及政策评价的各个环节中，农民群体既无法参与，也极少有机会发声表达自己的意愿与诉求，往往都处在“被传播”“被实施”的地位，本来是扶贫政策受惠对象的贫困农民却因为话语权的缺失而经常被置于集体“失语”状态，即使有话语表达也常常只是一种形式或走走过场而已。

这种漠视农民弱势群体话语表达的现状，在一定程度上是由大众媒介的商业化定位和市场价值取向所形成的，由此使得农村媒介生态严重失衡：一方面贫困农民群体急于获取的扶贫脱贫政策信息和实用信息不能顺畅及时地被传送抵达，而另一方面大众媒介在农村农民的生活中只能起到日常娱乐的作用，其应有的信息提供、信息引路、社会整合与协调、社会文明的规范倡导与监督、文化引领、遗产传承等重要功能的发挥都十分微弱，贫困农户了解政策信息和学习脱贫实用技术的意愿也不能得到满足。这使得大众媒介在全国上下齐心协力打赢脱贫攻坚战的背景下处于一种颇为尴尬的处境：在对农扶贫信息的传播中既无法克服贫困农村信息基础落后薄弱的现实局限，又受到自身传播结构缺陷与传播功能不足的制约；既要完成上级主管部门对于信息扶贫的刚性要求，又要考虑自己的经济效益。以电视为例，我国广大农村早已顺利完成电视“村村通”工程，电视信号已经覆盖了全国所有 20 户以上的行政村。虽然电视具有视听相融、声画一体、注意率高、传播面广的特点，但由于传播方式过于单一，不具备网络媒体多样化的媒介功能，线性传播的短暂性和即过性、信息接受的被动性使电视传播的功能缺陷日益明显，很多农村居民只把它作为一种单纯娱乐消遣的工具。再如网络，很多村寨虽然已经实现了移动互联网的信号覆盖，但贫困农民能上网、会上网的却寥寥无几。在网络时代，一个群体不上网就难以发声，他们的诉求、样貌就难以被外界察觉和认识，不知道他们每日所思所想，因为他们大多数时间都是“沉默者”。

大众媒介在扶贫信息的传播过程中，常常出于传媒趋利性的考量，有意无意地漠视信息消费能力低下的贫困农户群体，为他们提供的切实有效的扶贫信息与实用技术节目不仅数量稀少，在质量上也很难满足其需要。

由于上述各种因素的叠加，贫困农民在大众传播中的话语缺位与大众传播对农传播的错位就成为脱贫攻坚信息传播中的经常性现象。

二 乡村精英话语

乡村精英之所以被称为精英，是因为他们在村庄的特定场域中有着超过一般农户的政治经济文化资源与实力，对于乡村基层政治生态和权力格局的认识远高于普通群众，如乡镇村干部、种养殖大户、工程承包者、离任村干部、退休教师或医生、商品经纪人等。这个群体的经济地位和文化知识水平较高，与外界的社会交往和商业往来密切，见识多、信息灵、眼界开阔、思想观念新，在村里有一定的威信和号召力，在乡村社会文化系统内占有相当的话语权。

大众传播、组织传播的媒介话语，在很多情况下要通过农村精英阶层才能完成对普通农户的影响，他们将媒介话语信息纳入传统的乡村社会关系或宗族血缘网络以人际交流形式进行传播。乡村的人际社会关系网络既是亲情友情的纽带，又是信息传播扩散的中心。乡村精英在这个信息传播网络中一般居于意见领袖的中心位置，利用其威望和影响力可以使信息贫乏闭塞的贫困农民接触到外部世界新的思想观念和脱贫致富的种养殖技术。与城市的信息传播形态大不相同的是，贫困农村里的人际传播较之城市有着更加广泛的空间和运用，首先是信息获取更为便捷而且成本低廉，其次是农民普遍认为来自人际传播渠道的信息真实可信，可以消解对信息不确定性的疑惑。

中国乡村社会的媒介话语系统基本上是由精英话语主导的，形成这种这种格局并非偶然。在资源上，体制内精英掌握着国家赋予的政治资源，是国家意志和政策的传达者与执行者，体制外经济精英拥有一定的经济实力和资源，可以吸纳就业带动村民脱贫；在乡村社会文化层面，文化精英以其思想、知识、人脉关系网络等对民风民俗施以影响，形塑村庄的面貌。由于贫困乡村的封闭，普通农民很难获取外界信息，而精英们凭借自己的独特优势拓展与外界的信息传播渠道，使村民获得更多的信息。他们充当着国家与农村互动的桥梁和承上启下的中介，在乡村社会的媒介话语系统里有着相当的权威性和一定的垄断性。

三　精准扶贫场域内交织相连的媒介话语

当各个体系的媒介话语都在农村精准扶贫话语场域汇聚交集时，驻村干部、村两委、贫困农户与乡村精英各自所代表的话语必然会在这个有着统一话语规范和准则的媒介网络空间里发生多维度的交互联系和转换。在这个空间里，代表国家意志的精准扶贫话语意义规定着其他各种不同媒介话语的融汇互渗，使之变成一个多种成分交织相连，以精准扶贫为话语意义主旨的新型媒介话语空间。在其生产和传播过程中，体现着脱贫攻坚战略的国家意志和权力的话语表达必然居于主导地位，但即使如此，它也应该为其他媒介话语表达留出一席之地，以容纳或平息矛盾冲突。精准扶贫的媒介话语场域通过话语意义的生产和传播，勾连着参与精准扶贫各方的权力责任和利益，实际上是各方权责利边界的重新调整分配和行动规则的重新规范。精准扶贫话语场域以媒介话语为信息文本，由贫困农民解读信息并最终决定采纳行为，他们通过解码信息参与到媒介话语文本的生产过程，最终会反映出精准扶贫媒介话语传播的实际效果。要注意的是，在精准扶贫的媒介话语场域中，虽然有着现代化的信息传播技术、渠道和手段，但并不能取代乡村原有的传播方式和传播体系，人际传播依旧是农民最熟悉最方便的信息交流方式并被广泛运用。乡村的文化习俗传统仍然代代沿袭传承着，春播秋收、红白喜丧、农事节气、人情往来等无不受此影响。因此，精准扶贫的媒介话语传播如不能有机地融合乡村信息传播的其他话语元素，其影响力就无法显现。

精准扶贫的媒介话语场域本身由多种成分交织相连而成，多维度的交互联系使得场域内的媒介关系错综复杂：国家权力与乡村基层权力、社会帮扶单位、贫困群体、大众媒介、农村精英的关系，乡村基层权力与贫困群体、大众媒介、社会帮扶单位、农村精英的关系，大众媒介与贫困群体、乡村基层权力、社会帮扶单位等的关系，等等。它们在精准扶贫话语意义的规定下形成合力，为贫困地区农村坚决打赢脱贫攻坚战，确保如期全面建成小康社会提供精准扶贫的思想、组织、舆论、资源和信息保障。

不能将国家权力以强力手段实施精准扶贫战略单纯地理解为只是消除农村贫困，帮助贫困农民脱贫，打赢脱贫攻坚战是实现乡村振兴战略第一步的底线要求，乡村治理是精准扶贫战略的目标之一，更是乡村振兴的基础。没有乡村的有效治理，就没有乡村的全面振兴。2019 年 6 月，中共中央办公厅、国务院办公厅印发的《关于加强和改进乡村治理的指导意见》指出，加强和改进乡村治理，用中国特色社会主义文化、社会主义思想道德牢牢占领农村思想文化阵地。[①] 因此精准扶贫话语媒介场域还承载着国家意识形态对农村文化的规制，通过发动和实施精准扶贫事务来实现对农村文化的控制，以保证乡村文化不背离正确的轨道，为此国家在精准扶贫中综合运用多种扶贫方式和形态，例如信息扶贫、教育扶贫、健康扶贫、产业扶贫、文化扶贫等，也都是为了达成这一目标。

但是精准扶贫媒介话语在传播模式、传播内容、传播规范等方面都有其自身的内在规律，场域内外都是弱势话语群体的贫困农民在纷至沓来的新信息和新观念面前经常茫然无措，解读识别扶贫信息时的错读误读率很高，因此消极对待甚至抵触精准脱贫的事情也时有发生。贫困农民的经济条件和消费能力成为精准扶贫媒介话语推动扶贫工作深入发展的一种阻力，再加之农村文化场域内部各种势力和关系交错纠缠，相互抵消，无法形成正能量合力，致使其走向有了更多的不确定性，也在一定程度上妨碍了国家意识形态对乡村文化的影响与控制。总之，沧海桑田，经过了巨大历史变迁的当下中国农村文化与传统乡村文化已不可同日而语，但在整体上还保留着很多传统。在这样的语境下，贫困农村的精准扶贫话语场域就成了一个既有着明显的现代化影响，又与生生不息

① 中办、国办：《关于加强和改进乡村治理的指导意见》，中国政府网（www. gov. cn/zhengce/2019 -06/23/content_ 5402625. htm）。

顽强存在的传统同在，共存于乡村文化共同体中。

第三节　建设脱贫攻坚的媒介传播新话语

党和国家以举国之力制度化和强制性地推进的脱贫攻坚战略，是着眼于解决发展不充分不平衡，弥补农业农村发展短板，将农村经济社会发展整合在国家总体发展战略之中，实现农业农村现代化而作出的重大决策。脱贫攻坚媒介新话语正是这种硬性治理的体现，它运用各种直接或间接、更易于为贫困农民群体接受的地域性媒介话语和传播网络传递、解读国家的意志与政策。它是国家权力连接基层政府与贫困农民群体的媒介话语，让国家权力和意志在贫困农村直达落地，不仅要重构和改善贫困乡村的政治经济生态环境，而且要平衡乡村社会媒介话语场域的各种力量博弈，建立起农民对国家的政治认同，重塑具有现代意识的国家观念。

脱贫攻坚媒介传播话语在多元化的媒介表达空间中，通过国家赋权话语与乡村本土权力话语、大众传播话语、贫困农民群体话语、乡村精英话语等多个话语媒介的交互联结，在精准扶贫媒介场域形成一种相互作用、相互影响的新型媒介话语系统，在精准扶贫中发挥了重要的作用。尽管贫困地区的信息传播还没有完全摆脱固有的形态和模式，但由于新媒体的普及已发生了很大的变化，突破了过去的单一人际传播方式，信源多元化、传播媒介多样化已成趋势。脱贫攻坚媒介传播话语系统整合各种媒介传播形态，激活媒介话语的生产动力，满足贫困群体的信息需求，改变了他们的话语弱势地位，成为精准扶贫战略的补充和扩展，形成了完整的传播生态。

当下已进入脱贫攻坚的最后决战阶段，更要慎重如始，继续做好脱贫攻坚媒介新话语的建设工作。

一　建立精准扶贫与精准传播间的紧密联系

关于“精准扶贫”的内涵和外延有着明确的界定，作为一种隶属于精准扶贫战略并为其服务的扶贫新话语，关键在于扶贫信息传播如何做到精准，将传播的精准性与精准扶贫的内涵和外延统一起来，将传播的精准性与精准扶贫各个不同阶段的重点工作紧密关联起来。精准扶贫工作各阶段的重点，也就是精准传播的“热点”。一般来说，传播媒介的属性决定了在宣传报道上寻找热点的必然性，任何媒介都具有寻找传播热点议题的热情和本能，但是如何让热点热度不降，保持其连贯性和持久性，则必须精心设计和操作，建立起精准扶贫与精准传播热点之间的紧密关联。

首先，共享发展是精准扶贫内涵的核心理念，这一理念不仅是信息传播的热点，还是脱贫攻坚新话语精准传播的逻辑起点，因此共享发展的核心理念就将精准扶贫与扶贫信息的精准传播置于国家战略与经济社会发展的大背景之下，并且必须在两者之间建立有效的关联。在这一背景下，媒介报道的“热点”就不能仅仅局限于扶贫工作自身，而应该拓展以精准扶贫为核心的多元化讨论，如共享意义上的乡村经济发展、农村文化建设、乡村社会历史变迁等，将精准扶贫的国家意志传达到社会各阶层，把精准扶贫信息传递到各个贫困户。

其次，精准扶贫又是一种动员全社会广泛参与的理念，精准扶贫之所以成为国家战略，也是因为这种参与式理念的投射，通过国家制度和政策的顶层设计与统一部署，调动社会各界的积极性与能量参与精准扶贫实践，最终达到参与各方的共赢。因此，媒介的扶贫信息传播就不能只限于一般性、常规性的宣传报道，应该将它作为参与各方共同构建的精准扶贫话语平台，既要对精准扶贫核心理念有准确完整的表达，又要把精准扶贫和精准传播紧密联结起来，通过媒介的信息传播、宣传鼓动、文化渗透、舆论引导等功能，促进精准扶贫战略和乡村振兴的顺利实施。

二 重建明确的政策颁发与媒介传播时间序列关系

在我国农村公共政策的传播与扩散过程中，政策颁布与媒介传播之间时时会出现滞后与错位，有的政策颁发后，基层在相当长的时间里还不知晓。出现这种情况，往往是因为政策颁布和媒体报道之间的时间关系没有理顺，也缺少系统性的安排。因此媒介传播中出现多义性的政策报道很容易影响政策的有效性，也损害了媒介的公信力和信誉，这是农村政策难以有效传播的一个重要原因。

法国史学家安托万·普罗斯特说："现代时间带有不可逆转的差别；它产生出不可化约为'以前'的'以后'。这是一种丰富多产的时间，它蕴含新生事物，从不自我重复，因此所有的时刻都是独一无二的。这种时间产生之前，必有一场观念上的革命，而这革命不是朝夕之间就能完成的。"[①] 在以前有关大众媒体的扶贫报道中，对于国家扶贫政策发布和实施的时间序列关系并不是很清楚明晰。有一些报道过几年换个标题改改时间还可以重复使用。而时间序列关系的重建，应该像安托万·普罗斯特所说的"观念上的革命"那样，摒弃过去那种奉命发文、原文照转、一字不动的习惯，在时间的纵向坐标和空间的横向坐标两个维度上完成相关政策的传递、阐释和解读。这就需要了解中国乃至世界的扶贫开发史，中国特色的扶贫政策设计思想、政策沿袭和变迁，以及它的政治、经济和社会背景。例如，在什么情况下提出了精准扶贫的概念？又是如何发展为国家重大战略的？一些媒体和新闻机构也许注意到了这些，也有过这方面的报道，但是传播的有效性并不明显，很多群众包括相当数量的领导同志和扶贫下派干部对此都懵懵懂懂，这样一种状态很不利于脱贫攻坚的最后冲刺决战。2015 年 11 月召开的中央扶贫开发工作会议明确要求，扶贫"要设定时间表，实现有序退出。既要防止拖延病，又要防止急躁症。要留出缓冲期，在一定时间内实行摘帽不摘政策。要实行严格评估，按照摘帽标准验收，要实行逐户销号，做到脱贫到人，脱没脱贫要同群众一起算账，要群众认账"[②]。由于扶贫工作已经设定了时间表，并且固化为刚性的制度安排，宣传报道也要有自己相应的时间表，这样可以与中央政策和阶段性主要工作保持一致，并在时间、进度和报道重点方面形成协调和响应。这样的时间表不仅是为了理顺政策颁布与媒体报道的时间序列关系，也是脱贫攻坚媒介新话语建设的需要。

三 脱贫攻坚媒介传播新话语与新型扶贫文化的建设

发现并定义当代中国社会的文化价值是一个非常重大的命题，从某种意义上说，任何一个新的话语表达都是一种试图寻找和重新阐明文化

---

① ［法］安托万·普罗斯特：《历史学十二讲》，王春华译，北京大学出版社 2012 年版。

② 刘乐：《习近平出席中央扶贫开发工作会议并作重要讲话》，央广网（china. cnr. cn/news/20151129/t20151129_ 520628571. shtml）。

价值的尝试，扶贫话语自然也不例外。历史上每一次社会变革，都会引发其文化体系或温和或剧烈的变化，而话语表达则是这种变化最直接的体现。脱贫攻坚在国家战略层面上，不仅是社会共享发展的战略部署，也是构建扶贫新文化的尝试和努力。

话语是文化的载体，塑造和建立新型扶贫文化，社会化和媒介化是不可缺少的必经之路。因此从事或参与脱贫攻坚战的传播媒介和媒体工作者，必须树立一种意识和理念，即建设脱贫攻坚媒介传播新话语就是建构新型扶贫文化。

新型扶贫文化应具有这样的内涵：扶贫文化不仅仅是要消除社会阶层的贫富差异，更是一种追求社会平等的文化尝试；扶贫文化不是主流文化向非主流文化的传播过程，也不是以社会地位的高低为标准，自上而下、由高向低的文化灌输或文化征服，它是一种平等的双向的文化交流与互动，是消除城乡差别的文化交融，因为摆脱贫困并不仅仅意味着物质生活的改善，也需要精神世界的丰富，一个没有文化的人几乎没有拔掉穷根改变命运的可能。

我国农村的乡土文化底蕴极为深厚，农村文化的嬗变在一定意义上反映着农村经济社会的发展历程，乡土文化在丰富乡村文化形式与活跃农民文化生活方面有着不可替代的作用。在脱贫攻坚战略的新型扶贫文化建设中，应该树立开放包容的文化观，进一步完善文化传承与发展的制度体系，激活农民的参与热情，大力培育优秀的传承者，加快新型扶贫文化建设的创新和传播，展现新型扶贫文化的无限魅力，体现新型扶贫文化的时代价值，因此新型扶贫文化建设必须因时因地融合当地的乡土文化元素。

中国农村的乡土文化源远流长，主要依靠乡村文化精英的薪火相传生生不息。当地文化艺术团体、乡村民间艺人、文化能人、文艺骨干都是乡土文化的传承者与发扬者，动员他们积极投身扶贫文化建设，围绕精准扶贫工作，自编自导自演，将党的精准扶贫、惠农富民政策等融入农村群众喜闻乐见的表演唱、社戏、快板、秧歌、舞狮龙、杂耍、乐器演奏、小品、舞蹈、山歌、民谣等文艺表演形式中，走乡进户，到田间地头，传递农业新科技、新品种、移民搬迁动员、种养殖技术，不断扩大新型扶贫文化的覆盖面与知晓度。

乡村文化精英有很强的发现和创造文化的能力，如乡村医生和乡村教师一般受过更多的教育，长期生活在农村，熟悉农村生产生活。乡村医生治病救人，在村民中具有较高的权威。乡村教师在讲台上耕耘，很多村民都是他们的学生，受人尊重。他们为村民提供最基本的医疗与教育服务，是重要的人力和文化资源。在扶贫文化建设中，重视与挖掘其潜在价值，调动其积极性，利用坐诊出诊和教学家访等机会，宣讲政策、答疑解惑，整理记述乡村变迁中的文化习俗和现代风尚，创作乡村扶贫文化的话语文本，不仅对于创新乡村社会治理，建设新的扶贫话语和扶贫文化具有积极的作用和意义，也是脱贫攻坚媒介传播新话语和新型扶贫文化建设的重要资源。

第七章

精准扶贫中的人际传播

人际传播不仅是人类最为重要和基本的社会生活形态，同时也构成了人类社会的基础。在广大的农村地区，人际传播更是有着不可取代的作用和功能，它是人们之间最基本的信息传播和交流方式，承载着乡村社会的发展和变迁，是连接农耕文化传统与现代工业文明的枢纽，也是大众传播、群体传播和组织传播等形态下多级传播的重要成分。人际传播在中国农村有着悠久的历史和深厚的土壤，促进和推动了乡村社会的历史进步，是直接参与乡村社会发展与变革的重要力量。近些年来，由于传媒技术的进步，农村媒介社会化和社会媒介化进程不断提速，现代传媒极大地改变了农村原有的信息传播格局与形态，但人际传播仍然是乡村影响最直接、使用最频繁的信息传播方式。人际传播是乡村社会信息传播系统的毛细血管，“血脉通则全身通”，人际传播积极活跃，整个信息传播系统就会充满活力。这也正是为什么现代传媒大举进军农村，而古老的人际传播仍然能够保持蓬勃生命力的主要原因。西部贫困地区在脱贫攻坚战中，扶贫信息通过人际传播的信息扩散模式，赋予了扶贫信息的实效性和适用性，扶贫信息带来的经济收益实实在在，贫困农民看得见、摸得着，对人际传播的信任度较高，是扶贫精准传播的重要传播途径和方式之一。

第一节　新媒体环境下人际传播的特征与功能

加拿大著名传播学家麦克卢汉说：“任何媒介都不外乎是人的感觉和

感官的扩展或延伸：文字和印刷媒介是人的视觉能力的延伸，广播是人的听觉能力的延伸，电视则是人的视觉、听觉和触觉能力的综合延伸。"[①] 在麦克卢汉看来，人际传播是现代媒介信息传播的根基。人际传播作为人类历史最悠久的信息交流和信息传递的手段，与自我沟通、与外界交流，一方面搜集获取自身所需信息，另一方面又不间断地向外界输出信息，正是在这信息的交换和流动中，人的自我价值才得以实现，人际关系网络才得以形成，人类社会也才得以发展。在人类蛮荒时代，先民们就已经开始利用非语言符号方式（触觉、视觉、听觉和嗅觉）与他人进行信息的交流，并使其扩散。后来产生了语言文字，人际交流就更为方便，一句话、一封信甚至一个字符就能实现信息的递送和交流互动，把或简单或复杂的信息传递给别人。及至发展到互联网时代，电邮、手机短信、在线聊天、微博和微信等全新的传播媒介使人际传播的手段和方式愈加琳琅满目、绚丽多彩。回顾人际传播的发展历程，每一种新媒体的问世都会给人类社会信息传播的形态和格局带来变革，一部人际传播的历史实际上就是一部信息传播媒介的发展史。

按照比较通行的解释，所谓新媒体，即"以数字技术、通信网技术、互联网技术和互动传播技术为基础，为用户提供资讯、内容和服务的新兴媒体"。[②] 新媒体将传统媒体和新兴的信息技术融为一体，无限扩展了传播的空间，使每个有信息传播意愿者向所有愿意接受信息者的传播得以实现，并且同时向公众提供个性化信息内容服务。新媒体的基本特征是通信技术和传播交互性的数字化，传播者与受传者进行对等的交流，这样就从根本上颠覆了传统媒体过去在信息传播时那种单纯的传—受关系，传播者与受传者的身份和界限已经非常模糊，使得传受双方能够在同一信息平台上以平等的身份对话和沟通交流。

新媒体的出现使人际传播的形态发生了革命性的改变，从颠覆原有的传统模式到重塑传播形态，近 30 年来，新媒体环境下人际传播的样式和途径，从最初的电子邮件到微博、QQ、网络游戏、聊天、手机短信，再到后来的微信等不断花样翻新，令人应接不暇。据中国互联网络信息

---

① ［加］马歇尔·麦克卢汉：《理解媒介：论人的延伸》，何道宽译，商务印书馆 2000 年版。

② 罗青、马为公：《新媒体传播》，中国传媒大学出版社 2011 年版。

中心2020年4月28日发布的第45次《中国互联网络发展状况统计报告》显示，截至2020年3月，我国网民规模达到9.04亿人，互联网普及率为64.5%，其中手机网民规模达8.97亿人，网民通过手机接入互联网的比例高达99.3%。[①] 互联网的迅猛发展和广泛普及使得人际传播从现实世界走向了更为广阔的网络世界，网上人际交流已成为一种十分普遍的交往形式和生活方式。新媒体不仅深入地渗透进我们的工作、学习和生活，成为人们日常生活和社会交际中无法缺少的组成部分，而且正在构建全新的人类社交生活。但是，在我们充分享受新媒体的同时，人际传播的价值观念和行为规范等也面临着巨大的冲击和挑战，新媒体不仅影响着人际传播的方式和功能，也在一定程度上决定着人际传播的质量和效果。

一　新媒体环境下人际传播的新特点

新媒体已经展示出改造和重构人类社会信息传播生态的巨大能量，人际传播自然也无法抗拒其影响，尤其是信息传播的途径和手段、人际交流方式以及传播时间、空间关系等方面发生的变化。但它并非突如其来的激进式剧变，而更多地呈现为渐进式的逐次变化的过程。作为人类最基本的信息交流活动和现实社会关系反映的人际传播，经过人类代代相承的积淀和薪火相传，其传播方式与手段相沿成习，为社会大众所普遍接受，具有深厚的群众基础，在一定时间、空间范围内相对稳定；与此相对应的是，任何新媒体也都经过了从面世、定型、不断发展到逐渐成熟的历程，因此反映在人际传播活动中一般都表现为阶段性的、通过逐渐浸润而产生作用和影响。人际传播与新媒体的传播特性互相渗透融会，在彼此不断调整、逐渐适应的过程中互促共进并对原有的形态加以改造。最为显著的改变莫过于在新媒体环境下，由于数字技术、互联网技术、移动通信技术的运用，人际传播终于从延续几千年的时空束缚中挣脱出来，获得了时空自由，并具备了移动性和便捷性的全新特征。以互联网和手机为载体的新媒体、电子邮件、博客、短信、网络聊天、微博和微信等新的人际传播方式相继出现，不仅人际传播的面貌焕然一新，

① 中国互联网络信息中心：第45次《中国互联网络发展状况统计报告》，中国网信网。

信息的传受双方和传播内容、传播方法、传播效果也都发生了巨大的变化。

（一）传播方式的多样性与多元化

传统的人际传播在信息的交流互动中往往运用多种传播介质和元素，除了语言文字外，手势、体姿、面部表情、眼神、服饰、妆容等都是人际传播中常用的表意元素，借助这样一些表意符号，意在加强单纯语言传播的意义和效果。而新媒体不仅延伸拓宽了人际传播的时间和空间，还因为信息数字化技术的应用，强化了传播主体的内容表达与传播功能，语音、文字、图像等都被纳入其中作为信息载体，信息内容的表达更加丰富多样，信息传播以前所未有的立体化形式生动形象地展现在人们眼前。新媒体还为人际传播提供了多元化的传播方式，例如 SMS、MMS、微信语音通话和视频对话等。新媒体时代人际传播的语言新颖活泼，更新速度快，增添了无限的活泼性与时代感，为古老的汉语发展创造了更多的可能，给传播者和受众营造出亲切、幽默的传播氛围。网民们充分发挥其丰富的想象力和创造力，具有时代特征和场景特征的网络新词层出不穷，很多网络词语如“宅”“控”“囧”等已经广泛应用于社会生活。为了节约时间，网民使用许多符号或数字代替文字表达特定的情感，从某种意义上讲要比汉字更具表现力，如以“^_ ^”表示微笑，以“5555”表示哭泣等，更加丰富了信息和情感的表达内涵。

在新媒体环境下，人际传播主体与传播对象的身份与角色也日趋多元化，一点对多点的信息传播已成常态，一个传播主体能够同时与多个对象开展互动交流，也可以根据不同的传播语境或不同文化背景的传播对象为自己定位适宜的身份或变换角色。

新媒体还使得不同空间的即时同步传播变为现实，只要有互联网络覆盖，不论在地球上的任何角落，都可以方便快捷地联系对方进行信息的实时交流以获取所需信息。传统人际传播在面对面交流时虽然也具有即时性，但只能在人体感官所能到达的距离以内，一旦超越感官的接收距离，交流自然就会耽延或完全停止。

（二）传播主体的虚拟化与隐匿化

网络社会和新媒体的出现，使现实社会的人际传播面临着很多挑战，如在网络世界里对于个人与社会、人与人性等一些基本问题和概念都有着不同于传统的定义和理解。网络世界的虚拟性和隐蔽性，淡化了身份、性格、年龄等现实因素，满足了网民的存在感和诉求需要，提供了展示自我的平台。从传播主体看，很多网民虚拟了自己的身份，所以在博客、微博或微信朋友圈等新媒体里可以毫不掩饰、毫无顾忌地公开表达自己的思想和感情，宣泄情绪，分享喜悦。本来人际交流大都是通过信息的传递、接受、解读和识别来实现的，但是新媒体使得原本极具私密性质的人际传播在一定范围内被虚拟化了。信息传播内容的显性基础本应是传播者的真实身份，然而虚拟的网络社会又使传播者能够隐匿或伪装起来，这样就破坏了人际传播传统的隐私性。

虚拟的网络空间和现实世界最大的区别就在于人与人之间没有了贫富贵贱之分，现实社会里的诸多界限都被抹平，不论是富翁还是贫民，不论是权贵还是草根，只要愿意，都可以隐匿自己的身份、地位甚至性别和年龄，如此便让人们不再有所顾忌，将网络变为能够自由表达、宣泄感受和情绪的舞台，但与此同时也使得网络暴力、谣言和欺诈等网络犯罪大量出现。

（三）传播对象的扩展与平等化

人是社会化的个体并且具有社会属性，按照美国著名社会心理学家亚伯拉罕·马斯洛的需求层次与满足理论，当生理和安全的需要被满足后，人们就会转向更高一层级的感情需要，具体表现为友爱和归属感，即一种归属于某个群体的感情，希望成为群体中的一员，并相互关心和照顾。个体依赖人际群体而生存，表现在人际传播上，与大众传播就有了很多差异和区别，常常要构建一个能够满足自己心理需求和社交需要的关系网络即社会交际圈，也就是人们常说的所谓“圈子”。在圈子里，每个人都希望得到别人的尊重和欢迎，因为这意味着对自我价值的肯定。因为这种对等性要求的存在和作用，所以社会交际圈内的人际关系一般处于稳定和谐状态。如果站在传播受众的视角来观察，新媒体环境下的人际传播不仅将这种“圈子”扩展到了互联网上，而且对于现实社会中的人际交往圈加以虚拟化，QQ、微博、微信等新媒体则不断扩大延展“圈子”的外延边界。同时，人际关系的发展也将网络中新的人际关系扩展到现实生活，形成了新的社会交际圈。

在新媒体环境下，信息传播者和受传者之间的相互理解与合作是人际传播的基础，尽管社会阶层和社会地位的差别在客观上可能会产生些许影响，但就其本质而言还是基本平等的，因为任何人都可以在网络上自由表达自己的思想、观点和看法，不会因身份和社会地位的悬殊而受到歧视或轻蔑。与传统的人际传播相比，新媒体下的人际传播更具有对等性和公平性，人际传播的自由度与开放度更高。

（四）传播角色的变换与交替

新媒体重塑了传统的人际传播交流形式，不仅使人们有了自我表达及形象建构的窗口和全新的传播平台，而且拥有了过去从未有过的信息传播权，实现了“双向的”“去中心化的”交流。在传播方式上，传受双方的地位从根本上被倾覆，其角色也发生了很大的变化：作为单纯传播者或受传者的个人角色已不复存在，受传者不再像过去那样只是被动地接受信息，而是由单向度的信息接受者变为双向度的传播者与接受者，两者既互为依存，又相互转换角色。将信息的编码、译码等多种职能集于一身的个体随时可以与信息传送者进行实时互动交流，既是传播者同时又是受传者，在不断变换中完成了角色的交替。

新媒体不仅将传统人际传播本身所具有的双向交流、反馈迅速、及时互动等强项特征发挥到了极致，而且突破了过去囿于技术条件，传受双方的交流必须在同一时空内的限制。任何一个传播者都可根据自己的兴趣爱好自由选择交流对象和寻找所需信息，同时也可以按自己的好恶随时增删其他用户，而这一切都会与传播过程同步进行，信息一旦发出便能够迅速被接受或转发，关于信息的反馈和评价也会瞬间抵达。信息接受者还可以对信息加以修改后再次发布，由受者变为传者，形成多次传播的局面。

（五）传播信息的便贮性和易复制性

传统人际传播特别是面对面的人际传播，在很多场景下无法用文字记录保存信息，只能口耳相传。信息在流动中转瞬即逝，主要依靠大脑存储信息，信息的保存和积累则取决于记忆力的高低，因此信息的传播与交流十分受局限。而新媒体的出现，尤其是借助于新媒体技术的人际传播，使得人际传播克服了时间和地域的限制，信息可以超越时间，跨越空间被永久性地记录保存下来，不仅可以长期存储，多次再现或回放，还可以无限制地复制。我们正处在信息爆炸的时代，世界范围内信息生产量以平均每年30%的速度递增，每三年全球新生产的信息量就会翻一番。根据中国互联网数据中心（IDC）发布的《数据时代2025》白皮书预测：到2025年，全球数据量将达到史无前例的163ZB。[①] 迅速膨胀的海量信息需要越来越多的存储设备来承载，以进行信息的移动、分析和保存。由于信息以数据存储的形式快速增加，对信息存储的需求也与日俱增，而新媒体技术解决了人际传播的信息固化难题，在很大程度上满足了存储信息的需求：语音通话、在线视频、网络聊天、微博微信的过程和内容都可以同步记录、复制保存。

二 新媒体赋予人际传播新角色

在一般意义上，人际传播具有个人和社会两个维度的功能：于个人而言，在人际传播过程中与他人沟通信息、交流经验，加深和丰富人际关系、宣泄情绪，满足情感需要，还可以完善发展自我，有利于健全人格的形成；于社会而言，人际传播不仅是社会公众信息和情感交流的实现途径，还具有传承文化、协调社会合作、促进社会物质文明和精神文明的功能。

人际传播在新媒体环境下发生了重大的变化，面对面、口耳相传的传统形态日益式微，更快捷、更便利的新媒体平台，不仅赋予人际传播全新的角色与职能，而且使得人际传播的媒介化趋势不断加速，促使其向社会化的人际传播发展。

（一）双重身份的自我呈现

符号互动理论的代表人物、美国社会学家欧文·戈夫曼（Owen Goffman）将人际交往与演戏进行了比较，把社会的生活场景看作剧场，他认为，在这个“剧场”中，每个社会成员都在依据表演脚本所规定的情境和要求扮演属于自己的角色并以此获得身份认同。在他看来，人际传播的过程其实就是传受双方的自我表现、自我展示的过程。在这个表演中，自我已经不再是真我，变为经过各种符号伪装成的自我：“人际传播者实际上是带着符号制作的‘假面具’的表演者。”[②] 当然，欧文·戈

① 中国互联网数据中心（IDC）：《数据时代2025》白皮书，idc. zol. com. cn/。

② 欧文·戈夫曼：《日常生活中的自我呈现》，冯刚译，北京大学出版社2008年版。

夫曼并不认为这种带有面具的表演就是骗局，恰恰相反，而是为了达到在人际交往和信息传播中的交流目的，或者为了争取他人的认可夸赞，对真实的自我加以有意限制或遮掩的“无奈选择”，这当然不是真实的人性，更非真我。人际传播为什么非要以这样一种形貌示人？主要是因为任何人的自我表达，必然会受到种种因素的制约，不仅有社会道德法律、风俗习惯、宗教信仰、历史文化等外部因素，还有传播者的身份地位，甚至面容、体态、脾气性格等也都会对其产生影响。这就使得众多传播者无法根据自己的理想自由地设计角色，尽情地张扬个性，在种种限制下表达的自我与理想中的自我相去甚远。

虽然如此，但新媒体在拟态环境营建的虚拟场景中，将现实社会的真实性和网络世界的虚拟性在人际传播中有机结合在一起，赋予传播者真实的和虚拟的双重身份。在拟态环境中，传统的面对面传播所必需的语音、表情、眼神、手势等符号已经不再具有意义，甚至对时间、空间等特定场景也没有限制和影响，传播者与受传者的交流更为密切，表达更为自由。在形成新的人际交流关系时，塑造理想自我的人设可能性就会大大增加，超越了社会阶层、文化程度、家世背景、政治经济地位等真实自我的种种限制，可以充分显示出在现实社会中无法表现的那个真实自我。

（二）“碎片化”传播中的自我完善

网络聚集了海量信息，其传播与流动十分快捷，给予人们获取信息的便利，但导致了信息的碎片化传播。“碎片化”是网络传播的显著特征，新媒体下的人际传播必须依靠网络，因而其“碎片化”特征也十分明显：一是传播环境的时空。移动网络使得虚拟和现实变得模糊不清，传播的时间和空间被撕裂成了碎片。距离被淡化，时间被分割，人们随时随地都可以进行传播活动，在碎片化的时空中建立起信息传播链条。二是传播的内容。新媒体彻底改变了线性叙事的传播方式，不再注重信息内容的大而全，所有信息都被重新排列组合，信息碎片无处不在。超文本链接使得网络传播的内容趋向零散和非线性化，使得阅读的跳跃性、随意性剧增，呈现出非线性、非逻辑性和非确定性特征。三是受传者的注意力。面对海量信息，受传者的注意力大多会随时转移、转瞬即逝。四是传播的主体。在新媒体环境下，传播主体多样化、多中心化，人人能成为传播主体，每一个个体都可以形成一个信息中心，呈现出零散多样性。①

但与此同时，网络传播碎片化又给人际传播带来很多便利：传播时空的碎片化让人们在有限的时间和空间里不必花费太多的时间和精力就可以获知信息、实现与他人的交流，最大限度地降低时间、经济、脑力成本；传播内容的碎片化使人们面对海量信息时不再茫然无措，寻找自己所需信息的途径更为便利，更具目标性，以相对快捷的方式找到其所需信息，提高了信息的获取效率；注意力的碎片化保证了快速方便地获取信息，满足了人们对信息的即时性、互动性要求，与信息的更新速度同步，在短时间内获取大量的新信息；传播主体的碎片化使得传统的话语权被解构，在人际交往中表达自己观点的机会大大增加，既拓展了交流领域，又提高了传播质量。

由于碎片化的传播和交流门槛很低，新知识、新思想很容易传播和流动，在信息的流动中，能够更好地完成内容和结构的交互、完善和调整，而人们自身也可以在交流中不断学习提高，通过交流所获得的新知识新感悟会形成个人的部分经验或体验，个人经验又可以和传播群体的集体经验相互依存、转化和适应。在这个过程中，不仅有利于人际传播的发展，传播者自身素质也会不断提高和完善。

（三）人际传播中的意见领袖

任何有意义的人际传播都是在特定的社会环境中发生的，社会环境规定着传播的内容和全部过程，而并非只是传播者与受传者双方之间简单的信息流动，因此就使得它具有了一定的社会意义。人际传播虽然受制于社会环境，但同时又会反作用于社会，通过意见领袖来对社会公众施加影响，这就是社会学家拉扎斯菲尔德的“二级传播”理论。他认为，大众传播并不能直接影响公众，而是要通过意见领袖首先接受来自大众传媒的影响，然后再经过人际传播渠道传达给受其影响的人群，形成“大众传播媒介→意见领袖→人际传播→受传者群体”的传播方式。拉扎斯菲尔德和后来的卡茨等人发现，每一社会阶层中都有意见领袖的存在，他们与自己能够产生影响的人群属于同一原级群体，有着高度的

① 刘剑敏、李润权：《论网络的碎片化特征》，《新闻爱好者》2011 年第 18 期。

相似性，意见领袖不仅引导着舆论，而且在影响人们的决定方面，其作用比大众媒体更加直接、更为有效。①

在西部农村，随着移动互联网的大规模覆盖和智能手机的普及，农民通过移动互联网获得大众传播的信息并不困难。但主流媒体对农村的习惯性忽视，致使大众媒体的信息传播渗透力不强，更缺少适用性。而乡村意见领袖则会利用手机等新媒体常常率先获得较多的大众传播信息，将信息加工后再传递给其他农民。因此村中的意见领袖不仅是他们的主要信息源，而且影响着他们对于信息的解读与采纳利用。乡村意见领袖和村民天然的紧密联系，使得他们在乡村具有信息传播的独特优势，对于扶贫信息的精准传播也有着积极的作用和影响力。若能施以积极的正面引导，不断提高意见领袖们的媒介素养和思想认识，向村民传递经过合理加工和正确解释的扶贫信息，就会通过人际传播扩大传播效果，促进扶贫信息的精准传播，实现国家权力对乡村社会的治理和国家的政治认同。

第二节　扶贫信息人际传播的路径与策略

国家大力实施精准扶贫战略并不仅仅出于减贫脱困的考虑，还有农村社会治理和振兴乡村的深层意义。精准扶贫是国家意志的体现，国家权力通过各种资源向贫困地区的聚集和分配，将社会最底层的农村融入国家经济社会发展的总体框架，以实现对乡村社会的控制和有效管理。在这个过程中，精准传播发挥着举足轻重的作用，更是其中的重要环节。精准传播是实现精准扶贫的精准识别、精准施策、精准帮扶、精准脱贫的基础性工作，只有找准穷因，方能因地因户因人精准施策挖掉穷根如期脱贫。

在扶贫工作中，信息的精准传播关联着扶贫政策能否落地、扶贫资源能否到位、扶贫施策能否见效等一系列事关脱贫攻坚战成败的重大问

① ［美］保罗·F·拉扎斯菲尔德：《人民的选择》，唐茜译，中国人民大学出版社2012年版。

题。虽然新媒体使边远农村的信息传播生态得到改善和提升，信息的传播渠道、传播方式日益多元化，但就其传播效果而言，人际传播仍然是最便捷、最有效的传播路径。乡村社会虽然受到了市场经济与社会结构变迁的冲击，但是总体上乡村社会还是熟人社会，村庄的居住格局、人际关系都为人际传播提供了便利与条件。驻村扶贫工作队、村干部、小商贩、乡村医生、教师、村民都是传播的信源，田间地头、院落、酒桌、牌桌、路边都可能成为传播信息的场所。乡村的人际传播伴随着村民的日常生产生活与人际交往的发生，具有便捷性、易获性与低成本的优势，但同时也具有选择性、多变性、模糊性与失真性等特征，因此应该充分注意扶贫信息在人际传播过程中容易发生扭曲和变形的现象。

当前扶贫工作中的信息传播大体是这样的：来自不同信源的扶贫信息由各自相对应的传播媒介和渠道进行传递，如政府的组织传播，当地的群体传播，广播电视报刊等大众传播，互联网、手机等新媒体的互动传播等，但最终大部分信息还是要依靠人际传播才能到达特定的目标人群或个人即贫困群体或贫困个体。受传群体或个人对接受的信息还要经过解读、辨识、说服，最后决定是否采纳。

扶贫信息的传播渠道对于传播效果会有所影响，由于传播渠道不同，其功能和效用也会产生差异。比如大众传播的广播电视，因其覆盖面广，在群众中又具有一定的公信力，贫困农民对其传播的信息比较认可，但内容往往比较宽泛，对一个地方精准扶贫的具体工作宣传缺乏针对性，说服力不强，受众的接受采纳度很低。而其他的扶贫信息传播渠道如组织传播、群体传播等，虽然较之大众传播更具地域接近性，但劝服能力也不强。由于很多扶贫项目为形成规模化产业，都有一定的技术含量、生产规范和产品质量要求，这又恰恰是很多贫困农民的劣势，因此面对新技术、新品种犹疑不定、难以决策，而人际传播则可以在此方面大显身手。乡村人际传播的优势就在于渗透和劝服，在受众的信息采纳决策阶段，最能显现人际传播的作用。因此，在其他传播渠道和传播方式无法实现信息效能的情况下，人际传播就必然成为扶贫信息精准传播的最重要的途径。

一　驻村干部、扶贫工作队是扶贫信息精准传播的主体

扶贫开发贵在精准，重在精准，成败也在于精准。实行驻村干部、

扶贫工作队（组）制度，是国家扶贫开发工作的重要举措，是在农村传递党和国家声音的“信息站”，是精准传播的责任主体，肩负着把党和政府各项强农惠农富农政策传达、落实到贫困村、贫困户的使命，是确保国家的政策方针精准落实到村到户，在基层落地生根，实现精准扶贫、精准脱贫的重要保障。脱贫工作的成效如何，老百姓对脱贫工作满意度如何，能不能如期脱贫，与驻村工作队的扶贫开发工作密切相关。

驻村帮扶是做好内源扶贫的重要手段，在工作中做到精准发力，就是要紧紧围绕精准这个关键点狠下功夫，在扶贫目标任务、扶贫信息传播、因户因人扶贫施策诸方面都应体现精准。驻村工作队（组）奋战在扶贫开发第一线，他们与贫困户接触最多，对于贫困农民的了解和认识最深刻，对他们迫切要求脱贫致富的体会和感受也最为深切。驻村工作队作为扶贫信息精准传播的主体，不但要将国家各项扶贫政策准确传达到位，对帮扶对象进行调研摸排，了解他们迫切需要解决的实际困难，找准他们的发展短板，还要尽力为他们出谋划策，选准脱贫致富路径，精准发力。帮扶应从增加知识、技能、经验和信息以及改善基础设施条件等方面入手，开展有针对性的培训活动、引导村民选择适合自身实际的致富项目、为村民提供必要的资金和技术支持等等，激活贫困村和贫困户内生发展潜力。

向贫困地区派驻扶贫工作队是精准扶贫中的一项制度创新，体现了党和政府坚决打赢脱贫攻坚战的意志和决心，也是国家行使乡村社会治理权力的代表。同时扶贫工作队作为背后有着体制性优势资源支撑的一种外部“嵌入”力量，还扮演着意见领袖的角色，承担着宣讲、解读相关政策、促使政策落地生效、提高村民对党和国家的政治认同等职责。要当好意见领袖，就必须高度重视和利用乡村人际传播的“精准”优势和功能，与帮扶对象零距离、无间隔、面对面地传递扶贫信息，完成信息传播“认知、说服、决策、实施、确认”的全部过程。

中国人民大学新闻学院院长郭庆光在其《传播学教程》中指出，人际传播“是社会生活中最直观、最常见、最丰富的传播现象”[①]，在农村地区尤其如此。农村人际传播的受众一般数量有限，传受双方之间没有

① 郭庆光：《传播学教程》，中国人民大学出版社2012年版。

中间环节的干扰，双向互动交流快捷方便，其传播效果和影响比其他传播媒介更为直接、更为有效。入户访谈、串门聊天、召集会议、与不同范围不同对象进行座谈等都是驻村工作队进行人际交流和信息传播的常用形式，较之其他传播方式，农村人际传播的基础在于熟人间彼此了解、相互信任的亲密关系，这种关系对于传播效果具有重要意义。驻村工作队与所驻村的群众和贫困农民朝夕相处，从“陌生人”成为“熟人”，进而发展为“知心人”，在逐渐接近中形成人际关系中的“强纽带”联系。“强纽带”联系一旦形成，在传播过程中就必然会增强传播主体的权威性和说服力，为贫困农民释疑解惑、消解对方疑虑，使之欣然接受为其量身打造的脱贫之策、解困之法，提高信息传播的劝服效果。

在国家权力赋权话语语境下，驻村工作队作为精准传播的主体，其人际传播也会形成特殊的传播情境，话语符号在传播过程中已经超越了符号本身所具有的意义，带有浓厚的人文关怀和人情味的表达显然比单纯高调宣讲其意义更容易为人接受和采纳。

二 村干部在人际传播中的角色与作用

中国的村干部是政府权力在乡村最底层的体现，他们来自农民，但并非真正的农民；他们虽然是“官”，却又不是严格意义上的“国家编制内干部”，但他们却是国家权力的代表，是乡村社会的管理者和经济文化等公共事务的掌控者，也是扶贫信息精准传播的主要参与者。

村干部在乡村信息传播体系中的主要作用是通过传达、解读、贯彻国家政策和法规，实现国家意志的村庄化和农民对国家的政治认同。传播的内容也很庞杂，所谓“上面千条线，村里一根针”，上至中央、下到地方政府各部门的涉农政策的宣传落实、农村经济、科技、卫生、法律知识等无不包括其中。由于大众传播和政府的组织传播一般无法与大多数农民形成直接关联，所传递的信息常常要经过人际传播的中转才能抵达村民受众。村干部的身份使得他们具有获取信息的优势和便利，成为村里的“消息灵通人士”。他们能够较早地从上级组织和其他信息渠道获得信息并加以解读，再以人际传播形式将信息和自己的认知扩散给其他村民并形成舆论影响。

村干部与村民的人际交流频繁，聊天既是工作方法，又是人际传播的主要形式。在看似闲聊的人际传播中，实现了信息的流动和扩散；村民则在人际传播中获得了情感、归属、需求、控制等方面人际交往的满足感，维系了人情往来。村干部利用人际传播，整合了乡间的非体制力量，凝聚了乡村社会的集体意识，为农村社会的政治稳定和经济发展奠定了基础。

由于村干部通常都属于乡村社会的精英阶层，具有一定的政治经济资源和比较广泛的社会关系，也有将社会资源转化为资本的能力。因此，他们经常性地引导或控制着舆论走向，也掌握着乡村人际传播的主动权。在扶贫信息的精准传播中，村干部担任着以下角色。

（一）乡村社会的舆论领袖

村干部虽然没有体制内的公务员编制，却是体制中人。他们从属于国家政治体制，由国家授权在乡村充当体制舆论的领袖，传播党和国家的声音。在乡村的人际传播网络中，他们也经常为村民们提供信息、观点或建议并对他人施加个人影响。这种制度所赋予的体制性“媒介”角色，[①] 在政府与民众之间的信息传播过程中起着信息中继与过滤作用，对于扶贫信息的精准传播具有重要的作用，影响着扶贫信息传播的精准度与实际效果。

在扶贫信息传播中常见的情况是：许多贫困村民的信息渠道极少，其信息来源往往是村里那些舆论领袖。他们在农民受众群体中有相当的影响力和权威性，大众传播和组织传播常常不能直接影响受众，而舆论领袖却能有效地扩展、加强信息的传播效果。

在扶贫信息的精准传播过程中，村干部是党和政府与农民之间的信息之桥和扩音器。他们常年在基层摸爬滚打，熟悉农民、了解村情，有一套行之有效的农村工作方法和应对难题的艺术，特别善于利用亲情、友情通过人际交流开展工作，在村民中有相当的可信度。由他们担当扶贫信息的精准传播主体，既可以运用广播、宣传公告栏、墙体标语、村民会议等多种具有“仪式感”的大众传播、群体传播方式将信息强推给村民，也可以由他们对扶贫信息进行加工过滤，转换为他们自己的话语，

① 唐莉莉、蒋旭峰：《政策传播中的村干部角色：权威消解、重构与政策协商——基于对JD市农村的调查研究》，《湖南大众传媒职业技术学院学报》2011年第1期。

结合每个贫困户的实际，以人际传播的柔性方式向贫困农民实施精准传播，达到更好的传播效果。

（二）新观念的引领者

由于深受传统封建思想的影响、小农经济的束缚以及新中国成立以来种种限制和相对剥夺农民权益政策的限制，西部贫困地区的农民绝大部分还是一个传统群体，是时代的落伍者和现代性的旁观者。在我们看来，国家实施脱贫攻坚战略绝不仅仅只是让贫困地区农民群众摆脱贫困走上小康之路，更重要的是在脱贫过程中，使之思想、心智、态度、知识技能和行为方式能够适应现代社会发展的要求，成为具有现代化的科学文化知识，具有适应现代化建设的伦理道德修养，具有现代化的行为方式、生活方式和生产方式的现代农民。尽管在农村现代化的进程中，我国农民正在脱胎换骨，努力跟上农村现代化建设的步伐，但从整体上说，农民的现代化素质还很低，难以跟上现代社会的发展步伐。

村干部负有动员引导舆论的责任。很多村干部都善于充分利用自己的人际关系网络，通过人际传播来引领乡村社会舆论。人际传播所形成的舆论氛围，既是乡村社会治理的一种方式，也是向现代新农村转型的一种实现途径。村干部一般文化程度较高，接受新思想新观念快。在提高农民的现代社会思想观念、道德水平、法律意识、民主素质和文化科技素养，培养现代社会的生活方式、生产方式，培育新型农民的过程中，村干部不仅是扶贫信息的传播者，而且是新观念新思想的引领者。因此在精准扶贫过程中，不仅要紧盯如何脱贫，也应目光长远，通过村干部群体采取多种形式多种途径，有计划有目的地向农民输送有关农村现代化建设的信息，这也是培养提升农民新观念的有效途径之一。

（三）信息传播的中介者

由于从中央到省、市各级大众媒体对贫困地区的实际情况了解不多，知之甚少，其靶向性、有针对性的传播严重不足，扶贫信息传播往往浮于面上，形成真空地带。作为贫困地区信息受传者的农民，既要承受农村社会急剧变革的冲击，又受到自身教育水平、文化程度、信息能力的制约，以及农村社会封闭性传统的影响，面对外部信息时往往显得手足无措，在对信息的译码、解读、选择、判断等环节上，都需要中介的服务和帮助，而村干部恰恰就是承担中介角色的最佳人选。在扶贫信息精准传播过程中，村干部身兼传播者与受传者双重身份。作为传播者，村干部可以利用自己的人际关系网络多方搜集发展扶贫产业、就业创业、扶贫政策兜底保障等相关信息，经过比较筛选，根据本村和各贫困户的实际情况，为其量身定制一户一策，因地因人精准传播、精准施策；还可以在社会革新和新技术、新品种推广等方面的人际传播中言传身教，做脱贫致富的带头人。作为受传者，村干部可以运用自己的经验和知识，在信息传播过程中帮助其他农民受众解读信息，作出正确的信息判断和选择。

三　人际传播在精准扶贫中的增效策略

根据信息传播的一般规律，信息传播从开始传递到结束要历经解读、劝服、采纳、实施、确认等环节，精准扶贫的信息传播也大抵如此。因此，如何遵循信息传播规律，结合本地的实际，发挥人际传播的优势，增强乡村人际传播的功效，为贫困农户量身定制、精准推送扶贫信息，助其早日脱贫，是传播主体必须重视的问题。

（一）培养农民的信息认知能力

由于大多数贫困农户不具有基本信息能力，向贫困农民普及有关信息认知的基本知识，逐步培养其信息认知能力，是提升扶贫信息精准传播效果的一项基础工作。驻村工作队、第一书记和村委会干部等传播主体要积极宣传扶贫政策，因地制宜、结合当地的自然条件和现有成熟的高效益品种，选择和推荐切合本地实际、符合帮扶对象实际，经济效益好、技术成熟、市场销售有保障的种养殖项目，帮助其了解新的种养殖品种和技术。选好项目、学好技术，是贫困农民脱贫的关键一步。

（二）强化劝服传播的效能

大众媒介传播效果研究证明："大众媒介在态度改变方面的效果极小，大众媒介影响的，可能不是人们的态度，而是人们的感受，即人们看世界的方式。"① 大众媒介在劝服、改变受众态度上的不足，恰恰是人际传播的特长，在促使受传者态度和行为改变方面的影响力尤为显著。

① ［美］沃纳·塞弗林、小詹姆斯·坦卡德：《传播理论：起源、方法与应用》，郭镇之等译，华夏出版社2000年版。

劝服，是扶贫信息精准传播流程中的重要一环。驻村工作队、第一书记和村委会干部等扶贫信息传播主体承担着信息的传送、内容控制与过滤等职责，对以劝服为目的进行的传播产生着重要影响。给贫困农民以意见性信息引导，整合不同传播形态的集合优势，提高传播劝服艺术，是取得良好传播效果的基础。

不愿轻易改变传统的耕作习惯、缺少生产资金、难以掌握种养殖新技术、不敢承担经济风险等情况在贫困农民群体中普遍存在，当他们对接受的脱贫致富信息必须做出采纳实施决策时的那种犹豫彷徨也属正常。因此帮助他们正确认识扶贫信息的内在价值，激发其愿意脱贫、敢于脱贫的内生动力，既是人际传播劝服工作的重点，也是难点。

劝服既是艺术，更是科学。传播者应掌握一点心理学、语言学知识和技巧，通过以理服人、以情感人的传播劝服，使受传者提高信息认知能力，改变态度，采取行动。比如，在推送种养殖业新品种新技术信息时，要着力挖掘和发现信息价值与贫困户需求之间的相容性，详细说明它的优势和特点、仔细计算其经济收益并与当前收入加以对比。一般而言，只要信息具有适用性，契合贫困户的实际，传受双方就比较容易达成共识形成一致，提高劝服的成功率。

（三）积极开展参与式传播

大众媒体的传播模式是居高临下的单向、线性传播，体现着精英主义的理念，媒体把控着传播主导权，受众只能被动接受。参与式传播突破了这一传统模式和传播格局，受众在传播中的主体地位被有意识地强化，传播权不再由高度组织化的大众媒体集中控制而是以参与的形式分散到了受众的手里，信息传播演变为在参与者群体中信息共享的过程，更为平等和民主。这一传播模式模糊了传播者与受传者的身份界限，重新定义了受众的概念。参与式传播模式为人际传播带来新的活力、新的内容，同时也给予贫困农民作为传播参与者的平等身份，使之获得了话语权。民主对话、平等参与、信息共享是参与式传播的核心原则，与扶贫信息传播的要求和目标高度契合。

精准扶贫的人际传播应以参与式传播为主导，在扶贫力量和贫困农民之间形成有效的互动交流，使扶贫信息传播更具地域接近性和关切度。驻村工作队、第一书记和村委会干部、帮扶单位等扶贫力量要秉持参与式传播的理念，动员贫困农户积极参与，激发其脱贫的激情与动力，释放出他们努力脱贫增收的全部潜力。

人际传播在扶贫信息传播过程中有着无可替代的作用，传播者要掌握传播规律和传播艺术，对贫困农户循循善诱、耐心劝服，尊重贫困户的主体能动性和创造性，与之平等对话，及时反馈。这样，人际传播才能在精准扶贫中充分显示其效能，不断提升传播的效果。

第八章

大数据与扶贫精准传播

近年来，关于大数据的研究与讨论持续高涨，成为信息技术创新发展领域的一大热点，也标志着一个新时代的到来。最早提出“大数据”时代概念的全球知名咨询公司麦肯锡认为：“数据，已经渗透到当今每一个行业和业务职能领域，成为重要的生产因素。人们对于海量数据的挖掘和运用，预示着新一波生产率增长和消费者盈余浪潮的到来。”① 大数据最核心的价值在于对海量数据进行存储分析、整合共享、交叉复用，形成智力资源和知识服务能力。② 随着大数据信息技术的发展和成熟，传统扶贫开发模式的技术落后、数据失真、资源分散的缺陷日益凸显，在精准扶贫中引入大数据技术，将其全面应用于扶贫开发领域，提升精准扶贫的绩效不仅是打赢脱贫攻坚战的迫切需要，而且已经变为现实。

第一节　大数据技术在精准扶贫中的运作逻辑

大数据是一种在存储、获取、分析、管理方面远远超出了传统数据库软件工具能力范围的数据集合，它具有数据流转较快、规模超大、类型多样、价值密度低、价值量大，以及可重复开采性和功能多样性等特点。近几年来，大数据技术的社会价值与发展空间在全球都得到了较为

① 麦肯锡公司报告：《大数据：下一个创新、竞争和生产力的前沿》，《麦迪译丛》2012年第25期。

② 邬贺铨：《大数据时代的机遇与挑战》，《求是》2013年第4期。

广泛的认可，大数据产业已经从一个极具发展潜力的行业上升到不少国家发展的战略层面。①

经过多年的扶贫开发，我国全地域大面积的整体性贫困已经基本消除，贫困人口的分布呈碎片化、零散化。习近平总书记 2013 年 11 月在湘西考察时提出的精准扶贫，正是针对我国目前贫困治理这一新的特点对扶贫工作所作出的重大战略调整，此后精准化便成为扶贫开发的目标追求和核心内容。在这样的时代背景之下，大数据以其日益成熟的技术、广泛的应用领域，与精准扶贫理念和机制的高度吻合，利用其技术优势消解传统扶贫开发模式的种种缺陷与困局，就成为当然的选择。在大数据技术的推动下，农村扶贫逐渐走向数据化、精准化与个性化。大数据对贫困人口的识别更准确，对贫困人口的需求更了解，对致贫原因的分析更到位，对扶贫资源的整合更合理。大数据对农村精准扶贫的最大影响在于通过建立扶贫信息系统，平衡扶贫中的供需关系，做到精准识别、精准帮扶、精准管理与精准脱贫。② 在精准扶贫领域，无论是在扶贫对象的精准识别分析、因地因人的精准施策，还是在扶贫资金的使用、资源配置、过程动态管理等方面，大数据技术都是对粗放式扶贫模式的一次革命，为精准扶贫注入更新的活力、更高的效率，为如期完成脱贫攻坚目标提供了一条全新的可行路径。

一　原有扶贫模式的突出问题

自 20 世纪 80 年代以来，中国扶贫事业走的是一条以政府为主导、大规模开发式扶贫的路子，这种以求集中解决区域性贫困问题的反贫困模式，虽然成果斐然，但也存在不少问题，相当数量的脱贫人口仍然面临着重回贫困的危险。突出表现为扶贫资源不能均衡配置，不少贫困地区的资源供给没有有效的供给保障；扶贫资金匮乏，贫困农民很难形成经济积累，限制了个体的良性发展能力，陷入“今年脱贫明年返贫”的怪圈。特别是扶贫开发中严重的传统路径依赖、落后的信息技术更是导致扶贫数据失真、扶贫信息资源分散，使扶贫开发走入减贫效用递减、

---

① 王超：《大数据背景下精准扶贫创新思考》，《合作经济与科技》2018 年第 3 期。

② 谢治菊：《农村精准扶贫中的大数据应用困境及改进策略》，《中共福建省委党校学报》2017 年第 8 期。

制度治理滞后、瞄准机制失灵和漏斗效应明显的困局之中。

（一）信息技术落后

中国的扶贫开发在进入新世纪后遭遇瓶颈，难以深入推进，除了扶贫机制和政策原因外，还有一个重要因素是信息技术落后，无法跟上信息化社会日新月异的发展，导致扶贫效能低下：首先，信息技术落后和软硬件设施陈旧，在数据搜集和分析方面既不能保证客观性、科学性，又不能达到精准的分析要求，有严重缺陷的评估体系使数据分析的信度和效度大打折扣；其次，信息监管系统不能实施有效的动态管理，对扶贫资金使用、扶贫项目进度的监管形同虚设。传统的静态性管理很难真实地反映扶贫工作实际，对面上贫困人口的基本资料掌握不全面、不真实，更无法对扶贫进程进行全方位的动态化监管。由于技术上的落伍与缺失，很多地方基层按照上级要求制定的脱贫目标与实际情况相差甚远。最后，在根本不具备动态监测和管理的技术条件下，要想对贫困人口的需求以及扶贫项目的实施状况进行有效的预测便无从谈起，严重影响了扶贫开发的准确性与时效性。

（二）数据失真

由于受制于信息技术条件，原有扶贫模式下的数据失真情况比较普遍。一是不能精准识别贫困人口，部分贫困农户没有被纳入扶贫帮扶范围，因难以受惠于扶贫项目而失去脱贫机会；二是在扶贫进程中有的数据残缺不全，有大量数据无法确认其来源，建立在这样基础上的数据分析严重变形或失真，毫无参考价值；三是数据失真导致扶贫资金流动和使用上存在明显的监管漏洞，资金使用的不规范、不可控不仅增加了统计与审计难度，而且直接影响资金的使用效益。所以在原有扶贫模式下，不少数据的真实性存疑，自然也就丧失了效用。

（三）资源分散

我国政府的垂直管理结构体系虽然有助于提高行政效率，但横向信息交流不畅，甚至相互封闭信息的结构性缺陷不可避免，政府之间、部门之间的信息壁垒严重影响和限制了信息的流动及辐射范围，不仅增加了信息成本，而且使信息的内在价值大幅缩水。没有建立起有效的信息交流沟通机制，扶贫信息的共享和信息网络的共建就无从谈起，更无法转化为扶贫资源。再加之行政管理体制历来有“条块”之分，但“条块结合”常常演变为“条块分割”，与此相对应，在扶贫领域中也有条块间彼此独立的“条数据”和“块数据”之分，但有关部门非但不能将其整合为共享数据信息，反而相互封锁、扯皮推诿，这就使得对贫困农户的基本情况资料、致贫因素分析、脱贫对策制定、施策成效和效果评估等诸多动态过程很难归集与控制，更无法搜寻和分析它们的因果关系和内部联系。信息资源分散不仅造成信息共享困难、信息利用水平低下，而且形成彼此隔离的孤岛式信息系统。在这种状态下，就无法汇聚各路力量和资源协同作战，整体发力，开展综合性的贫困治理。

二　精准扶贫中大数据应用研究的简要回顾

大数据应用于精准扶贫，有一个逐渐发展的过程。“精准扶贫”是由习近平总书记2013年11月在湖南湘西考察时首次提出的。2015年6月，习近平在贵州召开部分省区加大推进扶贫开发工作座谈会时，全面阐述了“精准扶贫”理念，提出“六个精准”，进一步丰富完善了“精准扶贫”的内涵。同年11月召开的中央政治局会议审议通过了《关于打赢脱贫攻坚战的决定》，该决定肯定了大数据精准定位、开放共享的应用价值，确定将大数据技术应用于扶贫开发工作，为推动大数据的发展应用，用大数据促进精准扶贫提供了政策支持。而此前，甘肃省就已被国家扶贫办列为全国大数据平台建设试点，推出了全国首个精准扶贫大数据管理平台，设省、市、县、乡、村五个层级，研究开发了扶贫对象、扶贫措施、扶贫成效、数据分析、绩效考核五个管理子系统。[①] 紧接着川、黔、粤、桂等地也相继铺开精准扶贫各领域的大数据技术应用试点工作，试点省区充分利用大数据技术，结合本地实际实施扶贫信息系统的技术升级与改造，完善扶贫动态管理体系与评估标准，强化扶贫信息平台的综合分析能力、动态监管能力，同时加强与相关行业部门信息数据的互联互通和共享共融，扶贫“大数据”应用格局初步形成。[②]

与此同时，关于大数据在精准扶贫中的价值与社会意义的研究也十分热烈。如合肥工业大学杨善林、周开乐认为：大数据作为一种战略性

---

① 肖成年、杨爱芬：《“数据”引领“精准”扶贫》，《人民邮电》2016年1月8日第1版。

② 莫光辉：《大数据在精准扶贫过程中的应用及实践创新》，《求实》2016年第10期。

资源，具有决策科学性、高速增长性、价值稀疏性、可重复开采性和功能多样性等特点，将推动扶贫开发的继续深化。[①] 广西大学的莫光辉、张玉雪指出，大数据技术的社会价值与发展空间得到了广泛的认可，其精准有效的技术理念在发展方向上与精准扶贫不谋而合。[②] 南京政治学院的严俊乾撰文说，以全体数据代替随机样本的“大数据”思维具备真正的精准内涵，而以大数据分析为技术手段的精准定位将会在很大程度上保证扶贫开发的精准精确。[③] 还有学者从大数据思维和理念角度展开探讨，如江西农业大学的郑瑞强、曹国庆在《基于大数据思维的精准扶贫机制研究》一文中提出：传统扶贫模式的因果思维在大数据时代受到挑战，着眼预测的扶贫思维则是实现精准脱贫的方向所在，在经济新常态下扶贫开发速度趋缓与扶贫资源边际效益递减的背景下，运用大数据理念针对资源投入和瞄准效率的革新将为精准扶贫注入活力。[④]

国内理论界关于大数据应用于精准扶贫领域的研究进一步证明大数据技术已具备了实现精准脱贫目标的可能性以及广阔的应用前景，在实证方面，一些地区也通过本地对大数据技术在扶贫领域内的实际应用作出总结梳理。广西是国内较早在扶贫开发中应用大数据技术的，广西精准扶贫机制创新研究课题组经过大量的实证分析和总结，认为大数据信息管理平台的建立使得贫困数据分析更为准确、客观，为贫困地区的精准脱贫提供了强有力的技术支撑。[⑤]

尽管学术理论界对大数据技术在精准扶贫中的应用达成了一致共识，但关于大数据技术条件下应建构怎样的扶贫模式却很少讨论，大数据技术的综合利用还有待继续探索。当前的不少研究有着明显的局限，只是简单地从扶贫技术角度对大数据进行解释分析，尚未扩展、深入思维与

---

① 杨善林、周开乐：《大数据中的管理问题：基于大数据的资源观》，《管理科学学报》2015 年第 5 期。

② 莫光辉、张玉雪：《大数据背景下的精准扶贫模式创新路径》，《理论与改革》2017 年第 1 期。

③ 严俊乾：《“大数据”助力精准扶贫》，《现代经济信息》2016 年第 1 期。

④ 郑瑞强、曹国庆：《基于大数据思维的精准扶贫机制研究》，《贵州社会科学》2015 年第 8 期。

⑤ 广西精准扶贫机制创新研究课题组：《广西精准扶贫机制创新研究》，《广西经济》2015 年第 1 期。

理念的范畴。因此，不为传统模式和思维所限，在精准扶贫的理论和实践上切实建立起互联网思维与大数据理念，既是要解决的实际问题，也应该是学术界重点研究的理论问题。

三　大数据对于精准扶贫的意义

大数据及数据分析是扶贫开发工作的重要依托，是精准扶贫的有力工具。

首先，有力地推动了贫困人口的精准识别。

过去扶贫大多通过手工采集数据，再通过定量分析来进行贫困人口的识别。但是由于贫困农民群体的经济状况和扶贫资源配置经常处于变化状态，这种静态、滞后的人工采集数据方式根本无法做到贫困人口的精准识别。大数据技术则不然，它以数字信息处理技术为基础，综合贫困地区的农业基本建设、人均收入、土地产出、水利设施、道路交通等外部环境因素以及贫困人口生产和生活条件的内部动态信息进行数据处理和分析，精确地划分出若干个贫困等级，让贫困人口对号入座，为精准识别提供了依据。为保证定位的准确性，避免瞄准偏差，在初步评定后，贫困人口的基本信息必须在村里公示，还可以通过大数据扶贫信息平台进行公开查询，在群众监督下确保贫困识别精准化。

其次，提高了贫困分析的准确性。

贫困人口识别的精准化，为找到贫困原因、实现精准扶贫夯实了基础。在大数据帮助下集成整合相关信息，能够迅速准确地摸清扶贫对象的贫困情况，了解对象的致贫原因和帮扶需求，并根据其实际情况为其量身打造脱贫之策，实施“一户一策”的差异化精准帮扶，使扶贫项目的安排、扶贫资源的配置极具靶向性。到户机制的建立，有效地避免了“一刀切”或“脱靶”现象。大数据技术在扶贫数据分析中有两个明显的优势：一是贫困人口的动态分析始终处于扶贫全过程中，为贫困人口识别、扶贫项目确立、扶贫资源到村落户，以及扶贫进程监控、脱贫成效反馈等提供详尽的信息技术支撑；二是大数据交换与共享平台使得不同部门、个人和行业的扶贫主体利用数据、共享分析实现常态化，通过平台与外界建立广泛而紧密的联系，可以更加快速、便捷地得到大量扶贫信息和相关资源。

最后，实现了动态化的扶贫监管。

在大数据条件下，扶贫信息的动态化、多样化采集和管理已成现实。贫困人口信息可以随其变动情况不断更新，然后进入自动化处理平台。平台对贫困户信息进行一站式管理，对信息实时更新、及时汇总、精准统计，实现精准扶贫基础数据动态管理，确保扶贫对象不漏一人。大数据的扶贫动态化监管包括信息采集、信息更新和自动化处理平台的信息处理。一是对贫困农民群体的信息数据进行全覆盖和动态监测与管理，根据其变化随时调整脱贫之策和资源配置，提高扶贫项目与贫困户脱贫需求的契合度；二是构建多维、动态的贫困进入与退出指标体系，在信息平台数据库内有效掌握帮扶对象的动态信息，使符合扶贫条件的及时入库，已经脱贫的适时退出，无论进出，都能在数据库中得到帮扶对象真实精确的信息，将“扶真贫，真扶贫”落到了实处。

大数据信息平台将贫困农户的信息记录在数据链上，真实地显示出贫困户各项指标的最新变化，为扶贫对象识别、扶贫方案设计、脱贫成效评估以及返贫行为防范提供了实现手段与路径，对于创新贫困治理模式、全面推进精准扶贫具有重要意义。

四　大数据与扶贫开发的理念更新

由大数据驱动的精准扶贫以“扶持对象精准、项目安排精准、资金使用精准、措施到户精准、因村派人精准、脱贫成效精准”为核心理念，充分发挥数据精准定位、开放共享、守护民生的应用价值，超越了过去单纯的减贫思维，也显示出精准扶贫在大数据推动下的理念迭代更新。具有数据化、网格化与动态化特点的大数据思维不仅与精准扶贫的理念、机制要求高度契合，更与中央倡导的创新发展理念相呼应。

在数字信息化时代，精准扶贫的成效在一定程度上取决于数字技术的配合和相关技术科学的应用。作为一种技术手段，大数据不仅是精准扶贫的重要资源，也为精准扶贫中的贫困户精准识别、干部精准选派、规划精准实施、政府精准监管等实践和操作提供了创新的契机与可能，并促使扶贫开发的理念、思维、技术和方法等方面发生重大转变。大数据与精准扶贫的核心发展理念在内容上高度契合、逻辑上相互印证、密切关联，在实践中相辅相成。

（一）大数据思维与精准扶贫的有效对接

精准扶贫是脱贫攻坚的核心，精准扶贫的关键是准确确定扶贫对象，解决贫困的关键在于精准，成功的关键也在于精准。因此“精准识别是精准扶贫工作的前提和基础，没有精准识别，也就不可能有精准扶贫”[①]。大数据的精确性高度契合了精准扶贫的精准性需要，大数据以其从样本到全量、从模糊到精确、从因果到关联的思维逻辑和精确处理数据的技术与精准扶贫实现了有效对接。

在各地的精准扶贫工作中，大数据的全量分析基本取代了过去传统的样本分析，大大提高了贫困人口识别的精度。大数据信息平台将贫困地区的环境信息和贫困人口信息全部收纳集成在一起，通过平台计算自动生成贫困人口识别指标体系，可以直接反映贫困人口的分布、贫困原因、帮扶情况、脱贫路径与脱贫情况。例如甘肃省在脱贫攻坚中运用大数据技术对6220个贫困村、417万贫困人口进行实名管理，通过数据分析法为贫困户精准“画像”，综合分析各项指标以总结贫困户的致贫原因，然后为其量身制定脱贫之策，确定相应的帮扶手段，引导资源有效配置，真正实现了一户一策的精准帮扶。[②]

与传统信息分析方法的显著区别是，大数据并不像传统信息分析法那样只注重如何设计问题的解决方案，而是聚焦信息数据间的关联，在这些联系之中发现和归纳其内在规律。如贵州的“扶贫云”平台依托大数据技术和云计算能力，将贫困户的相关信息加以量化，建立包含18项48个小指标在内的脱贫指标体系，通过相关部门对指标的评估考量输出贫困户的脱贫指数：60分以下为真正贫困，60—80分为可能贫困，80分以上为稳定脱贫，并将脱贫指数作为贫困人口识别的参考标准；同时通过关联规律展开返贫预测，及时做好防范应对预案，减少了返贫率。[③]

（二）大数据促进扶贫数据分析的科学化

大数据建立了信息数字化的数学模型，对贫困程度、贫困原因和扶

---

① 陈成文、陈建平：《论习近平的精准扶贫理论与井冈山的创造性扶贫实践》，《华中农业大学学报》（社会科学版）2018年第4期。

② 莫光辉、张玉雪：《大数据背景下的精准扶贫模式创新路径》，《理论与改革》2017年第1期。

③ 李学林、杨诗雨、周喜：《贵州省运用大数据技术推进精准扶贫工作的现状、困境及对策》，《六盘水师范学院学报》2019年第2期。

贫措施进行定量分析，为精准扶贫提供科学依据。在大数据技术支持下，扶贫数据分析的面貌焕然一新，摒弃了过去那种完全依靠人工处理信息的陈旧模式，贫困人群的贫困程度、致贫原因等大量信息通过精准扶贫大数据信息集成处理实现了信息的数据化，精确的量化分析使扶贫的方向定位和扶贫决策更加精准，也意味着扶贫开发已跳出了过去的主观思维，正逐步向科学分析转型。

（三）由被动应对转向主动预测

在贫困治理中，如何从“问题应对”的治理模式向“预测问题”转型，从事到临头手忙脚乱的被动应付变为具有前瞻性的预见并形成解决路径和方案，是考量政府治理能力和水平的重要指标，而大数据则为可预见性的贫困测定提供了更为合理的科学基础和技术手段。利用大数据预测贫困，从被动帮扶转向主动预测是精准扶贫思维的重大转变。大数据应用不仅限于贫困人口的识别、信息平台的建立，而且是对贫困人口的预测。依靠大数据对贫困人口的动态监管，把工作重点从原来的信息采集转为信息分析，运用数理统计方法，计算出贫困人口和贫困地区的基本情况，通过科学预测贫困成因，提前消解引发贫困发生或导致返贫的因素，并建立返贫阻断机制，可以准确把握扶贫开发的实施效果，提高资源利用率。

（四）大数据推动贫困治理的精细化

贫困治理方式从“漫灌式”向“精细化”转变，是近年来在扶贫领域广泛应用大数据技术后发生的明显变化。在大数据支持下，精准扶贫的精细化、科学化、高效化、可持续化特征愈发显著。长期以来那种粗放的大水漫灌式扶贫模式，已为精准的“滴灌”扶贫方式所取代。

云计算、云定位、云储存等大数据技术有效地解决了精准施策、资源整合、监督管理等问题，为贫困治理开辟了更适合中国国情的路径。大数据技术还可以推进农村电商交易平台全覆盖，提升农产品流通效率。通过电商交易数据，分析掌握市场对农特产品的需求，提升组织发展生产的针对性；在社会扶贫方面，可以通过搭建社会扶贫大数据平台，促进社会扶贫供给与贫困人口帮扶需求无缝对接，让帮扶更有针对性和适配性；在就业扶贫方面，可以通过大数据平台有效建立劳务精准对接机制，及时实现劳务输出地与输入地的信息对接，实现输出地贫困群众稳定务工，解决输入地劳动力供给不足等问题。

虽然西部各省区的贫困状况各有不同，但像精准扶贫这样一项国家战略层面的浩大工程是在脱贫攻坚的大背景下运行的。每一位贫困农民的建档立卡，每一个落地的扶贫项目，每一笔扶贫资金的使用，都体现着精准扶贫工作的进展，都是对党中央关于农村贫困人口全部如期脱贫郑重承诺的落实。在脱贫攻坚最后的冲刺阶段，更应该运用大数据、云计算技术，充分发挥扶贫信息技术平台条线互通、条块互联、上下一体的优势，实现不同地区、不同部门的扶贫信息资源共享、信息互通。目前各省区已相继建立起由大数据技术支持的精准扶贫信息管理系统，要实现系统的全覆盖，真正用好其数据采集、数据分析、数据挖掘、数据管理、数据运用的强大功能，实现扶贫信息数字化、动态化、微观化、常态化的精准管理。

第二节　大数据背景下的扶贫信息精准传播

大数据时代的信息传播日益便捷，通信网络技术和手机、电脑等智能信息终端的发展突破了时间和地域限制，信息交流的边界不断被拓宽，信息获取方式更加多样化。大数据技术正处于未来技术和工业生产的中心，大数据支持下的通信网络不再仅仅用于通信，正在演变为下一代互联网、工业互联网，以及依赖于它的下一代社会生产系统的中枢神经系统。大数据改变了收集和传播信息的方式，提高了信息的利用率，打破了传统的信息获取与交流局限，用户从原来被动、无指向性地接受信息，变为主动、积极而又有目的地收集有效信息，在信息的传播与交流中掌握了主动权。

大数据支持下的扶贫信息的精准传播对信息传播的传统思维和模式产生了深刻影响，大数据技术不仅为扶贫信息的精准传播提供了有利条件，也创新了扶贫信息传播的手段和话语方式。在精准扶贫中，传播主体依托大数据技术为贫困地区群众或扶贫机构、部门等用户个性化地推送定向信息、算法新闻，使扶贫信息服务更加精准化、个性化。在信息技术不断革新的背景下，数字化、智能化已经成为信息传播的重要特征，利用大数据进行扶贫信息精准传播的方式越来越广泛。

一 大数据催生扶贫信息的精准传播

数据被称为新世纪的“超级金矿”，是推动经济社会发展的重要动力。全球已形成庞大体量的数据产业，能直接创造可观的经济效益。据《2016 年中国大数据交易产业白皮书》预计，中国大数据产业市场规模 2020 年将达 13626 亿元。[①] 大数据不仅自身创造了巨大的经济效益，也越来越成为其他形态的经济持续健康发展的重要基础。大数据正在与交通、能源、市政、物流等传统基础设施一样，在推动传统产业转型、精准发力促进民生改善等方面发挥重要的、无可替代的支撑性作用和功能。

在大数据环境下，贫困人口用户和扶贫机构在网上点击、浏览、搜索等碎片化行为被获取、处理、分析并存储起来，零乱的信息碎片经过整合，自动生成体量大、类型多、价值密度低、可快速处理的大数据，成为极有价值的传播信息。大数据信息不仅能够为贫困户勾描出一幅精准的“画像”，显示其特征全貌和脱贫需求，同时还将贫困群体细分化，按其类别实施精准传播。过去，网络用户的信息接受一直为传统信息传播模式产生的信息泛滥所困扰，精准传播则弥补了这一缺陷。精准传播的基础是用户的数据获取及分析处理，“数据”将成为传播的基础，信息传播的核心资源将从内容、渠道转变为数据。虽然移动互联网在 4G 时代积累了大量的数据资源，但是未经整合的数据只是一堆毫无用处的代码。所以有研究者指出，大数据真正的价值并不在于体量之大，而在于在多维空间内对个性化数据加以整合，经过技术处理使其增值，从而实现信息的精准传播。[②]

例如，广西以发展大数据现代农业为契机，建立了从自治区、市、县、乡、村“五级”联动的大数据信息服务体系，市、县全部建立信息服务机构益农信息社。2018 年，全区村级益农信息社累计建设 2 万多

---

① 贵阳大数据交易所：《2016 年中国大数据交易产业白皮书》，https：//www. xiangdang. net/pdf/5130823792826220342. html。

② 喻国明：《大数据方法与新闻传播创新：从理论定义到操作路线》，《江淮论坛》2014 年第 4 期。

个，为贫困农民、新型农业经营主体及涉农客商提供生产技术、市场信息等公益信息和农产品销售信息等定向推送服务超过 200 万人次。广西建成的农业信息服务网络，不仅可以将农作物栽培技术、病虫害防治等技术指导信息及时快速地传递到农户手中，农户还可以通过益农信息社或 12316 连线专家进行电话咨询，帮助农民及时了解市场行情、把握产业发展动态，为农户生产提供全方位服务。①

对以前扶贫开发中存在问题的检视和探讨，比较集中于普遍存在的扶贫对象识别不准、脱贫对策同质化、帮扶措施针对性不强、帮扶主体单一等方面，关于扶贫信息精准传播的问题则很少研究。“精准传播”是精准扶贫的重要内容，提供更多更好的扶贫信息产品，覆盖更多的贫困人口，阻止贫困现象代际传递，是解决过去扶贫信息传播不到位、不及时、不准确问题的有效途径。大数据不仅为精准扶贫提供了全新的理念和技术支持，也给扶贫信息精准传播开拓了广阔的空间，利用大数据技术快速、便捷、高效的优势和物联网、云计算、移动互联网等信息化手段，建设大数据精准扶贫平台，对扶贫数据库中的数据进行专业化处理，使贫困户和扶贫信息的共享与传播成为现实，精准扶贫工作所要求的“精准识别、精准帮扶、精准管理和精准考核”得以实现。应该说，大数据为扶贫信息的精准传播开辟了崭新的天地，解决了过去想解决而不能或者无法解决的问题。

二　人工智能是实现精准传播的关键

作为大数据技术和算法技术的结合，近年来快速兴起的人工智能技术已构成精准传播的关键技术，也是扶贫信息精准传播的实现基础。精准传播必须依赖规模庞大的内容数据资源和丰富的信息类型，否则就无法满足用户的个性化信息需求，更无法实现千人千面的精准传播。② 从互联网时代到移动互联网时代的发展历史来看，正是因为有了人工智能技术，用户画像才能够完成从整个群体的“大类”到个体的“人”的精

---

① 邓蕾雅、陈强、高飞：《信息兴农春潮涌——广西农业信息化助力乡村振兴发展纪实》，《农业工程技术》2019 年第 6 期。

② 吴茂辉、魏兆阳、李力可：《〈中国新兴媒体融合发展报告（2016—2017）〉发布》，新华网（www. xinhuanet. com/fortune/2017 -12/26/c_ 1122169522. htm）。

确描摹。国家的扶贫开发大数据平台利用人工智能技术，两年间完成了贫困人口数据的精准统计。一个个贫困家庭的画像从模糊变得清晰，扶贫政策也找到了精准识别、对症下药的依据。人工智能不仅能够轻松自如地处理巨量的内容数据和用户数据，还吸收、容纳了物联网中不断产生的新数据信息，进一步推动信息传播向数据化发展。近年来，大数据产业的发展为人工智能技术的应用准备了超量级别的数据资源，人工智能也因此被广泛应用于经济社会各领域。在精准扶贫领域，人工智能为精准传播提供了关键的核心技术，大数据的数据库存储和计算成为人工智能技术应用于扶贫信息精准传播的必要条件。精准扶贫的根本路径在于信息的精准传播和信息的流动与互通，人工智能应用于精准扶贫信息传播领域，将从根本上解决扶贫信息传播不均衡、不适用、不真实、不流通的现状。在扶志又扶智的扶贫模式下，贫困户通过与人工智能信息终端的交流、学习，找到了学习脱贫技术的途径、解答问题的专家、销售产品的信息与渠道，最终实现精准脱贫走上小康之路。

扶贫信息的精准传播目前还处在探索、实验的实践阶段，从发展趋势上看，大数据和人工智能是未来信息技术发展的重要方向。使传统媒体与新兴媒体从初步融合迈向深度融合，最终融为一体，在脱贫攻坚中更好地发挥作用，是我们面临的新课题；大数据和媒介智能化带来了新的传播革命，如何将海量信息资源与特定个体需求相匹配以实现扶贫信息的精准传播，人工智能将是解局之关键。

三　算法新闻和精准推送助力脱贫攻坚

“算法新闻”是21世纪信息传播领域的一场革命，颠覆了传统的信息传播方式与传播理念。所谓“算法新闻”是指凭借计算机算法，通过人工智能的数据分析实现新闻信息的快速聚类、编排和个性化推送，直接向用户推送他们喜欢或感兴趣的新闻或信息。[①] 随着人工智能技术的广泛应用，新闻传播界各媒体平台基于算法的个性化新闻推送也十分普遍。这场由算法新闻引发的技术革命，对新闻业产生了深刻的影响。有

① 任莎莎、田娇：《算法新闻的伦理困境及其解决思路——以“今日头条”为例》，《传媒》2018年第6期。

学者认为，以算法引领、数据支撑、自动操作为特征的算法新闻，正在渗透到新闻生产、传播的整个过程。①

以算法程序为核心的算法新闻运作系统，依靠庞大的数据库资源，利用智能技术在基本上排除人为因素干扰的环境下使新闻生产全程自动化，涵盖了信息收集、数据分析、新闻撰写和发布及推广等诸多环节。算法新闻使传统媒体变为“智媒”：自动生成新闻内容的新闻生产流程，推荐算法主导的信息自动分发系统，将传播者、受传者聚合为一体的信息销售市场，形成一个生产流程更为明晰、生产效率更高、目标受众更加个性化、新闻分发更为精准、成本更低的业务链条。

算法新闻系统后台会详细记录信息终端用户的阅读浏览习惯，仔细分析用户点击、转发、收藏信息的行为特点，就连阅读时的上拉、下滑等细小操作也不放过，然后根据分析形成用户专属数据，为其推送个性化的专属信息。算法新闻是扶贫信息的精准传播体系的有机组成部分，新闻传播机构运用算法技术不仅能提高新闻资讯与用户的匹配度，将适用信息及时传递给帮扶主体和贫困群体，改善贫困地区的扶贫信息失衡状况，而且因其新闻信息富含指向性和针对性，能使扶贫信息效能明显提升。

基于大数据和算法推荐的精准推送系统所带来的信息定制化、资讯分众化在精准扶贫中已经有所应用。政府部门及其他帮扶主体根据传播内容要求、传播受众特点，对受众科学定位，选择特定媒介，实施精准推送，为开展脱贫攻坚宣传、营造扶贫文化氛围、凝聚扶贫队伍精神、培育贫困群众脱贫致富内生动力都提供了多种渠道。通过定制化、智能化的信息传播机制，精准推送满足了受众多元化、个性化的信息需求，实现了用户与信息的快速精确匹配，大大降低了信息传播和获取的成本，也为扶贫工作带来了很多便利。

例如，广西构建了产业扶贫、土地确权、优势特色产业大数据的“一张图”管理平台，建立了54个贫困县产业信息、11.44万贫困户和500.26万人的电子档案，搭建了“一个门户，八大功能”的产业精准扶贫信息系统。该系统对产业精准扶贫的推进和效果进行评估，对县级

① 孙志南：《人工智能对传统新闻生态的变革与重塑》，《新闻论坛》2018年第2期。

“5 +2”、村级“3 +1”共105个县78个特色主导产业信息加以梳理录入，为产业脱贫提供数据服务和支撑，推动54个贫困县产业扶贫工作的开展。①

广西农业信息中心的12316“三农”综合信息服务平台运用算法新闻和精准推送为贫困农民定向提供强农惠农信息、农技指导、农资打假投诉等全方位农业信息服务，手把手教会农民群众如何利用农业信息解决生产、生活中所遇到的困难和问题，邀请农业专家就农民群众关心的农业技术、惠农政策、农资打假等问题进行现场咨询答疑，使农业信息服务成为农民脱贫致富的好帮手。通过这个平台，可以清楚地了解到全区每一位贫困户的具体情况，政府部门便能根据这些情况有效地精准施策，寻找脱贫路子，助推脱贫攻坚进程。②

四 智慧扶贫赋能精准传播

大数据时代的精准传播，既是个性化传播也是智慧化传播。运用大数据、移动互联网、云计算等现代信息技术，通过更普惠、更便捷的智慧科技助力脱贫攻坚是目前的发展趋势。智慧扶贫大数据云平台打破地区、部门之间的“信息孤岛”，让分散在各处的碎片化信息“牵手”，经过对比分析与综合评估，排除人为因素的干扰，把真正的贫困户筛选出来，把不符合条件的“踢”出去。通过大数据开展预警、决策和分析，真正实现精准扶贫从识别、管理、帮扶到监控、评估直至最后脱贫全过程的整体精准化。如中国移动研发的智慧化大数据云平台“精准扶贫系统”，以“一个系统、一部手机”连接扶贫工作所涉及的各方角色，建立了一个信息化、智能化、精准化的扶贫信息传播生态圈，解决政府信息统计难、效果追踪难的工作痛点，全流程展现贫困户的脱贫路径，实现对贫困对象和扶贫工作者的精准传播，提高地方政府精准扶贫工作整体效率。该平台已经在湖南、河南、云南等18个省份114个地市建设超过200个项目，全面覆盖800多万贫困人口，为70余万基层扶贫干部提

---

① 邓蕾雅、陈强、高飞：《信息兴农春潮涌——广西农业信息化助力乡村振兴发展纪实》，《农业工程技术》2019年第6期。

② 邓蕾雅、陈强：《信息兴农 潮涌八桂》，《广西日报》2019年1月18日第1版。

供信息化工具，累计帮扶超1200万人次。[①]

五　大数据下的扶贫信息精准传播策略

大数据下的精准传播分为基于精准描述用户特征的画像推荐、基于共享或群体智能“集智”的协同过滤推荐、基于算法的综合推荐等，以实现资讯和人的精准匹配。扶贫信息的精准传播常用以下策略。

（一）目标受众细分

分类施策和分类帮扶是精准扶贫的关键一环。分类施策是指因人因地施策、因贫困原因施策、因贫困类型施策的政策体系，要在对相应地区每一个贫困人口的贫困状况和致贫原因进行精准识别后，通过分析和概括，对贫困人口及致贫原因进行归类管理，针对不同类型的贫困人口施以不同类型的政策措施。分类帮扶是指我国建立在贫困类型分类基础上的分类扶持政策措施，分为两个层次：第一个层次是根据贫困人口是否有劳动能力进行分类和施策，对完全或部分丧失劳动能力的贫困人口，实行社保政策兜底脱贫；对有劳动能力的贫困人口，通过产业扶持、转移就业、易地搬迁等政策措施实现脱贫；第二个层次是对于有劳动能力的贫困人口，根据其面临的主客观条件的不同，施行扶持生产和就业发展一批，易地搬迁安置一批，生态保护脱贫一批，教育扶贫脱贫一批，低保政策兜底一批的精准扶贫分类扶持政策。坚持分类施策，因人因地施策，因贫困原因施策，因贫困类型施策。

大数据下的扶贫信息精准传播将目标受众分类化，是传播主体基于用户画像，通过调研，根据贫困人口的贫困状况和致贫原因，针对不同类型的贫困人口和特定类型的贫困人口运用特定的精准扶贫手段靶向投放相关信息的过程，不仅体现了传播受众细分的理念，也是对精准扶贫分类施策和分类帮扶政策的具体实践。传播主体依据贫困人口的主观（尤其是自身能力）和客观（自然、制度等环境）条件以及信息行为、习惯、心理特征、需求偏好等方面的差异，满足其个性化的信息需求，最终实现精准传播的目的。

---

① 王哲：《中国移动“互联网+”助力脱贫攻坚》，《中国报道》2019年第3期。

（二）个性化的传播内容

受众细分是传播内容个性化的基础。传播主体基于大数据对不同类别贫困受众对象的信息需求作出分析，精确匹配个人信息数据，掌握个性化获取信息的要求，“量身定做”个性化信息内容，以能够满足其个性化需求的信息推送达成传播内容的精准化。实现扶贫信息精准传播必须在信息内容的个性化与传播对象的分类化之间建立起对应关系，例如一则定向的转移就业信息，即对应于特定地域有外出打工能力和就业需求的贫困户。大数据平台根据其建档立卡的资料和贫困类型的归属，通过数据收集和技术工具，实现统一的人群数据管理，也就是根据“用户画像”判断其需求，进行资讯匹配和过滤，进而在其手机的 QQ 或微信客户端推送信息，实现传播内容的个性化。

（三）把握传播时机和节奏

一般来说，受众对于信息的接受态度会由于不同时间节点而有所差异。精准传播在传播的时机上应该根据目标受众的特点，选择其最可能需要信息或者愿意接受信息的时间段推送信息。换言之，就是“在恰当的时间，把恰当的信息传递给恰当的人”。农村贫困群体对扶贫信息的需求常常有特定的时间要求，比如农时、气象、农副产品市场需求及价格等都有十分严格的时间节点限制，在不需要某类信息的时间里，这类信息的出现反而会起到适得其反的效果；同时还应认识到，精准传播的基础是大数据用户画像和受众细分，而目标受众的情况随时可能发生变化，受众细分和用户画像并不能同步，有时是明显滞后的。所以传播者要把握好传播时机和传播节奏，以差异化的传播时机取得信息传播的最佳效果。

（四）精确推送信息

大数据下的扶贫信息精准传播，除了传播对象、传播内容和传播时机的精准对位匹配之外，还应做到信息的精确推送。首先是农业生产具有明显的季节性和周期性特点，很多扶贫种养殖项目参与农户的信息需求会因农时因季节而变化；其次是贫困农民的文化水平和信息能力普遍不高，对信息的解读理解有着诸多困难。因此传播主体在信息传播过程中应尽可能地将适宜的信息内容、恰当的传播时机、正确的信息推送路径合为一体，精准传递给有需求的受众。要做到信息的精确推送，必须科学评估受众的信息接受能力和所使用的信息终端，运用集手机、电视、广播、PC 机、电话等于一体的多媒体信息服务终端，以短信、语音、短视频、微信、邮件等多形式、多途径将针对性的信息推送给用户。

信息技术作为先进的生产力，已成为打赢脱贫攻坚战、推进精准扶贫向纵深发展的重要动力。精准传播是未来信息传播的发展方向，大数据技术为精准传播创造了无限的创新空间，也为实现扶贫信息的精准传播提供了广阔的天地。治贫先治愚，扶贫先扶智，信息传播在精准扶贫工作中具有基础性、先导性和持续性作用，当下亟待解决的问题，是如何为大数据技术在扶贫开发领域的全面应用营造坚实的现实基础与制度环境，建立起完善的扶贫信息服务体系，实现网络覆盖、信息覆盖、服务覆盖，实现大数据技术在扶贫信息精准传播中的价值最大化。

第三节　大数据精准扶贫信息化平台的应用实证

在中央和地方政府及社会各界的推动下，将大数据平台应用于精准扶贫，运用信息化、数字化手段精准识别、精准帮扶、精准管理扶贫对象。强化贫困人口信息的采集、分析和录入工作，实现贫困人口进出动态管理有序，积极推动扶贫开发工作，已经成为不可逆的大趋势。

大数据精准扶贫信息平台以高频率的数据跟踪和信息更新，为准确快速识别贫困人口提供了高效的方法，为贫困地区农产品种植和产品加工的种类和时机提供科学的预测，根据具体效果反馈，为政策的修改提供合理的建议，实现了对贫困地区和贫困群众的“授之以渔”。

中央政府构建的国家大数据处理和云管理中心平台，通过网络与全国各地的扶贫数据库、大数据模型等相联相通。国家大数据精准扶贫信息平台对各地的扶贫数据可以随时调取、进行监测和分析对比。通过该平台，政府可以更全面地了解全国贫困区域情况，了解相关政策执行效果，利用计算机的强大计算能力发现扶贫中存在的问题并通过数据层的优化制定和修改相关政策，更合理地配置扶贫资源。

在大数据支持下构建的精准扶贫信息化平台，不仅能够实现对贫困人口的精准识别和动态监测管理、一户一策帮扶措施的落地、扶贫项目进村到户的安排及实施、扶贫资金的使用管理等情况进行全方位的管理和监控，还具有贫困户行为预测、脱贫返贫预警、为贫困户和扶贫组织提供个性化信息服务、与社会各种扶贫力量进行信息共享的功能。大数据精准扶贫信息化平台的“脱贫攻坚”第三方检测评估功能，更是为推进脱贫攻坚各项政策措施落实到位，确保脱贫成效真实可靠发挥了重要作用。

下文我们以陕西省镇巴县为个案，具体分析大数据下的扶贫信息精准传播问题。

通过当地政府的安排，我们参加了陕西省镇巴县 2018 年的脱贫攻坚第三方评估，并以此为例，深入研究了基于大数据的精准扶贫信息化平台是如何通过统筹整合金融、社保、财政、医疗、民政等各方数据，利用大数据技术提升处理数据能力和效率，发现和挖掘其内在价值，为扶贫工作提供真实可靠、及时全面的决策数据，为实现精准扶贫和精准脱贫提供有力支撑。

一 陕西省镇巴县概况

镇巴县位于陕西省南端的大巴山西部，米仓山东段，为典型的土石山区，境内山大坡陡。国土面积 3437 平方公里，总人口 28.9 万人，境内有汉族、苗族、回族、维吾尔族、壮族等民族居民，是西北地区最大的苗民聚居地。全境辖 8 区 1 镇 48 个乡（镇），473 个村，2795 个村民小组，69984 户，281664 人，其中农业户 65994 户，农业人口 264636 人，农村劳动力 12.16 万人。现有耕地 2.97 万公顷，其中水田 0.45 万公顷，梯地 0.8 万公顷，人均基本农田 0.047 公顷，耕地中 25 度以上的陡坡耕地占 46%。[①] 2017 年农村居民人均年收入 9468 元，低于同期全国农村居民人均收入 13432 元和陕西省农村居民人均收入 10265 元的水平。[②]

---

① 刘学宽：《农民的贫困状况及其扶贫对策——陕西省镇巴县农民贫困状况调查》，《农业经济问题》1993 年第 3 期。

② 镇巴县统计局：《镇巴县 2017 年国民经济和社会发展统计公报》，www.zb.gov.cn/xxgk_15661/xxgkml/tjxx/201805/t20180519_512338.html。

镇巴县地处巴山腹地、省境边陲，偏远闭塞，辖区内贫困人口多、贫困程度深，是国家扶贫开发重点县和陕西省 11 个深度贫困县之一。全县有贫困村 129 个，建档立卡在册贫困户 17639 户，48968 人，2017 年的贫困发生率为 21.5%。

二 大数据精准扶贫信息化平台的设计

该县的精准扶贫信息化平台基于大数据技术、预测建模分析技术搭建而成，是全省四级一体（省、市、县、镇）数据平台的一个组成部分，上联省市，下通乡镇，包含了基于互联网的外网网站、各级人员使用的手机 APP 客户端、扶贫事权管理系统和扶贫大数据分析系统等主要内容，并建立了相应的信息化支撑体系。在技术处理上主要采用 Hadoop 软件。Hadoop 是使用海量数据存储和计算的软件框架，包括数据存储（HDFS）和数据计算（MapReduce），为海量的数据提供了存储和计算之便，充分利用集群的威力进行高速运算和存储，大大提高了数据处理效率。

平台的功能设计贯通了贫困户精确识别、精准帮扶、精确管理、帮扶成效评价、意见反馈、大数据分析等整个扶贫全过程：在贫困户精确识别阶段可实现扶贫信息公示、评选结果反馈、建立贫困户档案和数据库等功能；在帮扶阶段，可为精确帮扶、精确管理提供信息化手段支撑，包括贫困户信息管理、阳光操作管理、扶贫事权管理；在帮扶成效评估和意见反馈阶段，可提供基于“互联网 +”的在线评价和网站在线反馈功能；通过对系统运行所积累的大数据进行系统分析，具有可提供对贫困原因、帮扶措施、帮扶效果、贫困户分布等的关联性分析，趋势分析、预测、综合数据分析、数据挖掘、领导辅助决策、统计报表等功能。

平台主要应用于精准识别、精准帮扶和第三方检测评估，可对全县贫困户信息进行全面精确的统计，对扶贫项目、扶贫资金实施全面公开、监督管理，对扶贫过程进行有效跟踪和管理，对扶贫结果进行实时查询；还可以对贫困户相关数据进行可视化分析，提前预测该户未来一个时期内可能会发生或出现的情况，进而采取有针对性的帮扶措施等。为扶贫工作的进一步开展积累有效的基础数据，为全县扶贫大数据趋势分析奠定了良好的基础（平台功能设计如图 8－1 所示）。

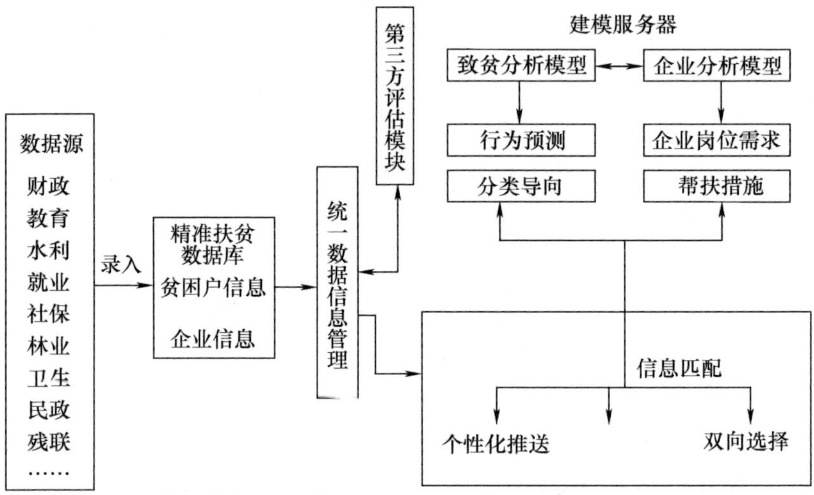

图 8－1　大数据精准扶贫信息化平台功能设计示意图

三　大数据精准扶贫信息化平台的功能

（一）精准识别

镇巴县精准扶贫信息化平台的贫困识别数据基于两个来源：一是由村级组织负责采集、甄别和录入的本村贫困户信息，经过逐层核验，落实责任，确保数据信息及时更新、真实有效；二是全方位跟踪贫困户的动态信息，平台对其贫困原因、经济收入、住房安全、子女就学就业、政府补贴等指标进行数据分析和识别。该县每一个建档立卡贫困户的经济状况、贫困原因、帮扶需求、帮扶措施等信息在平台上都有详细记录，并存储财政、教育、就业等方面的数据，根据贫困户人均年收入、有无辍学学生、有无危房等条件，通过大数据技术的并行计算加以精准识别。通过现代化的管理手段，实现对贫困地区贫困状况的监测，能够让各级政府部门更加全面直接地了解、掌握贫困状况和数据，分析致贫原因，摸清帮扶需求，明确帮扶主体，落实帮扶措施，开展考核问效，实施动态管理，并检查帮扶责任人履职情况和贫困户脱贫情况。为扶贫开发决策和考核提供依据，推动精准扶贫工作的科学化和规范化。

（二）精准帮扶

平台针对不同贫困区域环境、不同贫困农户状况，运用科学有效程序对扶贫对象实施精确识别、精确帮扶、动态管理的治贫方式。

一是行为预测。大数据的信息连续更新功能保证了脱贫攻坚及动态监测的正常运行，使扶贫思维和扶贫措施更具有前瞻性，将被动帮扶转为主动帮扶，将“问题应对”转向“问题预测”，大数据技术的行为预测，包括扶贫需求预测和脱贫返贫预测两个方面：

扶贫需求预测，即在大数据支持下，通过贫困主体与帮扶主体之间的行为交汇，分析贫困户脱贫的行为，预测扶贫需求，了解贫困户的意向并提供对应的帮助。贫困户对于脱贫所需的资源不尽相同，有的愿意发展产业走致富路，有的则觉得平稳度日就好，前者需要寻找与本地资源环境相适应且具有脱贫作用的产业项目，以及产业指导、资金、人才、技术设备，还要对参与培训的贫困户提供补贴，为贫困户、扶贫企业提供免息小额贷款等等；后者则需要政策兜底保障，将符合条件的农村低保对象全部纳入建档立卡范围，给予政策扶持，确保其基本生活之需。那些无法依靠产业扶持、就业帮助等方式实现脱贫的贫困家庭，将实行政策性社会保障兜底，帮助其脱贫增收。

图 8 - 2 是大数据平台通过对贫困户收入与支出的经济信息进行统计所作出的行为预测，图中 X1—X7 分别为务工劳务收入、农副业生产收入、投资或财产租赁收入、国家支农惠农政策性补贴收入、生产经营支出、子女教育支出、医疗费用支出。

分析表明，在该县贫困户经济行为中，国家支农惠农政策性补贴收入（X4）为高频率行为，而务工劳务收入（X1）和农副业生产收入（X2）以及投资或财产租赁收入（X3）行为频率较低，说明大部分贫困户的主要经济来源是政府补贴，但部分贫困农民则因自己的务工劳务收入（X1）或农副业生产收入（X2）等勤劳致富行为而脱贫。基于图 8 - 2 的预测结果可以合逻辑地推出行为信息分析，说明 X1 的集中趋势十分显著，因此要使贫困户脱贫，就必须增加务工劳务收入。大数据平台的行为预测精准分析为政府了解贫困户的扶贫需求和落实帮扶措施，提高精准扶贫成效，推动整体脱贫提供了依据和帮助。

脱贫返贫预测是对脱贫户可能会出现返贫的情况进行提前预警，

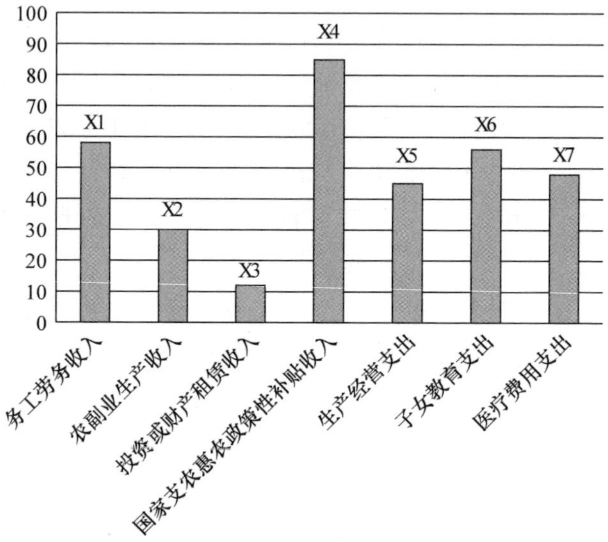

图 8－2　贫困户经济行为相关信息统计

资料来源：由镇巴县扶贫办提供的数据生成。

是确保精准扶贫成果的有效手段。还是以镇巴县为例。按照陕西省 2018 年的贫困户脱贫标准，建档立卡贫困户达到“两不愁，三保障”，即不愁吃、不愁穿，保障义务教育、基本医疗和住房安全，年人均可支配收入在 3900 元以上（包括务工收入、生产性收入、财产性收入、转移性收入等）即为脱贫。平台对镇巴县某一贫困户在脱贫期间（2013—2017 年）的行为进行分析预测，输出结果如表 8－1 所示，R 统计量显示值为 0.975801，具有较高的拟合度，并且在显著性水平 0.5 区间下，其 T 统计量、F 统计量的 P 值都极小，说明回归方程显著，各项检验符合预测要求，进而计算出该户 2017 年人均纯收入为 3450 元，预计 2018 年人均纯收入较上年有所增加，可达 3950 元，表明该户已接近脱贫标准线。此时大数据平台将作出提示，为帮扶单位提供预设帮扶措施，提前做好帮扶资源配置，防止出现脱贫又返贫的现象。如果所预设的精准帮扶措施落实后，大数据平台就能据此预测出 2018 年后两年该户的人均纯收入水平将会达到 5950—6020 元，按照这个收入水平，该户已经远远越过了脱贫标准线，实现了稳定脱贫。

该县扶贫办负责人介绍，他们依托大数据精准扶贫信息化平台开展帮扶对象的行为预测，由静态处理到动态预测，能够及时了解贫困户的动态变化，基本解决了过去由于静态信息滞后所造成的扶贫目标瞄准偏差的问题。

二是脱贫问题导向。精准脱贫的基础是精准扶贫，大数据平台的系统分析根据行为预测中发现的问题，适时进行脱贫导向，将扶贫需求与资源配置精确对位，引导贫困户精准脱贫。大数据平台特别关注贫困户的支出骤增、收入骤减现象，一旦发现就会立刻发出预警提示。如发现某贫困户的医疗费用支出明显高于其他贫困户，有因病返贫的可能时，就可以为其配置部分医疗资源，由有关部门帮助解决医疗费，帮助其稳定脱贫。再如发现一贫困户的劳务性收入虽有增加，但不甚明显，平台会导向务工信息的推送，保证其收入稳定增长，实现如期脱贫。由于实施了对扶贫对象的动态监测，大数据平台会根据帮扶对象的脱贫方式和行为，针对脱贫过程中出现的问题推荐个性化帮扶措施并精准对接，形成“脱贫即出、返贫即入”的良性帮扶动态调整机制。

表 8 - 1　**拟合值输出表**

Dependent Variable：Y
Method：Least Squares
Date：03/11/17 Time：00：45
Sample：2013- 2017
Included observations：4

Variable	Coemcient	Std. Error	t - Statistic	Prob
C	1. 36E - 12	1. 29E - 12	1. 058221	0. 4820
X1	0. 500000	1. 79E - 16	2. 79E + 15	0. 0000
X2	- 0. 500000	2. 35E - 16	- 2. 13E + 15	0. 0000
R - squared	0. 975801	Mean dependent var	1770. 375	
Adjusted R - squared	0. 985339	S. D. dependent var	2457. 167	
S. E. of regression	6. 06E - 13	Sum squared resid	3. 67E - 25	
F - statistic	2. 47E + 31	Durbin - Watson stat	1. 101266	
Prob（F - Statistic）	0. 000000			

三是依托大数据提高第三方监测评估精确度。镇巴县根据《中共陕西省委陕西省人民政府关于贯彻落实〈中共中央国务院关于打赢脱贫攻坚战的决定〉的实施意见》和《陕西省脱贫攻坚第三方评估工作方案》精神，对精准扶贫工作成效展开评估。

独立的监测评估方通过平台的第三方监测评估模块，对各地精准扶贫情况，主要是贫困人口识别准确率、贫困人口退出准确率和因村因户帮扶工作群众满意度（简称“两率一度”），以及“两不愁，三保障”情况、脱贫攻坚重大政策措施落实到户和成效情况等进行调查核实、监测评估和分析研判，并分析其中可能存在的主要问题。利用大数据优势有效提高了评估的精确度和可信度，减少了人为因素的干扰，为深化精准扶贫工作成效考核与优化决策提供了参考依据。

四　大数据精准扶贫信息化平台在精准传播中的应用

（一）信息共享

广泛动员全社会力量共同参与扶贫开发，包括鼓励支持民营企业、社会组织和个人通过各种方式积极参与精准扶贫是我国扶贫开发事业的成功经验，日益显示出巨大的发展潜力。全国工商联开展的“万企帮万村”精准扶贫行动，如今已有2.2万多家民营企业结对帮扶2.1万多个贫困村。[①] 2016年10月，国务院扶贫办建立中国社会扶贫网，从建档立卡贫困信息系统，抽出适合社会帮扶的对象，探索贫困信息、帮扶资源与社会组织共享，让社会组织可以根据自身条件和帮扶对象的具体情况，自主选择决定帮扶方式、地区和贫困户家庭。大数据信息化平台与各帮扶企事业单位、社会组织和个人的扶贫信息、数据实时共享，通过分类，优化匹配社会力量扶贫的有效资源，实现就近帮扶、按需帮扶的社会扶贫资源的价值最大化。比如整合贫困地区劳动力的劳务输出，不仅缓解了企业的用工困难和压力，也实现了就业脱贫。再如电商企业上架并促销贫困地区的优质蔬菜、山珍、特色干货等农特产品，引导贫困地区依托各村自然资源、人文资源，积极开发原生态体验、观光采摘、农家乐、

① 黄晓雪、刘亚丽、鞠明明：《社会组织扶贫的实践与展望——基于扶贫领域和方式视角》，《产业与科技论坛》2017年第9期。

垂钓休闲、养生度假，开发地方特色旅游小商品生产，使贫困户在“游购娱吃住行”多环节获利增收，实现消费扶贫。

（二）双向选择

为贫困户和扶贫主体提供扶贫信息的个性化服务及双向选择，激发贫困地区整体和个体的脱贫内生动力，是大数据精准扶贫信息化平台应用于扶贫信息精准传播的又一重要功能。

比如，在各项精准扶贫措施当中最关乎未来的就是教育扶贫。“扶贫先扶智，治贫必治愚”，教育扶贫不仅仅是简单地解决贫困户子女的升学、上学困难问题，而是要将就学与就业紧密结合起来，使其成为彻底摆脱贫困的根本之计、长远之计。由于缺乏良好的教育，西部贫困地区农村人口普遍存在“打工没技术，创业没思路，务农没出路”的状况。[①]要想拔掉“穷根”，就必须大力实施教育扶贫，让贫困地区的孩子接受良好教育，掌握一技之长。没有一技之长，就没有自我造血的能力，因此，教育扶贫是从根本上扶贫。

大数据精准扶贫信息化平台录入各级各类学校相关信息，引导学生及家长优先选择适应经济社会发展、就业前景广阔、适合学生个人发展的学校或专业。在义务教育阶段，贫困户在平台上可选择合适的学校，学校则通过平台选择符合条件的贫困地区实施教育扶贫，进行对口教学，切实采取措施，让辍学儿童重返校园；在职业技术教育方面，大数据精准扶贫信息化平台立足当地主体产业培育需求，发布推送进村入户职业培训、创业辅导、农业技能“师带徒”、订单式、定向式和项目制培训等信息，贫困户根据自己的实际情况加以选择，采取“缺什么、补什么，用什么、训什么”的原则实现“职教一人、就业一人、脱贫一家”的目标。

又如因病致贫、因病返贫是导致农村居民贫困的重要原因，在我国7000多万贫困人口中，因病致贫的占比达到42%，在“五大类致贫原因”中居于首位，因此健康扶贫对于整个脱贫攻坚战有着重要的作用。[②]

---

① 傅宝珍、黄义华：《精准扶贫战略中文化扶贫的理性思考——以江西省为例》，《中国井冈山干部学院学报》2018年第2期。

② 王起国、李金辉：《充分发挥大病保险功能 助力打赢脱贫攻坚战》，《保险职业学院学报》2016年第3期。

平台数据库录入了各级各类医院的详细信息，使受疾病困扰的贫困农民通过平台可以找到合适的医院寻诊问药，医疗机构也可以通过平台发挥自己的优势，为贫困户排忧解难。

再如大数据精准扶贫信息化平台围绕现代工业发展和城镇化带动战略的用工需求，将企业所需劳动力的各项条件信息通过平台向外推送，使有外出务工意愿的农民经过筛选可以寻找到合适的工作岗位，企业则可以招揽到急需的工人。

（三）信息个性化推送

因人因户精准施策是精准扶贫的基本原则，扶贫信息通过大数据平台的个性化推送，把脱贫措施落实到了每一户每一人。大数据精准扶贫信息化平台的个性化推送有以下三个层次：

一是数据采集层。数据采集是一个多层次、多维度的信息采集系统。多层次是指将县、乡（镇）、村、户分为四级采集数据；多维度是指从贫困人口的基本情况、生活条件、经济收入、帮扶措施等方面全方位地采集记录信息。平台在贫困人口与数据之间自动建立对应联系，数据挖掘技术会在大量数据中分拣出关键节点，应用关联分析实现精准识别、精准分类。平台建立的数据中心，详细记录、储存了每个贫困户的相关信息，进而将其带入数据分析层进行处理。

二是数据分析层。分析层通过 Storm 流计算技术对贫困人员数据信息进行实时分析，在分析中挖掘致贫缘由，然后进行相关逻辑运算，在贫困户和数据信息之间建立匹配关联，利用数据挖掘和筛选技术对信息资源加以整合，将数据从无序状态变换为有序状态，即把零乱分散的信息加工成能够提供有效服务的信息。

三是个性化信息推送层。平台基于对贫困户数据和行为信息的分析为其找出最佳脱贫路径或方式，并通过交互式信息传播渠道向贫困家庭靶向推送相关扶贫种养殖项目、外出务工、医疗教育等信息，以实现精确瞄准贫困户、为其量身定制的个性化信息精准传播，如政府部门引进或社会帮扶力量实施的“定点”“结对”帮扶项目等。而且平台还会对参与精准扶贫的各种社会力量进行分析，根据他们在实施扶贫产业项目中所需要的劳动力、自然资源、农特产品的类型和要求，为其推送经过精确匹配的信息，实现个性化服务。平台的个性化信息推送提高了扶贫脱贫精准度，实现了扶贫数据精细化管理，为精准脱贫提供了差异化、个性化、人性化的服务，做到因人施策、因户施策，保证了扶贫效果。

我国贫困人口数量多，各地情况差异甚殊。过去往往受到科技水平有限的制约，主要通过人工进行数据采集和后期分析进而制定相关政策，因此出台的扶贫政策精准度不高，同质化甚至“一刀切”的现象比较普遍，导致扶贫开发投入巨大却效果欠佳。若要追根溯源，根本原因还是由于扶贫过程中难以获取准确数据、难以进行数据科学分析、难以实施有效的数据管理。现在大数据精准扶贫信息化平台能够多维度地获取贫困地区和贫困人口数据，在数据统计分析、信息调用、地域联通等方面与国家其他系统的网络实现连接和共享，将当地水文气象、农林水利、工商、经贸等相关职能部门和科研机构与扶贫相关的数据库接入平台的扶贫信息管理系统，共享当地的气候、水质、土质、经济、生产等信息，在大数据精准扶贫信息化平台上可以更方便更快捷地查询和使用多维度信息，为扶贫信息的精准传播夯实了基础，提供了先进的技术支撑。

在“互联网＋”时代，信息技术与经济社会的深度融合使数据呈飞速增长之势，大数据信息集成及处理运用已发展成为国家的基础性战略性资源。在目前扶贫开发“啃硬骨头、攻坚拔寨”的最后冲刺阶段，更要充分利用大数据快速、便捷和高效的优势，加快推进精准扶贫工作，赢得脱贫攻坚战的全面胜利。

第九章

精准扶贫中的手机微信传播

数字鸿沟是现今全球范围内普遍存在的现象，不仅发达国家与欠发达国家之间存在着信息产业，在网络信息技术的拥有程度、应用程度及创新能力方面形成巨大的数字鸿沟，而且同一国家内部不同地区之间、城乡之间也因为经济发展差异、信息流动趋势等原因也存在着明显的数字鸿沟。

在我国，数字鸿沟造成的差别是继城乡差别、工农差别、脑体差别“三大差别”之后的“第四大差别”，这种差别不仅仅表现在数字技术和信息技术上，而且已经成为我国经济社会发展中日益突出的一个社会问题。[①] 特别应该引起注意的是，我国数字鸿沟的地域差距与我国西高东低的地形梯级分布十分相似，不过方向却恰恰相反，我国东、中、西部地区数字技术的普及、使用呈明显的东高西低梯级分布形态，东部的珠三角、长三角、环渤海经济带等沿海城市数字化程度相对较高，中部地区次之，而西部地区数字化程度最低。随着城市化进程的加快，我国城乡之间、东西部地区之间数字鸿沟所造成的信息化水平差异越发明显，形成了区域间经济和社会发展的严重失衡。截至 2018 年 12 月，我国农村地区的互联网普及率仅为 38.4%，较城镇地区的互联网普及率 74.6% 低了几乎一半。[②] 数字鸿沟造成的城乡差异主要表现在三个方面：首先是因为通信基础设施落后，贫困地区农村居民互联网的使用程度很低；

---

① 廖丹子：《无边界安全共同体——探索智慧城市公共安全维护新路向》，《城市规划》2014 年第 11 期。

② 中国互联网络中心：第43 次《中国互联网络发展状况统计报告》，www. cnnic. net. cn/hlwfzyj/hlwxzbg/hlwtjbg/201902/P020190318523029756345. 。

其次是由于农村贫困地区居民的传播技能、媒介利用能力较差，对新媒介的接受与使用滞后，缺乏对信息的检索及筛选能力；最后，受上网资费的限制，信息消费能力差。因此缩小数字鸿沟对于精准扶贫、实现全民小康社会有着重要的影响。

在互联网技术的发展推动下，信息传播技术日新月异，新媒体层出不穷，信息生产和传播主体、传播方式更加多元。特别是随着移动终端的配置升级和系统智能化，实现了信息传播的即时性，传播内容的海量级增长，丰富了通信方式的多感官延伸。移动互联网的发展和智能手机的普及，使人们的认知习惯、行为方式等都在潜移默化中受到了影响并发生着改变，使用场景从固定性到移动性，使用习惯从整体化到碎片化，使用需求从单向性到交互性等多元变化，不可避免地带来媒介形态的变化，手机微信就是其中的杰出代表。

由于科技发展、产能提升以及消费市场的日趋成熟，国内的智能手机厂商在发展中高端科技产品线的同时，与运营商合作推出了一系列优惠促销举措，智能手机市场普及率快速上升。根据工信部发布的《中国无线电管理年度报告（2018 年）》的统计数据，2018 年我国手机用户达到 15. 7 亿户，其中智能手机占 70% 左右。[①] 同时，由于农村地区宽带普及率快速增长以及国家实施的精准扶贫政策，移动网络运营商也在积极针对贫困地区作出资费调整。在这样的环境下，越来越多的贫困地区农民有了使用手机微信的可能性。

手机微信是以即时通信为基本功能，以智能终端为搭载平台的应用程序。在功能方面，它是集即时通信、社会交往与社会传播于一体的立体式传播渠道；在即时通信方面，与传统媒介相比较，微信聊天及群聊功能以其即时性与便捷性获得了很高的使用频次。它的双向性传播方式符合农民传统的人际交流习惯，因而也提高了农民对信息的获取及采纳能力。微信对话框内部简洁的交互设计及发送语音、图片、视频等功能对于文化程度较低的农民也具有可操作性。在社会传播方面，农民可以在微信公众号平台上通过关键词搜索或者关注相关公众号获取资讯，信

① 工信部无线电管理局：《中国无线电管理年度报告（2018 年）》，www. miit. gov. cn/n1146285/n1146352/n3054355/n3057735/n3057743/c6691998/part/6704717. pdf。

息通过主动搜索与定时推送两个方式被传递给农民，较之广播电视报刊等大众传播媒介，微信搜索功能输出的信息更具有精准的特性。因此，微信是精准扶贫、精准脱贫的有力工具，通过对微信各项功能的实际应用，可以缩小数字鸿沟现象，实现信息精准扶贫。

第一节 微信的兴起与功能

微信是进入新世纪以来普及面最广、使用者最多、影响力最大的新媒体之一。它以不可思议的速度和力度改变了人们原有的行为习惯和思维方式，同时也对传统的信息传播渠道和传播形式以及话语方式产生了深远的影响。

手机微信由腾讯公司在 2011 年 1 月推出，以手机为主要使用终端，向用户提供集语音、文字、图像、视频于一体的即时通信服务，通过移动网络实现用户间即时发送文字、图片、语音短信和视频等多种方式的交流。腾讯公司以巨大的通信市场需求为目标，推出通信功能更多、互动性更强、通信方式更丰富、资费更低廉的全新通信服务样态，微信一经问世就引发强烈反响，获得广大用户的青睐。《2018 微信年度数据报告》显示，2018 年，中国大陆每天有 10.1 亿用户登陆微信；日发送微信消息达 450 亿条，每天音视频通话次数达 4.1 亿次。[①]

微信诞生年限虽短，但迭代速度却十分惊人，并且每一代版本的更新都会显示出新的传播特点。以微信为代表的“新新媒体”极大地改变了传统媒体的信息生产和传播方式，产生了巨大的影响力。

一 微信的历史与发展

2010 年 10 月 21 日，一款新的移动聊天软件 kik 上线，仅仅 15 天就达到了百万级的使用量。这是一个加拿大滑铁卢大学的学生团队研发的跨平台即时通信软件，它首创性地导入了手机本地通信录，添加联系人

① 刘育英：《2018 微信年度数据报告：每天 10.1 亿用户登录微信》，人民网（media. people. com. cn/n1/2019/0110/c40606 - 30513560. html）。

为应用好友，其设计初衷只是让年轻人能够轻松地与好友聊天，但谁也没料到，这款极为简约的即时通信软件却成了移动聊天领域的先驱。

仅仅两个月后，小米科技就推出了米聊，这是国内最早出现的类 kik 软件。此后国内市场上涌现出众多类 kik 软件，如陌陌、来往等等。作为微信的前身，这些软件的推出为微信的崛起投石问路，促使微信厚积薄发，最后一枝独秀，成为用户增长最快的移动即时通信软件。

腾讯公司于 2011 年开发出了微信平台，使用微信的用户可以通过手机、笔记本电脑、平板电脑、台式电脑等多种终端，选择使用语音、视频、图片和文字或者以上各种方式的综合等多样化的方式来实现即时信息的传播，为大众提供了一个即时、廉价、方便、快捷的掌上信息共享平台。

2014 年 9 月，微信又推出了两个重要的新功能：一是微拍。用户使用手机拍摄的小视频，用微信立刻就可以分享到朋友圈或发给特定的对象。作为自媒体的新兴载体，其强大的交互性使任何传统媒介都望尘莫及。二是发红包。2015 年春节，腾讯公司巧用中华民族过年发红包的文化民俗，与央视春节联欢晚会合作推出“春晚摇一摇抢红包”的活动，引爆了全民的发红包热情，成为春节的全民娱乐项目。从除夕夜的 20 点 10 分至初一零点 48 分，春晚微信摇一摇互动总量达 110 亿次，峰值达 8.1 亿次/分钟①，大大提升了微信的品牌影响力。

微信凭借其独特的功能和出色的体验在用户群中迅速普及，成为最受欢迎的即时通信软件。微信突破了手机短信只能发文字、彩信而不能发语音信息的局限，集文字、图片、语音、视频等多种交流功能于一体，调动了人们的各种感官，全方位、立体式地升级了人们的交流方式，给了用户全新的体验快感。微信在推出后的短短数年里就获得了井喷式的用户量增长，迅速成长为首屈一指的移动即时通信软件，移动互联网的迅速发展普及，以及微信自身清晰准确的定位和用户对媒介的使用需求偏好等多方面合力，共同造就了微信的辉煌。

二　微信的主要功能

微信从刚诞生时的一个极为简单的即时通信软件逐渐发展为综合性

---

① 鹿小鹿：《红包抢了，然后?》，《商周刊》2015 年第 Z1 期。

的移动社交平台，它具有信息传递、游戏娱乐、购物支付等多种功能。众多企业利用微信平台推销产品，拓展出广阔的消费市场；传统媒体纷纷开辟微信公众号，依托微信的传播特点，使得信息传播活动更能精准地满足细分后的受众需求；个体受众不但可以通过微信社交，获取新闻信息，还可以选择游戏、购物、支付等更多附加功能，甚至已经成为一种全面融入社交网络的生活方式。

（一）语音、视频聊天

微信除了发送文字和图片外，还提供了语音短信、视频等服务。语音功能是早期微信最重要的功能，也是当时微信能够力压群雄的主要原因。后来微信又增加了语音识别和视频通话技术。语音与活动图像使得人际交流回归本真的沟通方式，相对于生硬无趣的文字交流形式，它能够更加准确、形象生动地传递信息，而用户也在交流中获得了更为愉悦的体验。

（二）好友添加

微信添加好友的方式主要是读取手机通信录及 QQ 好友联系人信息，也可以通过微信号直接搜索。一键读取 QQ 好友和手机通信录联系人，不但方便用户，无须重新建立用户群，而且更让微信奠定了庞大的用户群优势。

此外，微信迎合了都市年轻人时尚新奇的交友需求，开发出基于地理位置服务的“添加附近的人”功能、“摇一摇”随机交友功能、“捞取漂流瓶”随机聊天功能等，这些极富创意的交友方式，不仅增加了趣味性，也加强了用户的使用黏度。

（三）朋友圈

微信朋友圈是微信用户在朋友圈板块分享信息的功能，信息的形式包括文字、图片、视频、转发公众号推送消息等，同时又可以查看、点赞、评论自身好友在朋友圈分享的信息。

应该说，微信还是相当注意个人信息隐私保护的，虽然微信定位熟人关系圈，采取很多措施保护朋友圈内的信息私密性。比如，朋友圈内的分享只限于好友；又如对好友分享的点赞和评论内容也只能被双方共同好友所见。这种保护措施既可以防止在传播链中可能出现的“噪音”，又营造了良好的传播环境，但难以形成大规模的传播。

（四）公众号平台

微信的公众号是开放给个人、企业或机构通过注册以传播信息的平台。公众号有订阅号和服务号两种。订阅号偏重于为用户传送资讯，旨在构建传受双方之间更好的沟通关系；服务号则偏重于服务交互，以咨询推送、互动沟通为主，提供更强大的业务服务与用户管理能力。当微信用户选择关注某一公众号后，就可以接收到来自该公众账号推送的信息，并且可以收藏、转发给好友或分享到朋友圈，形成多级链条传播，而且用户可以随时取消关注，不必全盘接受媒介信息。这种只选择有兴趣的、于己有用的信息接受方式使信息的传播更为精准、信息的使用率更高，同时又提升了受众的忠诚度，增强了媒介使用黏性。

正如有研究者所指出的：微信的公众号开启了一种新的网络大众传播模式，公共账号可以推送信息，人们可以通过关注公共账号来接受信息，这种一对多的大众传播方式，实际上给予用户极大的选择权力，用户可以根据自身需求进行“私人定制”。服务号与订阅号两种类型的公共账号共同发展，进一步增强了功能，赋予微信公共账号新的意义。①

第二节　微信的传播特征

微信拥有庞大的市场占有率和用户群，这个当代中国最大的移动新媒体，已经广泛地嵌进民众的生活之中。在短短十年间，微信不仅发展为时下人们使用最频繁的信息交流工具和社交网络，而且是传递民声、反映民情的平台，各种思想、观点在这里交汇融合与博弈，为大众舆论的产生与传播带来了深远的影响。

微信是一种既承继了传统媒体的主要功能又开启了“微时代”传播的新媒介，其媒介功能主要表现出半闭环式传播和精准传播两大特征。

---

① 靖鸣、周燕、马丹晨：《微信传播方式、特征及其反思》，《新闻与写作》2014 年第 7 期。

一 半闭环式传播

与传统媒体“媒体—受众”的单向传播模式相比较，微信的传播则是“媒体—受众—信息反馈—媒体”，形成了一个并不十分严格的半闭环传播模式，但由于充分照顾了受众的信息需求，渠道闭环，传播精准，传播效果明显好于传统媒体。

（一）人际传播

以传播学视角观察，微信虽然兼具人际传播、群体传播、大众传播等功能，但主要是以点对点的人际传播方式为主。[①]

人际传播是两个传播个体之间的信息传播活动，是人与人社会关系的体现，也是社会活动中最常见和直接的传播现象。微信以熟人关系为基础搭建起一个较为封闭的传播系统，点对点的人际传播是它最重要的传播形式。这种联系最为频繁的熟人交际圈内的信息传播，虽然形式简单，但在传播内容和传播效果上却有着独到的优势。

微信用户的微信好友大部分来自于 QQ 好友和手机通信录联系人，手机通信录更是用户的现实核心社交关系的反映，因此微信基本上是通过聚集用户认识的熟人而建立起来的熟人网络。这样的强关系社交圈，其实就是将线下的人际交往线上化，好友之间可以通过微信更加便利地实现互动交流，同时，用户之间的好友关系减少了人际传播中的沟通成本，并且微信的设计是只有互相添加为好友的双方才能获取对方的信息，因此用户不用担心个人隐私会被陌生人看到。

（二）大众传播

所谓大众传播，按照目前国内比较权威的解释，就是“运用先进的传播技术和产业化手段的专业化媒介组织，以社会大众为传播对象而从事的大规模的信息生产和传播活动”[②]。根据该标准定义，微信并不具有大众传播的功能和意义，但有时又会有一些热点资讯在无数个微信朋友圈里疯传，其信息传播覆盖面与大众传播媒介相比也不遑多让。尽管如此，我们还是认为微信并不是一种大众传播媒介，充其量只能勉强被视

① 方兴东等：《微信传播机制与治理问题研究》，《现代传播》2013 年第 6 期。

② 郭庆光：《传播学教程》，中国人民大学出版社 1999 年版。

为弱大众传播。一是微信不能像传统媒体那样组织专业分工，进行专业化的信息生产，并通过专业设备将其大规模地传播给大量受众；二是微信不能像诸如微博、论坛等新媒体那样建立公共传播平台，创造热点话题和影响舆论导向；三是微信的大规模信息传播方式主要有公众号和朋友圈两种，从微信的覆盖面、传播力和影响力几个方面进行综合比较，这两种方式都没有大众传播那样的功能与条件。

先看微信公众平台。自 2012 年 8 月上线的微信公众平台对个人和企业开放，可以依托平台建立微信公众号，向订户发送各种形式的群发消息。平台后台支持网络版和手机版登录，具有群发助手、自动回复和用户群数据统计等功能。

2013 年 8 月，微信公众号进行了较大调整，升级之后被分成订阅号和服务号两种。服务号旨在为用户提供服务，开放对象主要是企业或组织，虽然服务号一个月内仅能发送四条群发消息，但其拥有强大的菜单功能，不但能为用户提供丰富的业务服务，还具备了完善的用户管理能力；订阅号旨在为用户提供资讯和信息，开放对象主要是媒体和个人，订阅号每天可以发送一条群发消息，逾期未发不能累计，相比服务号的群发频率，订阅号可以和用户有更多的沟通交流，并且可以进行菜单功能的定制开发。

公众微信平台的订阅号只能在用户订阅后才能收到相应的信息推送，对于信息内容，受众可以自主选择，亦可以随时取消订阅，因此受众掌握着主动权，而不必像过去那样被动地全盘接受。这种皆由用户选择的模式，大大提升了受众的忠诚度和使用黏性，而公众号运营者对于用户阅读的数据收集则会更加精准有效。

再看微信的朋友圈。Facebook 的崛起使六度空间理论广为人知，并催生了集社交和媒体属性于一体的新媒介，它们通过将朋友的朋友变为朋友的线上扩展，在虚拟的网络世界中连接起现实熟人的关系，将现实人际交往中的情感因素融入网络中，增强了网络在解决社会现实问题中的作用。

微信近十年来进行了数次版本升级，极大地提升了其社交功能。一方面增加了基于地理位置服务的“添加附近的人”“漂流瓶”的随机聊天、“摇一摇”的随机交友等弱关系链接来实现社交功能；另一方面通过微信用户及其好友之间的强关系链接，使朋友圈形成了一个微型的社交网络，为现实社会里的人际互动交流提供了一种补偿性途径与方式，将线上线下的社交活动融合为一体，帮助用户之间建立起更加亲密的关系。由于微信朋友圈本身设计的特殊性，只有互为微信好友的双方才能看到彼此的内容和评论。从这个层面上看，朋友圈就是一个比较私密的半闭环式社交圈，注重的是私密性更强的用户之间的互动。但也正因为如此，微信朋友圈在信息传播范围和传播程度上的效能十分有限，并不具备一般意义上的大众传播功能。

二　精准传播

精准传播的精髓是根据不同受众的个性化需求，将相应的信息和内容准确地传播送达给某个具体的受众对象，而这在媒介技术未达到一定高度的时代是无法想象的。在新闻传播史上，有两次媒介传播模式的重大进步。第一次是从人际传播发展到大众传播，第二次是近些年来从大众传播到分众传播的发展。[①] 随着媒介技术的创新和传统媒体向新媒体转型的尝试，分众传播又迅速地被精准传播的概念所取代，并在传播实践中得到了广泛充分的验证。

尼古拉斯·尼葛洛庞帝（Nicholas Negroponte）曾提出，信息时代的大众传媒，其覆盖面将经历从大到小的变化。[②] 互联网时代带来了媒体数量和信息内容的爆炸式增长，因此，包括传统媒体和新媒体在内的所有媒体面对着更多相同或是不同形态的竞争对手，承受着巨大的市场压力，急需发展更多的受众，只有占据一定的市场份额，才能维持自身的生存；同时，媒体又面临着受众在多元化海量信息环境下日益个性化选择的难题，无论再优质的信息内容总会有部分受众或群体不喜欢，甚至产生受众流失的情况。所以，重新细分受众，根据特定受众群的差异化需求制定传播内容，达成传播效果最大化是当下媒体生存必须高度重视的首要问题，这种精准传播的趋势，是时代发展的必然结果。但遗憾的是，目前能够实现精准传播的媒体并不多，应该说，微信是新媒体中精

---

① 熊澄宇：《从大众传播到分众传播》，《瞭望新闻周刊》2004 年第 4 期。

② ［美］尼古拉斯·尼葛洛庞帝：《数字化生存》，胡泳译，海南出版社 1997 年版。

准传播的佼佼者。

微信中的好友关系大都来自于 QQ 好友和手机通信录联系人并经过互相认证添加，这种联系紧密并由情感维系的强关系人际网络，决定了相互间的传播内容必然是双方的共同喜好，如同现实中熟人间的人际传播是点对点传播的充分交流，这就使得微信具有了真正意义上的精准传播性质和特征。

借助微信的功能设计，公共平台号也能够实现精准传播。微信公众平台号的门槛设置较高，不订阅不加关注也就无法得到推送的信息。这样一种模式完全颠覆了受众只能被动接受信息的传统，信息的接受者变为“使用者”，可以自由地根据个人喜好来选择媒体和内容，因而其群发消息到达受众终端后，接受阅读几乎为大概率。微信平台还为运营者提供用户阅读数据统计，可以根据订阅者的兴趣与特点来制作和调整传播内容，满足用户的个性化需求和偏好，形成用户的品牌忠诚，并通过人际传播，使更多的人关注。这种一点对多点的传播模式，明显优于传统媒体大水漫灌式的信息传播，具有更高的精准度。

第三节　微信传播的优势与局限

微信作为传输信息产品的新媒体，将电话和移动网络结合为一体，消解了横亘在两者间的壁垒，它所具有的自媒体、移动性、隐私性、即时性以及服务性等特征，使得微信在信息传播中具有很多优势。

一　高度的正向用户黏性

用户黏性是衡量网络产品与服务绩效的重要维度。心理学的实验研究证明，感知有用性、娱乐性、参与度以及互动性这四种元素能够大幅强化心理体验效果，产生巨大的黏性并且具有显著的正向影响。[①] 微信自面世以来还不到十年，已发展为拥有 10 亿多用户的中国最大的 APP，

---

① 代宝、刘业政：《基于期望确认模型、社会临场感和心理体验的微信用户持续使用意愿研究》，《现代情报》2015 年第 3 期。

它提供了极佳的用户体验，优良的用户体验所产生的高黏度必然会使用户的忠诚度大幅提升，而且用户黏性会不断增强。

20 世纪 70 年代，美国心理学家米哈里·齐克森米哈里（Mihaly Csikszentmihalyi）提出过沉浸理论（flow theory），认为当某个人在进行某事的过程中如能全神贯注地融入其中，同时完全排除了其他各种无关因素的影响，就会处在一种沉浸的状态。① 正如有研究者所指出的那样：由于微信自身的特点及丰富的信息，现实中人们对微信的使用容易产生沉浸体验，即娱乐感与探索性，表现出"忘记时间"和"沉浸其中"的状态，甚至出现自我强化、人机交互的无缝反馈、享受其中和自我意识降低的黏性专注感、愉悦感，人们对微信具有不断重复返回并延长其停留时间的意愿和行为。②

时下流行的社交信息工具很多，如陌陌、QQ、人人、抖音等，但与受众黏联度最高的无疑当属微信。在这个万物互联的时代，人们与手机和微信几乎须臾不离，不少用户还对微信产生了心理依赖。而微信具有的半闭环式私密性，以熟人关系为基础的社交网络所形成的传播空间，不仅延伸了传播半径，也增强了信息的认可度。

二　一体化的传受关系

微信自 2011 年问世，在不到 10 年里，用户已经突破 10 亿户，迅速取代其他形式的社交传播媒体，同时维持着良好的增长态势，同朋友网、手机通信录、定位社交（周围的人）以及 QQ 群等人际交流平台互通。美国社会学家马特·格拉诺维特（Mark Granovetter）将社会网络关系分为"强关系"与"弱关系"，微信通过与手机通信录的关联实现了真实身份的"强连接"，又通过"摇一摇"满足网络社会虚拟自我构建的"弱连接"，变成了网民极为常用的"移动信息平台""通信录搜集工具"和"高效沟通渠道"，同时彼此联合而构建起了大量的微信圈。

在微信朋友圈中，微信用户可以发布原创内容，也可以通过复制转

---

① 薛杨、许正良：《微信营销环境下用户信息行为影响因素分析与模型构建——基于沉浸理论的视角》，《情报理论与实践》2016 年第 6 期。

② 易奇志、承天蒙：《微信公众平台新闻传播正负效应分析》，《广西师范学院学报》（哲学社会科学版）2016 年第 2 期。

发他人信息，在这个传播过程中实现传者和受众身份的自由切换。传者和受众之间通过点赞和评论等互动方式实现信息与情感的互惠，从中体现和分化出具有不同强度关系的“关系程度网络”。同时，由于微信功能的不断演化，在微信中涌现的自媒体账号、订阅号、服务号等信息平台也呈现出弱关系或中等关系的特征，成为打破强关系封闭式传播的信息桥。[①] 特别是近年来涌现出大量有打赏功能的自媒体账号和具有鲜明个性化特色的服务号，其用户正向黏性持续提升，使本属弱关系的信息桥有向强关系过渡的态势。在这个社交网络中，传播主体和受众的界限也日益模糊，形成了多元化的传播生态，并在社会生活里表现出巨大的影响力。

三　多样性的通信方式

微信在接续了通信功能的基础上，又添加了语音和视频功能，与曾流行一时的彩信、短信、飞信等即时通信工具相比则更加时尚和人性化。微信的语音功能堪称最为人性化的设计，一旦进入这种在线对话交流的真实场景，通话者可将语速、语调、语气、语势等作为加强信息传递和表达情感的工具，后来增加的视频交互功能，则实现了人在异地的视觉链接。几近真实的“面对面”对话交流场景，清晰的面部表情、肢体语言等表意符号，使对话者能够感受和辨识更为丰富的信息内容。微信的技术突破颠覆了过去单一的文字交流方式，信息的传播变得更加精准化、立体化和形象化，真正成为“人的延伸”。

在信息传播中，微信的点对点通信方式不仅仅驻留于满足用户一般化的信息交流需求层面，而且包含着通信方式的多样性选择，如微拍、语音、图片、短信等，也很好地满足了强关系传播中个体在信息之外的情感需求。

四　用户主导的双向互动

微信传播主要是好友之间的点对点传播，微信群、朋友圈传播和公

---

① 邹佳青：《华人社会中的社会关系网络——社会网络中的中等关系与本土化解释》，《当代青年研究》2003 年第 4 期。

众平台消息推送，最大限度地实现了信息传播的交互性。

QQ 好友和手机通信录是微信好友的主要来源，数量一般在百人上下，大多为熟人或好友，以短信或在线实时视频通话点对点的传播交流为主。

微信群可供多人同时聊天交流，共享图片、视频、网址等。微信群强大的功能支持着发送语音短信、视频、图片（包括表情）和文字、多人群聊，查看所在位置附近使用微信的人（LBS 功能），还具有微博、邮箱、漂流瓶、语音记事本、QQ 同步助手等插件功能。

朋友圈传播的主要形式是在朋友圈分享诸如文字、图片、视频、转发公众号推送消息等各类形式的信息，还可以对其点赞或评论。虽然微信定位在熟人关系圈，但朋友圈内信息传播的私密性却备受保护：一是朋友圈的分享只能限于好友，圈外人无法参与；二是用户的点赞和评论内容只能被双方共同好友所见，也不能转发。微信的这一设计可以有效屏蔽信息传播链中的“噪音”，净化了传播环境，但与此同时使得传播面严重受限，无法形成大规模的传播。

公众平台消息推送是微信用户在选择关注某一公众号后，接受来自包括订阅号和服务号在内的公众账号推送的信息，并可以将其收藏、转发给好友或分享到朋友圈，形成多级链条传播。虽然这种形式一般都被视作单向度的群体传播或大众传播，但微信却匠心独运地在公众平台号页面预设了互动点击按钮，用户根据公众号运营者的设置，可以查询历史信息、推荐的分类信息及信息反馈等，或按照其功能入口进入共同兴趣社区，形成用户端与公众号的互动。

如果将微信与微博在信息传受双方的互动交流上进行比较，十分明显，微信重在双向的互动，而微博的“关注”则只是单向的尾随，在用户间以极简化的连接方式形成不对称的信息分享与流动。相比之下，微信更为看重信息传播的双向互动交流。作为即时通信软件，微信将重点放在构建和打造熟人社交圈上，让信息受传方更为主动积极地实现点对点的快速回复和及时反馈。观照微信的信息传播过程，首先是平台设计上的优化已将传播形式精简到极致，其次是全力排除噪音的干扰，将其降到最低程度，最后便是实现了既方便又简洁的双向直线传播。这种传播方式的最大优势，就在于即时互动而且互动程度高，很好地调动与实现了用户的参与功能。

五　移动化的功能设计

移动互联网是今后的主流发展趋势，用户随时随地都可以借助便携式移动终端上网在线。移动互联网的创新也改变着媒体的发展，媒体形态必须适应和紧紧跟上移动化的潮流才不致被淘汰出局。手机将通信、影像摄制、地理位置服务、智能办公平台等多种功能整合在一起，让原本单一的通信工具改头换面一变而成了多媒体生产工具，让每个手机用户都有可能做信息生产者或者信息传播者。手机制造的不断创新为微信的发展提供了良好的技术支持，微信平台最大限度地开发与利用了手机移动终端所具备的各种功能，如发送文字、图片、语音和视频、面对面建群、微信支付等等。应该说，微信从设计之初就是以手机媒介的全部特征为基础，以智能手机为平台，为手机用户量身打造的移动使用终端。

六　多元化的媒体平台

各种不同技术的兼容是互联网开放性的重要表征，但是由于技术不同又形成了各种技术壁垒，受其影响，目前能够兼容多种技术，应用于多平台、多终端的全版本软件并不多见。但是微信却异军突起，不仅实现了固定端口与移动端口的全方位兼容，同时还支持多种系统版本，如Android、Symbian、Windows、Ios等，微信几乎可以和所有端口和系统版本相对应。应该说，在突破技术壁垒、连接各个系统各类终端、实现信息的互联互通方面，微信真正做到了无孔不入、无所不在。

微信固然拥有很多传播优势，但也存在着一些缺陷：

首先，微信的受众范围狭窄。微信的受众主要由来自于熟人社交关系网络中的好友，基于现实社会关系的亲戚、朋友、同学、同事等微信好友，与现实好友高度重叠，是现实社会里人际网络的线上化。保持与熟人的接触与联系，不仅是信息交流的需要，而且是为了维持和巩固已有的人际关系，这是许多人使用微信的主要目的，因此微信通联的大部分内容仍是一种人际圈内的闭环交流。由于传播对象相对固定且信息量较小，微信的传播范围也就必然带有先天性的狭窄局促特点。在一般情况下，一个普通用户的朋友圈人数多则几百，少则几十。与微博相比，微信的受传者寥寥可数，而某个微博却可能拥有数万粉丝，两者形成了鲜明的对比。尽管微信公众号的普及使得微信具备了大众传播的潜在可能，但是不同于新浪微博的推送，微信公众平台上的公众号并没有实施大范围宣传与推广的基础，这就让微信失去了大众传播的可能和条件。

其次，微信对内容的要求较高。微信基于熟人的半封闭人际圈特性以及信息私密性上的设置，虽然人际传播效果好，但不可能达到微博的传播速度和广度，微博上的粉丝数、转发量等参数在微信上也难以统计。可以说，微博传播的目的在于范围和速度，而微信信息传播的目的在于质量和精准。“随着媒介的碎片化，人们的选择越来越多，人们放弃使用某一个媒介的成本太小，用户习惯于使用某种媒介，他们对媒体品牌认可度和忠诚度往往高于其他人。”① 正因如此，运营微信公众号就应该十分重视推送消息内容的编撰，在“内容为王”的新媒体时代，用户所喜爱的是有品质、有内涵、有特色的真实内容。在一般情况下，被用户取消关注的微信公众号常常是由于群发消息内容虚假失真或空泛无物，而且让用户重新关注的回归成本将远高于增加新的关注用户。与传统媒体相比，虽然用户的需求和传送方式发生了巨大变化，但是“内容为王”的核心价值在运营中依旧十分重要。

最后是信息的可信度低。由于审核把关机制的缺位，虚假信息、不良信息通过微信乘虚而入，容易造成负面影响。信息传播者鱼龙混杂，他们无从以专业角度判断事件真伪，同时由于很多事件事发突然，信息传播者也没有足够的时间去核实真假，因而造成信息失实或失真。甚至还有个别人故意捏造事实，利用官方权威媒体时效性上的时间差，蓄意编造虚假信息，真假混合，以假乱真，肆意传播。被负面信息左右的民众极易非理性地传播信息，一旦遭遇传统媒体此时“失声”，则必然产生一系列不良反应，影响社会秩序。

总之，以强关系链接为核心的微信，既有传播精准、及时、良好的互动性等优点，但也因为主要是以熟人圈内的闭环式信息交流，其信息

① 金雨希、张燕：《有微信，更微信——论传统媒体如何借力微信》，《湖南大众传媒职业技术学院学报》2013 年第 7 期。

传播中的局限性也很明显。

第四节　微信传播在精准扶贫中的应用策略和路径

微信拥有最大的用户群体，它所代表的数字媒体生活已经对当代中国人产生了广泛而深远的影响，也理所当然地进入脱贫攻坚领域并成为精准扶贫信息传播的利器。要充分发挥微信在脱贫攻坚中的作用，就必须遵循信息传播规律和新兴媒体发展规律，强化互联网思维，坚持以先进技术为支撑、内容建设为根本，推动传统媒体和新兴媒体在内容、渠道、平台、经营、管理等方面的深度融合，着力将脱贫攻坚的微信平台打造成形态多样、手段先进、具有竞争力，拥有强大的实力和传播力、公信力、影响力、立体多样、融合发展的现代传播体系。

美国社会学家、“发展传播学”的重要开创者埃弗里特·M. 罗杰斯（Everett M. Rogers）在总结创新扩散相关研究的时候，认为传播渠道可以分为传媒工具渠道（大众传播媒介）及人际关系渠道两大类属。大众传播渠道具有覆盖范围广而且传播迅速的优势，但没有信息双向交流的功能，更无法提供精准的信息服务。因此，人际关系渠道中的说服功能在创新扩散过程中就显得十分重要。[①] 以创新扩散的视角来看，贫困家庭在获得扶贫信息之后，并不能立刻作出决定，往往要经过解读认知、说服、决策、采纳实施等阶段，存在着一个时间和认识上的周期，而微信的人际传播在这个周期的说服和决策阶段则会表现出显著的影响与作用。

拥有大量用户以及较高忠诚度的微信，以其传播速度快、范围广、受众多的优势，为传播精准扶贫信息，提供产业信息与技术支持，促进先进生产及脱贫方法切实有效地传播及应用发挥了巨大作用，成为精准扶贫的重要工具和手段。各地在精准扶贫实践中不断创新方式方法，充

---

① ［美］埃弗雷特·罗杰斯：《创新的扩散》，辛欣译，中央编译出版社2002年版。

分借助新媒体积极倡导、大力支持扶贫微信公众平台建设，通过开设微信公众号、建立扶贫工作微信群，实现了扶贫政策精准传递、脱贫问题精准解答、扶贫经验成果精准共享，取得了良好的效果。

一　实现贫困人口电子身份与扶贫信息资源库的精准对接

贫困人口对信息的需求已日益呈现出多样化趋势，并非仅仅限于扶贫信息，除了农牧业科学技术信息、市场产品销售信息、电商销售信息等外，还有生活、保健、娱乐等其他方面的信息需求。有调查显示，我国贫困地区现有的扶贫信息供给不够精准，呈现出弱适用性与内容匮乏的特征。[①] 同时还必须看到，由于很多贫困户受制于自身的文化知识水平，媒介使用能力很低，难以在互联网的海量信息中寻找和发现能够满足自己脱贫实际需求的信息。

而以微信为载体，利用大数据 AI 技术为贫困户定制数字化电子身份，可以很好地解决这一难题。微信的贫困人口电子身份系统直接链接大数据扶贫信息管理平台，详尽记录了对象的年龄、性别、文化水平、技术特长、身体状况、家庭人口、致贫原因以及脱贫对策等信息，对扶贫对象实施信息传播的精细化管理。微信依托庞大的扶贫数据库资源，利用智能技术在微信平台上对相关信息进行标签化处理，通过主题聚类分析的信息分类，运用非结构化知识抽取、文本理解等技术，根据贫困户劳动力状况和收入来源等不同要素分类，为其精准推送符合他们脱贫需求的信息。同时将各级政府出台的扶贫政策措施与各类扶贫信息加以整合，进入扶贫信息资源库并与贫困人口的数字化电子身份精准对接，真正实现“一户一策”的精确性信息服务。由于智能手机正在农村普及，农村的微信用户大幅增加，应该充分利用微信传受关系一体化的优势，将扶贫信息的权威性、适用性、指导性集成融合于微信传播之中，帮助贫困户提升自己的脱贫能力。

---

① 张学波：《嵌入与行动者网络：精准扶贫语境下扶贫信息传播再思考》，《新闻与传播研究》2018 年第 9 期。

二　精准定位脱贫攻坚的微信平台与受众

作为一个用户众多、普及面甚广而又极具个性化特点的微信社交平台，在用户的参与性上相比其他社交平台，微信则更为注重实用价值与话题互动的价值。因此，与脱贫攻坚相关的微信平台应该兼顾信息主体的实用性，以“根植当地”为战略目标，着重凸显脱贫攻坚微信平台的“本土化”特质，强化本地的“脱贫攻坚专属微信”，增强扶贫脱贫信息的“原创性”与“地域性”。在精准扶贫信息传播中，对于微信本身特有的资讯原创和精确推送等独特优势在质量上有着更高的要求和更严格的标准，脱贫攻坚类微信平台应将重点置于契合微信圈文化特征的“个性化”资讯推送上，真正做到投其受众之所好。这就要求此类微信要深入了解扶贫对象的实际情况和信息需求，结合目标受众的脱贫路子和措施特点进行细分，用个性化的原创方式进行信息内容生产，向受众定点投送关于产业扶贫、移民搬迁、危房改造、就业扶贫、生态补偿、社会保障、健康扶贫、教育扶贫等信息，不断优化内容的针对性，提高传播的精准度。

为以示区别，脱贫攻坚微信公众平台的资讯发布相较于其他媒介应该有更明确的扶贫导向和更为精准化的扶贫内容。这类资讯的导向特点越鲜明、内容越精准，大众的接受度与认可度就越高，容易形成忠实稳定的受众群体，微信公众平台的公信力也会显著提高。

对于微信受众，脱贫攻坚类专属微信则应转变过去那种专注于用户增长的数量观，改以质量为先；转变以往单纯追求扩大传播范围而转为以传播效果为重。要充分利用微信的关系网络和精准传播优势，体现出脱贫攻坚微信平台的公信力与认同度的独特价值。

例如“国字号”深度贫困地区、“三西”之一的甘肃省定西市岷县[①]，在精准扶贫、精准脱贫工作中充分借助新媒体传播速度快、范围广、受众多的优势，积极倡导、大力支持各类政务微信公众平台建设，涌现出了“岷县大管家”“岷县电视台”“在岷县”等一批运行良好的微

① “三西地区”指宁夏西海固干旱地区和甘肃河西地区、以定西为代表的中部干旱地区，这三个地区素以干旱、缺水、贫穷落后而著称。

信公众号。这些微信公众平台不仅及时、全面、准确地发布各类工作信息、生活信息，还以文字、图片、视频等形式发布最新工作动态、工作成效、先进经验、公益服务等信息。岷县鼓励政府机构、企事业单位、种养殖农户、农民专业合作社使用手机微信和公众微信平台，发布政策、技术以及农产品展销等信息，通过留言与“田秀才”“土专家”“种养殖能手”、县农技部门专家、双联干部相互交流学习，受到广大农民的喜爱。①

三　构建和运营区域性及全国性的贫困户网络社区

费孝通在《乡土中国》中分析了中国农村地区的社会关系，认为个人在社会中的关系具有以丢石头形成同心圆波纹的性质，个人对于社会的信任也是从圈层内部向外递减，人与人之间是以圈层交接而产生关联。② 贫困地区的农民大多沿袭着传统的社交方式，这使得他们的社会交际范围相当狭窄，一般不会超越亲缘与地缘关系，影响他们对外部世界的认知与联系。微信则可以用建立网络社区的方式来突破这一圈层障碍，将不同地域的贫困农民联结在一起，扩大贫困户的社交网络，增加信息来源。

目前比较主流的社交平台，如新浪微博、QQ、豆瓣、人人、小红书等，其用户以城市居民为主，专门为农民甚或贫困农民开办的网络社区还是一片空白。如能将文化水平较低、信息获取能力较差的农民群体作为目标受众，依托微信平台创建一个面向农民群体的精准扶贫网络社区，通过这个社区设置扶贫话题、分享成功脱贫经验、讨论典型案例等，帮助贫困户增强脱贫信心，激发其内生动力，引导他们立志立业立德，树立不服输、不认穷的艰苦奋斗精神，苦干实干尽快脱贫。通过加强贫困户对社区的归属感和认同感，不仅能够助力脱贫攻坚，也提高了贫困村民的微信使用率。

---

① 马海霞：《岷县：微信“小平台”发挥扶贫“大作用”》，中国甘肃网（gansu. gscn. com. cn/system/2017/04/25/011689598. shtml）。

② 费孝通：《乡土中国》，人民出版社 2008 年版。

四　点对点的微信群精准帮扶

脱贫攻坚的难点之一是许多贫困家庭受到知识水平和能力的限制，在脱贫的途径选择、扶贫产业的项目决策、种养殖业的技术掌握、外出务工的岗位技能要求、农产品电商的销路等问题上面临诸多难题，特别是那些贫困程度深、脱贫难度大的贫困户更是困难重重。

精准扶贫贵在精准、重在精准、难在精准。识别是精准扶贫的关键，“如何扶”则是精准扶贫的重点，也就是要精准滴灌，做到政策发布宣传精准、资金使用精准、措施到户精准。对于有劳动能力的贫困户要“造血”扶持，使其通过自身的努力实现脱贫，这就必须进行点对点、一对一的对口定点精准帮扶。从很多地方的成功经验来看，在扶贫过程中，建立扶贫微信群，是因户施策、多措并举、精准到位从而实现真脱贫的好办法。群里都是直接参与精准扶贫工作的关键人员，如扶贫办、政府办、乡镇村领导、驻村扶贫工作队、第一书记、对口帮扶单位和帮扶对象等。微信群将帮扶单位、帮扶人员与贫困户紧密连接为一体，及时交流沟通，对贫困户察实情、出思路，为其争资金，实现一对一的精准帮扶脱贫。帮扶主体利用微信即时通信的各项功能实现与帮扶对象的交流互动，随时掌握贫困村民的脱贫动态以及信息获取习惯，通过视频图像与文字、语音结合一体化增强内容的可接受性，用微信生动形象的立体化信息传播树立他们的脱贫主体意识，激发其内在发展动力，实现稳定脱贫。

五　强化与受众的互动

从社会意义上分析，为了巩固和维护现实世界人际关系网络中的“朋友”关系，相当多的微信使用者有意识地将自己的关系网络向微信这样的社会化媒体延伸。认真阅读微信群中他人的留言和分享，密切关注群友的各种状态，条条有评论，条条给点赞，正是在这种“你来我往”的交流沟通互动中，传统观念中的朋友情谊得以延展维系，日常生活中的人际关系被整体位移到微信的使用中。要使扶贫类微信平台取得良好的传播效果，强化与受众的互动至关重要。除了向群内受众传递党的脱贫攻坚、惠农富农方针政策信息外，还要针对贫困农民普遍关心的务工就业、医保、教育、异地搬迁、产业扶贫等信息，加强与受众的交流。包村帮扶单位和干部与贫困群众互加好友、互通信息，通过朋友圈发布土鸡蛋、有机蔬菜、肉兔、苹果、核桃、杂粮等农特产品供需信息，扩大群众销售渠道；发布群众困难救助和大病众筹等信息，做到群众心里的话有人听、致富的路有人领、发愁的事有人管，使群众切实感受到了党和政府就在身边、党员干部就在身边、服务就在身边。由于微信点对点、一对一传受的双向性与隐私性，有效地拉近了政府和群众的距离，调动贫困农民的脱贫致富积极性，取得更为理想的互动成效，不断提升扶贫微信平台的实用价值。

六　大力推广宣传扶贫微信公众号

因为微信是在闭环式的传播环境里交互运行的，传受双方的互动基本上处于封闭状态，难以取得大众传媒的宣传和扩散效果，所以公众号的推广是一大难题。为充分发挥微信在精准扶贫工作中的效能，除了优化扶贫微信公众号的传播内容与资讯质量外，还应利用各种手段做好形象设计、宣传和推广工作，打造良好的公众形象和品牌，提高知名度和公信力，扩展微信公众号的传播覆盖面。扶贫微信公众号应该突出自己的鲜明特色，尽量避免同质化，充分发挥扶贫微信在“互动”“施策”和“便民”等方面的作用，着力加强与用户的线上交流沟通，把“微服务”真正做细、做精、做实。例如，陕西省铜川市耀州区坚持宣传先行，及时占领信息传播制高点，利用微信公众号、微信交流群等新媒体手段，搭建起四级贯通、四点发力、六项保障的“446”微宣传网络，让脱贫攻坚微信直接融入贫困群众的生产生活中。截至目前，耀州区打造四级贯通的微信扶贫宣传矩阵，构建了487个区镇村户四级互联互通的“金字塔”式微信交流群，包括1个区级四大班子领导和各级各部门一把手在内的区级脱贫攻坚总群——打好脱贫攻坚战工作交流群；11个由各镇（街）建立的区镇村交流群；95个由“八个一批”牵头部门和相关部门建立的业务联系群；380个由村（社区）建立的“四支队伍”工作群、脱贫攻坚工作群，直通90%以上贫困户。2018年3月，国务院扶贫办在《扶贫信息》上刊登了耀州区“446”扶贫微宣传模式，向全国推广耀州区扶贫宣传的创新实用做法。①

脱贫攻坚战中的微信传播作为精准扶贫的作用工具和手段，已经日益显示出其可行性与重要性。在当前脱贫攻坚的决战决胜阶段，应该更好地发挥微信信息扶贫的传播优势，让简洁、快速、便捷的微信传播助力贫困地区的精准扶贫、精准脱贫，夺取脱贫攻坚战的全面胜利。

① 李艳、霍海澎：《铜川市耀州区："446"扶贫微宣传发挥大作用》，《陕西日报》2018年5月14日。

第十章

县级融媒体的扶贫精准传播

2018 年 8 月 21 日，习近平同志在全国宣传思想工作会议上提出“要扎实抓好县级融媒体中心建设，更好引导群众、服务群众”。[①] 同年 9 月 20 日中宣部召开县级融媒体中心建设现场推进会，对在全国范围推进县级融媒体中心建设作出部署，县级融媒体建设热潮由此拉开序幕，而作为直接服务和对接扶贫工作的县级融媒体利用其政策优势、地缘优势与新媒体技术优势助推精准扶贫工作的重要作用和价值也日益凸显。

第一节　媒介融合概述

媒介融合从概念的提出开始迄今已逾 30 年，无论是在理论研究或实践上都取得了很多的成果。在我国传媒界，“媒介融合”既是具有深刻内涵的媒介发展必然趋势，又是一条承载着市场期望的改革路径，从而备受瞩目。

一　媒介融合理论研究的简要回顾

“媒介融合”的提出为媒介发展提供了历史机遇，不同媒介技术相互结合，与工业制度结构、社会文化标准一起共同塑造着融合媒体。

---

① 《习近平出席全国宣传思想工作会议并发表重要讲话》，新华社（http：// www. gov. cn/xinwen/2018 – 08/22/content_ 5315723. htm）。

（一）媒介融合概念的提出

按照学者胡靖等人对媒介融合理论溯源的考察，媒介融合应该是由加拿大传播学大师马歇尔·麦克卢汉最早提出的。1964 年他在《理解媒介》一书中就提出了这一概念，当时用了“the hybrid of two media”（媒介杂交）一语，描述两种以上媒介的交会融合，“hybrid”在这里的意思是媒介的“混合、杂交”，从麦克卢汉的描述中可以看出，他不仅发现了媒介融合这种现象，还敏锐地发现媒介融合后，“由此而产生了新的媒介形式”，当然这里的“媒介”比今天理解的信息传播媒介范围更加广泛。麦克卢汉重点突出的是“媒介的人化”，即客体的主体化这一哲学命题，关注的是媒介与社会、媒介与人之间的重要关系。1978 年，麻省理工学院的尼古拉·尼葛洛庞帝指出了不同工业，包括计算机、出版印刷、广播电影等正在走向融合的现象，可以概括为“工业融合论”。1983 年，麻省理工学院的依梯尔·索勒·普尔在《自由的技术》一书中指出：“一个既定的物理网络能够提供任何类别的媒介设备，反过来，一个曾被限制于一种技术的媒介设备现在能够被传送到任何物理上那个分散的网络上。”“媒介融合”的含义是“各种媒介呈现出多功能一体化的趋势”。这被概括为“传播形态融合”理论。可见，这三位媒介融合论的先驱都敏锐地发现了媒介之间出现的“趋合”现象，都认为媒介之间的结合是时代发展的必然，并将会极大地推动经济社会的发展。[①] 但也有一些国外学者对此并不认同，认为媒介融合的概念太过模糊和泛化，甚至认为它是一种商业炒作的手段，在实践中可能会产生负面效应。有的学者开始怀疑“媒介融合不过是个宣传出来的错觉而已”。还有学者质疑媒介融合只不过是一种商业模式，对于媒介主体来说十分有益，但对普通大众来说，只能意味着掩盖真相和削弱公民意见。[②]

（二）国内关于媒介融合的研究

在国内，从徐立军 1996 年在《浅论人际传播在大众传播中的运用》中首次使用“媒介融合”概念至今，已有不少人关注和研究“媒介融

① 胡靖、胡加加：《溯源与考辨：媒介融合的多维视角和研究路向》，《中国出版》2019 年第 12 期。

② 郭毅、于翠玲：《国外“媒介融合”概念及相关问题综述》，《现代出版》2013 年第 1 期。

合”问题，比如蔡雯、彭兰、谭天、喻国明等一批国内知名学者。他们从最初对于媒介融合理论的引进和介绍逐渐发展到结合中国具体国情进行本土化研究。蔡雯提出媒体融合包含媒介内容的融合、传播渠道的融合、媒介终端的融合。彭兰认为，与“社会化媒体、移动终端和大数据”这三种技术相对应的变革，体现在“以用户为中心”“新闻生产的变革”和“数据成为新闻的‘富矿’”等方面。近年来，随着新媒体的发展，“三网融合”“全媒体”等议题成为研究热点。在“三网融合”进入全面实施阶段后，媒介融合研究从理论预期阶段进入了业界实践阶段，出现了不少关于“媒体融合”“多媒体新闻”“互联网 +”等研究成果。2015 年以来，媒介融合的研究议题转向“融媒”“网络直播”“跨界融合”等新概念、新现象，这引起了学界的关注和反思。①

二　媒介融合理论研究的进展与县级融媒体的实践

伴随着互联网和计算机技术的发展，国内的媒介融合也不断向前迈进，从中央到省级再到县级，自上而下地推进着媒介融合，理论界对此也给予了高度关注。

（一）媒介融合发展的三个方向

中国人民大学栾轶玫等人依据过去 10 年媒介融合的理论研究和实践路径，作出了媒介融合将是跨界融合、智能融合和结构融合的趋势预判。他们指出：跨界融合，即跳出媒体来做媒介，传统媒体之间及其与新兴媒体的一体化发展，目标是建立具有强大“四力”的新型媒体和媒体集团；智能融合即利用人工智能技术进一步深化媒体融合，未来将会向“人—机”协同、“机—机”协同等方面发展，产生新的媒介与消费空间，但面临人与机的分工与定位问题以及“人—机”融合所产生的法律法规与伦理问题；结构融合指媒体融合纵深化所带来的媒介在整个社会大系统中的重新定位及社会功能的进一步拓展。在媒介新生态情境下，新技术为媒介组织赋能，使得它不但是信息服务桥梁，同时还是社会治理中介。这一点在县级融媒体中心建设中特别凸显出来。② 宋建武等人

---

① 韩立新、张秀丽：《我国媒介融合 20 年研究之进路》，《河北大学学报》（社会科学版）2018 年第 7 期。

② 栾轶玫：《融媒体的下一站：跨界融、智能融、结构融》，《视听界》2018 年第 6 期。

认为，可以将县级融媒体的功能和作用归纳为“主流舆论阵地、综合服务平台和社区信息枢纽”，按照这一功能模式建构的县级融媒体中心，不再是分散的、功能单一的媒体机构。[①] 张磊、张英培和高晓红、崔林等人也指出，媒介融合对社会治理的影响日渐重要，要善于利用媒体融合发展促进社会治理专业化、信息化、智能化，提高社会治理现代化水平。[②]

（二）媒介融合进化的四个台阶

武汉大学吕尚彬认为，媒介融合的实质是在新传媒生态环境中传媒沿着传播技术发展轨迹的重组，“传媒重组”是基于互联网、云计算、物联网、大数据、人工智能、区块链等传播新技术的持续发展，以进化中的互联网为基础设施和操作模式，按照互联网思维、逻辑与文化，对传媒产品、传媒平台、媒体与用户的关系、传媒产业模式、管理运行规则进行的重新组合与全面变革。媒介融合将沿着在线化、数据化向平台化、智能化的路径进阶。从在线化、数据化到平台化、智能化四个台阶的进化，将先后完成全面链接、数据赋能、商业模式构建、智能发展，使传媒成为互联网的主体板块，获得持续演化的机制和动力，成长为“在线社会信息传播系统”，生成新型主流媒体。[③]

无论是学界的研究还是行业的实践，都认为融媒体可以担负起“智能化社会治理中介”的作用，它利用媒体自身的介质特征，可以在政治、经济、文化等社会各方面鼓励公民参与到社会治理中来。

三　县级融媒体的发展

县级融媒体的发展可以追溯到1983年第十一次全国广播工作会议上提出的“四级办台”，自此县级广播电视台开始稳步推进。1997年4月的全国信息化工作会议讨论通过的《国家信息化总体规划》规定了“我国信息基础设施的基本结构是‘一个平台，三个网’”。即互联互通平台

---

① 宋建武、乔羽：《建设县级融媒体中心 打造治国理政新平台》，《新闻战线》2018年第11期。

② 张磊、张英培：《县级融媒体中心建设的邳州经验》，《新闻与写作》2019年第7期；高晓红、崔林、付海钲：《以媒体融合发展助力社会治理》，《人民日报》2019年12月25日。

③ 吕尚彬：《媒体融合的进化：从在线化到智能化》，《人民论坛》2018年第12期。

和电信网、广播电视网和计算机网，这是国家首次提出“三网融合”的概念，也是从政策层面对媒体融合的技术基础进行的最早尝试。伴随着网络信息技术的快速发展，县级媒体与时俱进，紧跟主流媒体数字化的进程。经过20多年的发展，县级新闻网站已在全国基本普及，大大拓展了县级媒体机构的对外传播渠道。随后博客、微博风起云涌，2012年县级“两微一端一号”媒体平台应运而生，实现了从单一平台向多元平台的跨越以及从单一传播向多媒体互动传播的转型。

2014年8月18日，中央全面深化改革领导小组第四次会议审议通过了《关于推动传统媒体和新兴媒体融合发展的指导意见》，拉开了媒体融合发展的序幕，因此被称为融媒体元年。2015年国家广电总局、财政部联合印发《关于推动传统出版和新兴出版融合发展的指导意见》。至此，融媒体建设的国家战略已初步形成。《光明日报》率先开始了实践尝试，随后，全国各级媒体都进行了积极探索，在中央和省级层面都有了标杆代表，如《人民日报》“中央厨房”内容生产平台融合和《浙江日报》集团利用资本力量进行融合，取得不俗的成绩。

我国县级融媒体建设始于2018年。8月21日，习近平在全国宣传思想工作会议上提出“要扎实抓好县级融媒体中心建设，更好引导群众、服务群众”，意味着党中央从顶层设计到战略部署，推进的重点已从省级以上媒体延展到基层媒体，从主干媒体扩展到支系。① 从此县级融媒体建设全面展开，截至2019年底，全国至少有9个省份完成了县级融媒体建设的全部任务，预计到2020年底基本实现全国全覆盖的目标。②

北京大学新媒体研究院数据显示，在全国2851个县级行政区中，共有县级微信公众号7019个、县级新闻网站2302个、县级微博账号4587个、县级新闻客户端677个，拥有“两微一网一端”平台的县级媒体占21%。③ 在近两年的建设中涌现出了扎根本土，实施“融媒+”战略的

① 黄楚新、王丹丹：《县级融媒体的典型案例》，《中国记者》2018年第10期。

② 黄楚新、刘美忆：《2019年中国县级媒体融合发展状况及趋势》，《新闻与写作》2018年第12期。

③ 唐瑞峰：《这七大县级融媒体中心是如何实现百万元甚至上亿元收入的?》，搜狐网（https：//www. sohu. com/a/317618127_ 99997521）。

“邳州模式”、推进移动先行战略、创新“媒体+”产业链的“长兴模式”“一中心八平台”矩阵、“广电+”运营模式的“项城模式”等颇具代表性的典型模式，县级融媒体建设取得了显著效果。

第二节　县级融媒体在扶贫精准传播中的功能与实现途径

县级融媒体在精准扶贫中的主要功能是打通政务和民生服务接口，为困难群众提供相关扶贫政策、精准脱贫、医疗、教育等民生信息服务，在大数据技术的支持下，提升信息传播的精准性，帮助扶贫主体运用科学有效的程序对扶贫对象实施精确识别、精确帮扶、精确管理。在这个意义上，“精准”是县域融媒体的扶贫信息传播的核心要义，更是打赢脱贫攻坚战“最后一公里”的关键。①

一　县级融媒体在精准扶贫报道中的功能定位

县级融媒体是本地扶贫工作的重要参与者，主导着当地的扶贫文化和媒介话语。因此必须找准自己在精准扶贫中的功能定位。

（一）既是精准扶贫的宣传报道平台，也是精准扶贫媒介话语的建设者

精准扶贫把“扶持谁，谁来扶，怎么扶”作为扶贫的切入点和突破点，使扶贫资源真正地服务于贫困农民群体，县级融媒体必须准确把握精准扶贫的内涵和要求，进行精准报道。在脱贫攻坚战中，县级融媒体是国家扶贫政策的传播者，是沟通政府和贫困群众的桥梁和纽带，是精准扶贫先进人物和经验的报道者。做好上情下达和下情上传，为脱贫攻坚传播正能量，是县级融媒体义不容辞的政治责任。

媒介的特性决定了对“新闻价值”的追寻，精准扶贫的共享发展核心理念不仅是扶贫报道话题的起点，而且是在精准扶贫与媒介报道精准

① 徐锐：《垄上模式：精准扶贫背景下涉农电视的“平台化”转型》，《编辑之友》2018年第4期。

性之间建立有效表达关系的国家与社会背景。在全方位、多层次的精准扶贫报道中，将共享发展核心理念落实在波澜壮阔的脱贫攻坚战背景中去体现“新闻价值”，在建设新的扶贫话语的同时，也着力提升县级融媒体自身的传播力度。[①] 从这个意义上讲，县级融媒体既是报道精准扶贫的平台，也是精准扶贫话语的建设者。

（二）为精准扶贫工作创造良好的舆论氛围

精准扶贫是我国当前的重大战略任务，县级融媒体作为党的“喉舌”，在当地脱贫攻坚工作中必须切实发挥新闻舆论的引导作用，将自己定位为扶贫政策的宣传者，脱贫致富先进典型的发现者，脱贫攻坚好经验、好做法的传播者。

一是做好精准扶贫政策的宣传工作。贫困地区情况各异，千差万别，作为地方性的县级融媒体在面向本地群众宣传脱贫攻坚相关政策时要因地制宜，将政策宣讲明白、透彻，让群众正确认知、少走弯路，早日脱贫。

二是做脱贫致富先进典型的发现者。要注重发现和挖掘在脱贫攻坚中涌现出来的先进典型群体和人物，在贫困农民身边树立起看得见、摸得着的榜样和标杆，发挥示范和引领作用，激发出贫困农民的脱贫内生动力。

三是做脱贫攻坚先进经验、做法的传播者。注重探索和总结“脱贫攻坚”的先进经验和成功做法，通过媒体平台、渠道大力传播宣扬，建立起工作经验交流常态化机制，互相取长补短，形成良好的工作氛围。

（三）充分发挥扶贫工作的舆论监督作用

习近平总书记在党的新闻舆论工作座谈会上说：“新闻媒体要直面工作中存在的问题，直面社会丑恶现象，激浊扬清、针砭时弊。”[②] 因此扶贫新闻不能仅限于正面报道，也要敢于直面暴露出的问题，适当开展舆论监督，统筹好正面宣传与舆论监督的关系。

建立健全党委领导、政府负责、社会协同、公众参与、法律保障的

---

① 李红艳：《如何建设媒介扶贫信息传播的新话语》，《中国记者》2016 年第 4 期。

② 新华通讯社课题组：《习近平新闻舆论思想要论》，新华出版社 2017 年版。

现代化乡村社会治理体制，加强农村基层管理工作，加强基层农村党组织建设，严肃查处侵犯农民利益特别是贫困农民利益的各种腐败行为，是扶贫工作的重要内容之一，因此县级融媒体必须在舆论监督上狠下功夫。

但目前鲜见新闻媒体对脱贫攻坚进行舆论监督的作品，在近年来中国新闻奖获奖作品中，也仅有第27届新闻奖文字系列一等奖作品《安徽宿州宋庙小学“要求受助贫困生出钱请吃饭事件”调查》属于舆论监督类报道，以解剖“麻雀”的方式，揭露出当地基层政治生态存在的问题，发挥了舆论监督的作用。[①] 近年来，各级纪检监察机关严肃查处了大量脱贫攻坚中的腐败案件，相形之下，媒体特别是县级融媒体在这方面的表现显得相当薄弱和滞后，形成了明显的短板，亟须补齐缺口。

（四）由单一信息服务向综合服务转型

传统媒体只有信息传播的单一功能，而融媒体则承载着服务群众、引导群众的多种功能，是社会舆情集散中心、信息应急动员中心、经济情报辐射中心和文化传播发展中心的集合体。融媒体在精准扶贫中的作用不仅是扶贫信息的传播，还要充分利用其社会影响力和号召力，通过多种方式发动企事业单位、社会组织和群众，动员社会力量和扶贫资源开展定点帮扶、对口支援等扶贫工作。县级融媒体要自觉充当贫困农村与政府、社会各界的桥梁，通过“媒体＋电商”的模式，为贫困地区农产品搭建定制销售平台，进一步拓宽扶贫产品与市场的多维度对接，由单一的“信息扶贫”向“综合扶贫”拓展。例如，河南广播电视台交通广播联合湖北交通广播、安徽交通广播与三地扶贫办签订“千万扶贫公益宣传基金”协议，每年投放价值1000万元的扶贫公益宣传资源，专项用于贫困地区的经济及旅游宣传推广，创新消费扶贫形式，助力扶贫产品，扩大销售渠道，以此架起美丽乡村和城市居民文化旅游消费的市场桥梁。[②]

---

① 刘强：《新闻媒体助推精准扶贫的路径》，《青年记者》2018年第5期。

② 邱菊、刘海涛：《脱贫攻坚战中的媒体责任与担当》，《新闻传播》2017年第11期。

二　县级融媒体扶贫精准传播的实现途径

县级融媒体是党的新闻舆论工作的重要阵地，是地方党委和政府的重要执政资源。贫困地区抓好县级融媒体建设，对取得脱贫攻坚战的全面胜利具有十分重大的意义。

当前，大多数县级融媒体中心都已经挂牌运营，不仅要做好深度融合，整合县级广播电视台、新闻网、手机报等域内媒体，还应将电子显示屏、户外大型广告招贴、灯箱展板等公共宣传资源纳入融媒体中心，搭建报、台、网、微、端、屏“六端一体”融媒体矩阵，形成阵地和传播的绝对优势。要强化人才队伍，加大现有人才融合转型和教育培训，通过公开招聘、人才引进等方式，吸引高层次媒体管理运营人才加入融媒体中心，打造全媒体复合型人才团队。

在当前脱贫攻坚决战决胜的最后冲刺期，县级融媒体中心应该把围绕脱贫攻坚强化舆论引导作为重中之重，抓好管理，引领脱贫攻坚宣传主旋律。充分发挥县级融媒体“全媒调度、全网传输、全域覆盖”的优势，聚焦聚力脱贫攻坚，讲好脱贫好故事，发出致富好声音，树立品牌形象，不断提升传播力、引导力、影响力和公信力。

县级融媒体要在脱贫攻坚舆论引导中彰显新闻力量、体现媒体担当，壮大脱贫攻坚宣传主旋律。一是坚持移动优先，打造手机 APP，突出新闻宣传“准、新、微、快”，把触角延伸到全县每个角落，切实打通脱贫攻坚宣传“最后一公里”；二是坚持内容为王，将融媒体中心建设与脱贫攻坚宣传有机结合起来，开办专题栏目，推出系列报道，宣传成果，表扬先进，解读政策，传递信息，让脱贫攻坚主流声音“飞入寻常百姓家”；三是坚持服务群众，构建“新闻 + 政务 + 服务”新模式，实现政务公开、民生互动、网络问政、社会服务及电子商务等多重功能，使融媒体平台真正成为群众“指尖上的服务窗口”①。

县级融媒体应结合实际情况因地制宜采取合适的途径方法开展扶贫精准传播，主要包括开设专栏、引导舆论、媒介同频共振、强化声势、实时报道新闻等。

---

① 钦代寿：《推进媒体融合助力脱贫攻坚》，《湖南日报》2019 年 5 月 14 日。

地方媒体不仅是脱贫攻坚的传播者，也是直接参与者。县级融媒体要主动积极融入地方脱贫攻坚工作中，深入扶贫一线、深入基层，抢占舆论主阵地。通过整合媒体资源，创新与改革宣传形式，借助微信公众号、手机客户端等新媒体媒介，借助全媒体手段实现同频共振，以群众喜闻乐见的多种形式展现脱贫攻坚全景图，构建良好的脱贫攻坚外部环境。

第三节　县级融媒体精准扶贫传播的多样化实践

县级融媒体是群众身边的信息平台，距离群众最近，最了解民生疾苦，是精准扶贫工作的“前沿阵地”，在脱贫攻坚中具有天然优势。[①] 西部各省区注重发挥县级融媒体在精准扶贫中的功能和效用，取得了良好的效果。

一　多样化传播、多元化服务

在中央关于传统媒体和新兴媒体融合发展战略的推动下，西部地区各县（区）、各媒体积极行动，投身媒体融合发展，统一数据资源，实现各平台间以及报、刊、台、网、端上的内容资源“无障碍”流动传播。

例如贵州省，2019 年 3 月贵州 88 个县市区融媒体中心全部建成挂牌，5 月，经全面检查验收合格并投入实际运行，10 月即在全国率先实现了全省 88 个县级融媒体中心互联网新闻信息服务许可全覆盖。

贵州省各县级融媒体中心在脱贫攻坚中“建用结合、以用促建”，大力加强扶贫政策、脱贫攻坚方法、扶贫惠农措施的宣传，要求全省新闻采编人员参与脱贫攻坚驻村工作，深入贫困乡镇、贫困村落蹲点调研采访，把脱贫攻坚新闻宣传的触角延伸到每个角落，每个县级融媒体中心每年至少要挖掘并重点报道县域内的 10 名先进典型。在省委宣传部的

① 赵喜灵：《试论精准扶贫中地方媒体如何精准发力——以灵台县融媒体中心实践为例》，《中国地市报人》2020 年第 6 期。

统一部署下，各县级融媒体中心还先后开展了“免费广告助推脱贫攻坚项目”“网络扶贫提信心”“扶贫扶志聚民心”等活动，各县级融媒体中心原则上每年投入的免费广告资源不少于总体广告资源的1/3，发掘互联网和信息化在脱贫中的潜力，推动网络扶贫行动向基层发展。

贵州省要求各县级融媒体积极响应群众呼声，拓展服务群众功能，不仅是本地的主流传播平台，还要成为方便群众的服务平台。如桐梓县融媒体中心已开通39项便民服务，可申请办理147项行政业务，让“数据多跑路、群众少跑腿”，积极打造“媒体＋政务”“媒体＋服务”“媒体＋电商”等信息服务综合体。铜仁市石阡县搭建“阡城易购”电商平台，推动“阡货出山”和“网货进阡”，彻底打通网上便民“最后一公里”。思南县“明珠思南”APP新闻客户端汇聚了生活资讯类服务功能29个，开设了生活服务频道、公共服务频道、政务办事功能，极大地方便了群众。赤水市融媒体中心广泛开展网上网下文明实践活动，开通“一号服务热线”，解决群众关心关注的热点难点问题。①

又如甘肃灵台县级融媒体中心在扶贫精准传播中进行了实践与探索：一是打造立体化的精准扶贫传播体系，报刊、广播频率、电视频道、网站、官方微信公众号、APP客户端、官方微博号、官方抖音号多媒联动，资源共享，构建全媒体矩阵，开设扶贫专栏，县级融媒体宣传报道的重点、热点与当地党委政府的扶贫开发工作密切相连，精准发力，确保精准扶贫信息广泛传播、家喻户晓；二是将本地区精准扶贫实际情况与国家的方针政策密切结合起来，积极做好各项政策解读，让政策解读变得更为直观、详细且通俗易懂；三是深入基层加强舆论监督功能，对精准扶贫工作中的干部不作为、乱作为，以及优亲厚友、吃拿卡要等腐败现象以及领导干部监督不力等问题加以曝光，促进精准扶贫健康发展；四是搭建扶贫文化服务平台，发挥服务群众和引导舆论的功能。结合本地脱贫攻坚中的各种先进典型，编排文艺节目，送文化下乡，开展内涵丰富、形式多样的“文化扶贫”“信息扶贫”活动。还与一些较为贫困落后的贫困村结成文化帮扶对子，让“村村通”“村村响”等工程延伸到

① 陈丹：《贵州省媒体融合发展：“融”出新天地 奏响最强音》，《贵州日报》2019年7月19日。

贫困村的“神经末梢”，为贫困群众提供精神食粮；定期定点组织贫困群众开展各类有关脱贫知识与脱贫理念的文化讲座等，满足贫困群众的政策信息需求。

二　“电视+”的扶贫精准传播

充分利用融媒体人口覆盖面广、影响力强的特点，推动信息扶贫精准传播，用活载体，助力脱贫，努力提升覆盖质效，是西部地区各县（区）很多融媒体中心的成功尝试。在脱贫攻坚宣传报道中，充分发挥新媒体矩阵的传播作用，综合利用本地的广播电视台及微信公众号、交通旅游广播微信公众号、本县新闻网、微博、APP、抖音号等平台，运用图文、音视频等传播手段，进行融合传播，多点推送，更精确更及时地宣传脱贫攻坚工作，做到家喻户晓。开展“直播带货”，助力消费脱贫。一些地方充分发挥广播电视和网络视听节目产销助农、品牌强农的优势，通过“公益广告、节目+消费扶贫”“短视频、直播+消费扶贫”等模式助力消费扶贫。通过“电视+网络+微信”等平台加大宣传力度，积极开展农产品扶贫促销全媒体直播，在直播节目中推出本地特色农产品，帮助贫困村拓宽产品销售渠道，凝聚社会各方力量，畅通社会各界爱心助力渠道，打通脱贫攻坚“最后一公里”。

目前，“电视融合电商，线上结合线下，实景直播互动”是融媒体“电视+”扶贫比较通行的电视节目样式。在这一架构中，形式上是通过电视直播推销当地的特色农副产品，实质上是通过这样的形式，展示当地风土人情，讲述在特色产品背后脱贫攻坚中发生的感人故事，最终实现“以情带货、以情促销”的目的，实现扶贫的目标。为拓宽传播渠道，不少县级融媒体借助网络直播的形式，打通手机、平板电脑等移动终端的传播渠道，架设直播平台，或是在其他平台开设账号，邀请明星艺人和网红达人组成带货“天团”一同进行直播，借助其粉丝群体扩大传播渠道和传播范围。为增加购买渠道，还在电视屏幕上加入二维码、购买热线，或淘宝、京东等大型购物平台的链接等，实现线上线下的即时互动。如广西的隆安火龙果，重庆的开县春橙，甘肃吴忠的黄花菜，南疆的红枣、核桃等都是借力央视的精准扶贫公益广告和当地融媒体中心的融合传播，让这些“养在深闺人未识”的农产品迅速“火”遍全国，成为“网红”产品，吸引了全国各地顾客争相购买，推开了贫困地区农民增收致富的大门。①

三　探索“融媒体＋电商”的精准传播模式

电商在产业扶贫和消费扶贫中发挥着重要的作用，促进贫困地区由“输血”式扶贫向“造血”式扶贫转变。随着县级融媒体的深入发展，利用县级融媒体平台、内容和技术优势，西部各地都在积极探索“融媒体＋电商”的扶贫模式并取得了明显成效。

如四川省少数民族地区的阿坝州红原县、凉山州金阳县、泸州市古蔺县等地通过构建传统媒体＋网络直播＋互联网媒体的融媒体传播体系，将农特产业、互联网电商与媒体矩阵式传播融为一体，形成了一套行之有效的产业扶贫新生态。②

阿坝州红原县号称“牦牛之乡”，牦牛加工是本地的重要支柱产业。但产业商品化程度低、缺乏品牌知名度，加之地处偏远的高昂物流成本，红原县特色牦牛产品“无人知、卖不了”，困扰着当地扶贫产业的发展。随着对扶贫工作的深度介入，红原县融媒体中心与新华网、人民网等合作，牵手线上电商平台和线下实体餐饮企业，创建“互联网传播＋电商平台＋牦牛特产＋线下大型餐馆”的商业模式，形成了牦牛肉产品线上线下交易的完整产业链。红原县于2018年建成了集融媒体和电商平台于一体的电商中心，当地的牦牛肉、酸奶、菌菇等特产通过电商中心源源不断销往山外，农牧民收入大幅增加，很多贫困户因此而脱贫。

四川凉山彝族自治州金阳县是极度贫困县之一，当地特产青花椒色泽翠绿、果实清香、麻味醇正，获得国家地理标志保护产品、国家生态原产地保护产品等称号。但由于信息传播不畅，产品滞销“卖难”的问题相当突出。为带动当地群众脱贫增收，金阳县探索“互联网电商＋网络直播”销售模式，通过直播渠道销售金阳青花椒，曾创下一天内千万人收看和1500万元的销售记录。

又如陕西省通过陕西广电网络全省县级融媒体“新闻＋政务＋服

---

①　吕岩梅：《全媒体优势显神威 脱贫攻坚勇当尖兵》，《中国广播》2020年第1期。

②　刘禹辰、尹响：《“融媒体＋电商”在少数民族地区精准扶贫中的新作用——基于四川的案例分析》，《西南民族大学学报》（人文社会科学版）2019年第5期。

务”的互联网平台，充分发挥全媒体移动传播优势，以特色农产品线上展示、电商企业宣传、县域电商创业指导培训、培养扶持电商扶贫能手、打造线上商城等方式开展电商精准扶贫。大荔县融媒体中心在省内率先开展了“融媒体 + 电商”的扶贫模式探索。县融媒体中心“新闻 + 政务 + 服务”的互联网平台充分发挥全媒体移动传播优势，拓展服务能力和服务半径，开展软件系统开发、农村电子商务体系建设及运营、新品开发、农产品供应链管理、城市社群服务、电子商务培训等工作，形成“扶贫 + 农产品 + 农村产业”的新模式。①

再如贵州省桐梓县与新华社客户端、央视频客户端、人民网贵州频道微博、动静 APP、多彩贵州网等媒体平台及重庆、上海、海南、山东、四川、广西等 8 个省市 50 多家市县级融媒体实现联动直播。通过线上线下联动，全方位展示桐梓地方特色产品，拓展农特产品销售渠道，推动桐梓县电商产业发展，线上引流带动实体消费，促进消费回补和潜力释放。为了助推“黔货出山”，桐梓县融媒体中心专门设立了电商直播产业园。网上下单、网下配送的“线上引流、线下消费”形成了业态丰富、服务范围广泛、线上线下深度融合的线上业态体系和线上消费环境，有力地促进了消费扶贫，取得了带动扶贫产业、连接消费市场、农民脱贫致富的效果。②

随着媒体融合向纵深推进，全国范围内从中央到县区的四级融媒体中心建设已基本成形并互联互通，“媒介 + 政务 + 服务”的新型融媒体服务模式普遍推开并取得突破性成效，为媒体深度介入精准扶贫、助推脱贫攻坚提供了有力支撑。当下应充分发挥县级融媒体的作用，统筹力量整合资源，充分运用“媒体 + 政务”“媒体 + 培训”“直播 + 电商”等方式，加快对人工智能、大数据、云计算、5G、区块链等新技术的研发和融合应用，建设基于大数据系统的开放式吸聚和智能化推送平台，努力把县级融媒体中心建成主流舆论阵地、综合服务平台和社区信息枢纽。

---

① 张帅：《大荔：全省率先启动县级“融媒体 + 电商”战略合作》，大秦微大荔全媒体，2019 年 9 月 4 日。

② 李甜甜、张颖：《贵州桐梓：50 家市县级融媒体联动电商直播 助推“黔货出山”》，中新网贵州（http：//www. gz. chinanews. com/szfc/2020 – 06 – 08/doc – ifzwytza7960154. shtml）。

参考文献

陈崇山、弭秀玲：《中国传播效果透视》，沈阳出版社 1989 年版。

仇学英：《社会主义新农村发展传播模式论》，中国传媒大学出版社 2011 年版

杜栋、庞庆华、吴炎：《现代综合评价方法与案例精选》，清华大学出版社 2008 年版。

樊葵：《媒介崇拜论：现代人与大众媒介的异态关系》，中国传媒大学出版社 2008 年版。

方晓红：《大众传媒与农村》，中华书局 2002 年版。

方晓红：《农村传播学研究方法初探》，人民出版社 2008 年版。

费孝通：《乡土中国》，人民出版社 2008 年版。

风笑天：《社会学研究方法》，中国人民大学出版社 2009 年版。

傅殷：《中国数字电视研究开发及产业化探索》，广东经济出版社 2001 年版。

郭亚军：《综合评价理论、方法及拓展》，科学出版社 2012 年版。

郭玉锦、王欢：《网络社会学》，中国人民大学出版社 2005 年版。

郭作玉：《中国农村市场信息服务概论》，中国农业出版社 2005 年版。

胡卓红：《农民专业合作社发展实证研究》，浙江大学出版社 2009 年版。

黄平等：《西部经验：对西部农村的调查与思索》，社会科学文献出版社 2006 年版。

贾国飚：《媒介营销》，湖南人民出版社 2003 年版。

贾俊平：《统计学》，中国人民大学出版社 2010 年版。

靖继鹏、张向先、李北伟：《信息经济学》，科学出版社 2007 年版。

李道亮：《中国农村信息化发展报告（2011）》，电子工业出版社 2012

年版。
李红艳：《乡村传播与农村发展》，中国农业大学出版社 2007 年版。
李小云、左亭：《2008 年中国农村情况报告》，社会科学文献出版社 2009 年版。
李志刚：《农村信息化发展的动力机制及知识服务体系构建研究》，巴蜀书社 2010 年版。
梁漱溟：《乡村建设理论》，上海人民出版社 2006 年版。
林之达：《传播心理学新探》，北京大学出版社 2004 年版。
刘海龙：《大众传播理论：范式与流派》，中国人民大学出版社 2008 年版。
刘京林：《大众传播心理学》，中国传媒大学出版社 2005 年版。
刘军、方明：《新农村建设政策理论文集》，中国建筑工业出版社 2006 年版。
刘晓红、卜卫：《大众传播心理研究》，中国广播电视出版社 2001 年版。
刘岳、宋棠：《国家政策在农村实践过程的理解社会学》，云南出版集团公司 2006 年版。
骆浩文、黄修杰、苏柱华：《农业传媒与传播》，中国经济出版社 2012 年版。
马费成：《信息资源开发与管理》，电子工业出版社 2004 年版。
潘忠党：《媒介效果实证研究的话语》，华夏出版社 2009 年版。
彭增军：《媒介内容分析法》，中国人民大学出版社 2012 年版。
邱均平、文庭孝：《评价学：理论·方法·实践》，科学出版社 2010 年版。
石义彬：《单向度，超真实，内爆—批判视野中的当代西方传播思想研究》，武汉大学出版社 2003 年版。
孙立平：《失衡：断裂社会的运作逻辑》，社会科学文献出版社 2004 年版。
谭英：《新农村“自下而上”信息传播范式研究》，中国农业大学出版社 2010 年版。
谭英：《中国乡村传播实证研究》，社会科学文献出版社 2007 年版。
田智辉：《新媒体传播——基于用户制作内容的研究》，中国传媒大学出版社 2008 年版。
王德海：《农村发展传播学》，中国农业大学出版社 2012 年版。
吴明隆：《统计应用实务》，中国铁道出版社 2000 年版。
谢季坚、刘承平：《模糊数学方法及其应用》，华中科技大学出版社 2006 年版。
谢咏才、李红艳：《中国乡村传播学》，知识产权出版社 2005 年版。
徐振宇：《中国农村居民消费发展报告》，知识产权出版社 2010 年版。
薛亮、方瑜：《农业信息化》，京华出版社 1998 年版。
薛毅：《乡土中国与文化研究》，上海书店 2008 年版。
杨善华：《城乡日常生活——一种社会学分析》，社会科学文献出版社 2008 年版。
尹世杰：《消费经济学》，高等教育出版社 2003 年版。
尤游：《大众传媒在农村社区的角色变迁》，上海交通大学出版社 2011 年版。
翟杰全：《科技传播与科技传播学》，北京理工大学出版社 2002 年版。
张国良：《现代大众传播学》，四川人民出版社 1998 年版。
张培刚：《农业与工业化》，华中科技大学出版社 2002 年版。
郑红维、李颠：《中国农村信息服务体系综合评价与发展研究》，中国农业科学技术出版社 2010 年版。
周葆华：《效果研究：人类传受观念与行为的变迁》，复旦大学出版社 2008 年版。
朱庆华：《网络信息资源评价指标体系的建立和测定》，商务印书馆 2012 年版。
朱智贤、林崇德：《思维发展心理学》，北京师范大学出版社 2009 年版。
[法] H. 孟德拉斯：《农民的终结》，李培林译，社会科学文献出版社 2010 年版。
[加] 马歇尔·麦克卢汉：《理解媒介——论人的延伸》，何道宽译，南京大学出版社 2000 年版。
[美] 奥格尔斯等：《大众传播学：影响研究范式》，关世杰等译，中国社会科学出版社 2000 年版。
[美] 丹尼斯·麦奎尔、斯文·温德尔：《大众传播模式论》，祝建华、

武伟译，上海译文出版社 1997 年版。

［美］费雷德里克·威廉姆斯、彼特·蒙日：《传播统计法》，苏林森译，清华大学出版社 2011 年版。

［美］格兰·斯帕克斯：《媒介效果研究概论》，何朝阳、王希华译，北京大学出版社 2008 年版。

［美］简宁斯·布莱恩特：《媒介效果：理论与研究前沿》，石义彬译，华夏出版社 2009 年版。

［美］柯克·约翰逊：《电视与乡村社会变迁：对印度两村庄的民族志调查》，展明辉、张金玺译，中国人民大学出版社 2005 年版。

［美］罗伯特·拉罗斯：《今日媒介：信息时代的传播媒介》，熊澄宇译，清华大学出版社 2004 年版。

［美］迈克尔·E. 罗洛夫：《人际传播：社会交换论》，王江龙译，上海译文出版社 1991 年版。

［美］琼恩·基顿：《传播研究方法》，邓建国、张国良译，复旦大学出版社 2009 年版。

［美］斯蒂文·小约翰：《传播理论》，陈德民等译，中国社会科学出版社 1999 年版。

［美］威尔伯·施拉姆、威廉·波特：《传播学概论》，何道宽译，中国人民大学出版社 2010 年版。

［美］沃尔特·李普曼：《公众舆论》，阎克文等译，上海人民出版社 2002 年版。

［英］克里斯托夫·霍洛克斯：《麦克卢汉与虚拟实在》，刘千立译，北京大学出版社 2005 年版。

［英］尼克·史蒂文森：《认识媒介文化——社会理论与大众传播》，周宪、许均译，商务印书馆 2001 年版。

后　记

脱贫攻坚是一场波澜壮阔的举国之战，党的十八大以来，脱贫攻坚工作力度之大、规模之广、影响之深前所未有。我国农村贫困人口从2012年的9899万人锐减到2019年底的551万人，谱写了人类反贫困历史上的辉煌篇章。

2020年是全面建成小康社会和打赢脱贫攻坚战的收官之年，是在我国扶贫史上具有重要里程碑意义的关键一年。面对剩下的贫中之贫、困中之困，要进一步发扬滴水穿石的精神，坚持久久为功，彻底打赢脱贫攻坚战，确保农村贫困人口到2020年如期脱贫。编筐织篓，全在收口。脱贫攻坚行动越到最后，遇到的情况也往往越特殊，解决起来的难度也越大，这就更需要因地制宜、因人施策。越是到了吃劲的时刻，越要坚定信心，迎难而上，埋头苦干，把脱贫攻坚的“最后一公里”走稳走实，确保全面小康路上“一个都不能掉队”：不能让孩子因为远离知识而无力，不能让成年人因为缺乏技能而无助，不能让老年人因为缺乏保障而无奈，精准扶贫必须让每一个人都有改变命运的机会。

同时我们还需清醒地认识到，农村绝对贫困人口实现脱贫和贫困县摘帽，并不意味着农村贫困的消失，也不意味着扶贫工作的结束。贫困和富裕都是相对的，改革开放以来，中国有7亿多人口脱贫，创造了世界奇迹。但是，这里所说的贫困仅仅是绝对意义上的贫困，脱离了绝对贫困状态并不等于完全根绝了贫困，农村贫困在2020年后仍将以相对贫困和多维度贫困的形式存在，如果发生政策偏差，已经脱贫的农民很有可能会重返绝对贫困。虽然现在剩下的贫困人口只有几百万人，但业已脱贫的近1亿人口能否保持稳定不返贫，既是当前脱贫攻坚战的一项重要任务，也是以巩固扶贫成果为重点的未来扶贫工作的方向。特别需要注意的是，如果目前的扶贫工作质量不高，一些贫困人口即使现在脱贫了，将来也有可能返贫。很多地方的“三保障”问题基本解决了，但要稳定住、巩固好却不容易，一些地方有的孩子反复失学辍学，不少乡村医疗服务水平低，一些农村危房改造质量不高，剩余建档立卡贫困人口中老年人、病患、残疾人的比例将近一半，这些都成为当下脱贫攻坚战要攻克的堡垒。因此，衡量脱贫攻坚行动的成效，关键要看能否做到不返贫；而做到不返贫，就要实现脱贫攻坚成果的可持续。实际上，精准扶贫、精准脱贫的难点就在于如何做到稳定脱贫不返贫，这是扶贫攻坚成果能否经得起历史检验的关键。

反贫困是一个永恒的课题，打赢脱贫攻坚战并不意味着反贫困的终结。随着超常规的脱贫攻坚战的结束，中国的贫困问题将转变为相对贫困和多维贫困问题，统筹解决城乡贫困问题也将提上议程。在这种情况下，中国的反贫困战略需要实现三大转变，即由绝对贫困治理向相对贫困治理转变，由收入贫困治理向多维贫困治理转变，由超常规扶贫攻坚向常规性贫困治理转变。实现这种反贫困战略的转变，需要改变过去那种超常规的扶贫举措和做法，树立常规化、制度化的贫困治理思维，建立城乡统一的贫困标准和减少相对贫困的长效机制。

在这场轰轰烈烈的脱贫攻坚战中，致力于农村信息精准传播研究的我们，始终关注着如何将一个国家的战略发展和规划与信息传播结合起来，在精准扶贫与精准传播之间建立起一种紧密的联结和有效的表达关系。“精准扶贫”这个概念本身对扶贫的内涵和外延做了明确规定，包含着“扶贫对象精准、措施到户精准、项目安排精准、资金使用精准、因村派人精准、脱贫成效精准”六大内容，关键在于各级各类传播主体如何在精准上做文章，将扶贫信息传播的精准性与扶贫的精准性相对接，成为精准扶贫中的一项重要内容，充分发挥信息传播的独特优势，做好脱贫攻坚的宣传与报道工作，以行动和舆论引导决战决胜脱贫攻坚战，使之在精准扶贫中能够发挥推动之功或起到助力之用。从这个意义上，我们认为，精准扶贫的概念与阐释表述中还应有精准传播的一席之地。

扶贫信息的“精准”传播需要解决关键的三个环节问题：如何精准识别信息内容，通过精准化的信息传播动员社会力量帮扶贫困人口，通过精准化的信息传播采取有效措施使贫困人口脱贫；各级各类传播主体如何进行贫困问题的发掘、干预和解决；在扶贫信息的精准传播中如何提供知识、价值和脱贫能力的实现，在人才、舆论及政策层面推动贫困治理的进程。

当前，绝对贫困人口减少，扶贫难度加大，扶贫开发的成本越来越高，扶贫效率呈现出下降趋势，剩下的都是贫中之贫、困中之困，都是难啃的“硬骨头”。要确保2020年全面建成小康社会，仅靠常规措施和手段很难实现，需要依靠专业的力量开展精准扶贫、精准脱贫，而扶贫信息传播则更应该在这个关键时刻显示出其精准化的专业力量和专业水准。

几年来，我们目睹了西部贫困地区农村在精准扶贫中的巨大变化，许多贫困农户逐渐摆脱贫困走上了小康之路，这既令我们激动不已，又深感责任重大。自承担了关于西部地区脱贫攻坚信息传播研究的国家社会科学基金项目以来，课题组走过了一条异常艰难但又极富挑战性的研究之路：我们是在一个无人问津、几近空白的领域里艰辛探索，开展在脱贫攻坚的国家战略背景下的对农信息精准传播研究，力图使我们对西部地区农村信息传播的内在规律有更为深入的认识，对农村信息传播的现状及未来的发展方向有更为清晰的把握，从而指导扶贫信息精准传播的实践，寻找提高农村信息传播精准度的路径与方法，同时也为农村的传播效果研究提供一种新的范式。研究过程虽然充满了挑战和困难，但课题组各位同仁戮力同心，砥砺奋进，克服疫情的影响，在各方的支持和无私的帮助下终于圆满完成了既定的任务和目标。

2020年于我们有着特殊的意义，既是我国小康社会全面建成和脱贫攻坚战胜利的收官之年，又是我们承担的国家社会科学基金项目完成之时，说是双喜临门也不为过。我们衷心感谢自本课题研究开展以来各方各界给予的大力支持和热情帮助，提供的许多方便，如此，才有了今天这本书的付梓。本书的完成实际上凝聚着许多人的心血和努力，对各位同事和朋友们的深情厚谊也很难用一句感谢之语来表达。

当前我国农村正进行着深刻的变革和社会转型，西部地区农村也发生了翻天覆地的变化，参与到这场历史性的变革之中并自觉地推动西部地区农村社会经济的发展，既是我们的使命，更是我们的责任。

岳琳

2020年8月于汉中